见证

辽宁一级革命文物中的党史

高 峰／著

北方联合出版传媒（集团）股份有限公司
万卷出版有限责任公司

图书在版编目（CIP）数据

见证：辽宁一级革命文物中的党史 / 高峰著. — 沈阳：万卷出版有限责任公司，2024.6
ISBN 978-7-5470-6452-8

Ⅰ. ①见… Ⅱ. ①高… Ⅲ. ①革命文物—介绍—辽宁②中国共产党—地方组织—党史—辽宁 Ⅳ. ①K871.6②D235.31

中国国家版本馆CIP数据核字（2024）第042049号

出 品 人：王维良
出版发行：北方联合出版传媒（集团）股份有限公司
万卷出版有限责任公司
（地址：沈阳市和平区十一纬路29号　邮编：110003）
印 刷 者：辽宁新华印务有限公司
经 销 者：全国新华书店
幅面尺寸：170mm × 240mm
字　　数：350千字
印　　张：22.5
出版时间：2024年6月第1版
印刷时间：2024年6月第1次印刷
责任编辑：张洋洋　王　琪
责任校对：张　莹
装帧设计：刘萍萍
ISBN 978-7-5470-6452-8
定　　价：88.00元
联系电话：024-23284090
传　　真：024-23284448

目录

见证辽宁籍共产党员第一人的奋斗历程
——陈镜湖在苏联回国时用过的皮箱

在历史悠久的辽宁省朝阳市建平县，除了享誉中外的牛河梁遗址博物馆外，建平县博物馆也是藏品颇多，人潮如织。博物馆由“红山文化”“古生物化石”“问陶之旅”“塞外遗珍”“石头的记忆”“陈镜湖烈士纪念馆”等几个固定展厅和一个临时展厅组成，展出文物1900余件。在这1900余件文物中，一个长54厘米、宽29厘米、高14厘米，四角磨损严重、边框已经变形、颜色发黄的旧皮箱显得格外与众不同，不仅是因为它藏于其主人妻子娘家的夹层墙里才得以保存至今，更重要的是这个箱子见证了第一位辽宁籍共产党员陈镜湖的革命历程和伟大贡献。

第一位辽宁籍共产党员

陈镜湖，字印潭，号小秋，曾用名陈龙川、陈士秋，化名李铁然，1901年生于热河省建平县（今辽宁省朝阳市建平县）富山乡南井村一个农民家庭。父亲陈君是本村私塾的教书先生，陈镜湖8岁起就随父就读，后以优异成绩考入建平县立高级小学校。他聪颖刻苦，考试经常是第一名，师生们都称他为“铁杆文章陈龙川”。1918年，陈镜湖考入天津直

★ 陈镜湖

隶省立第一中学，学习成绩仍然名列前茅。在天津学习期间，陈镜湖接触到许多新思想、新观念，成长得很快。1919 年五四运动爆发后，天津各界特别是学界热烈响应。陈镜湖作为“雪耻救国团”成员，积极投身到反帝爱国斗争的前列，率领同学示威游行、到省公署请愿等。在五四运动的影响下，陈镜湖等人组织成立了以直隶一中学生为骨干的“新生社”。当时的天津，共出现了两个具有初步共产主义思想的先进青年组成的革命社团组织，一个是陈镜湖等人组建的“新生社”，另一个是周恩来、邓颖超等人组建的“觉悟社”。可以说，陈镜湖是与周恩来、邓颖超等人携手革命的学友、战友。1920 年 4 月 1 日，“新生社”创办了带有社会主义色彩的刊物《新生》杂志，宣传新文化、新思潮，宣传革命主张，还与“觉悟社”讨论在天津建立共产党组织的问题。后来，陈镜湖结识了革命先驱李大钊。在李大钊的帮助下，“新生社”改为马克思主义研究会，学习马列主义，宣传新思想、新文化。在李大钊等人的帮助和影响下，陈镜湖的思想觉悟有了新的升华。

1922 年 8 月，陈镜湖考入南开大学，进入文科班，主要攻读英文、

★ 陈镜湖使用过的皮箱

法文和政治，单科成绩不是全班第二，就是全班第一。在南开大学，陈镜湖一边刻苦学习，一边积极参加政治活动。他组织并参加了宣扬社会主义思想的“向明学会”，学会的名字取向往光明之意。在李大钊等革命先驱的指导和帮助下，陈镜湖由一个追求自由民主的青年学生，逐步成长为一名坚定的马克思主义者。1923 年，陈镜湖在李大钊、张太雷等同志的直接帮助下，加入了社会主义青年团，并负责团的组织工作。不久，又经李大钊介绍加入了中国共产党，成为第一位辽宁籍的中国共产党党员。从此，陈镜湖边读书边从事党的秘密工作。党组织曾多次派他回到直隶一中开展工作，秘密发展党、团组织，传播马克思主义理论，为天津市早期党的活动贡献了力量。

热河地区国共两党最高负责人

1923 年 6 月 12 日至 20 日，中国共产党第三次全国代表大会在广州召开。会议正确估计了孙中山的革命立场和国民党进行改组的可能性，决定共产党员以个人身份参加国民党，以实现国共合作，并明确规定共产党员加入国民党时，必须在政治上、思想上、组织上保持自己的独立性。陈镜湖服从党的决定，以个人身份加入了国民党，自此，他以特殊身份投身到国民革命的行列中去。1924 年 1 月 20 日至 30 日，中国国民党第一次全国代表大会在广州召开，出席开幕式的 165 名代表中，有共产党员 20 多人，包括李大钊、谭平山、林伯渠、张国焘、瞿秋白、毛泽东等，陈镜湖作为直隶省代表出席会议，并于此间结识了孙中山先生。

1924 年 2 月，陈镜湖受党的派遣，到爱国将领冯玉祥的西北军宋哲元部任支队长，在察哈尔、绥远等地从事党的地下工作和兵运工作。从此，陈镜湖离开了学校，走上了职业革命的道路。

1924 年 7 月，陈镜湖在党中央机关刊物《向导》第七十五期上发表了《洛吴对内蒙之新政策》一文，深刻揭露了军阀与王公贵族互相勾结、狼狈为奸的丑恶嘴脸，并大声疾呼：“内蒙同胞，从速觉悟，不要忍受非人类的生活，当快与军阀及王公奋斗，夺回自己应有权利。”1924年9月，第二次直奉战争爆发，陈镜湖随宋哲元部抵达承德，任热河民军司令。10月，冯玉祥发动了“北京政变”。经过中共北方区委负责人李大钊做工作，冯玉祥接受了中共的主张，决定参加国民革命，同意将军队改编为中华民国国民军。根据党组织的指示，陈镜湖到冯玉祥的国民军中开展兵运工作，相继建立由党直接领导的部队。其间，陈镜湖曾到建平、围场、多伦等地组织武装力量，扩充民军。他率领的部队不扰民、不害民，他自己和普通士兵同吃同住，同甘共苦，深受将士爱戴。1924年秋冬之际，冯玉祥电请孙中山北上，共商国是。12月，孙中山到达天津，陈镜湖几次同孙中山见面，并受中共北方区委指派，任孙中山的北上特派宣传员，宣传《北上宣言》。孙中山逝世时，陈镜湖作为热河省代表前往北京祭奠。

1925年三四月间，国民会议促成会全国代表大会在北京召开，陈镜湖作为热河省代表出席会议。会后，陈镜湖返回热河，任中国共产党热河工作委员会负责人，公开身份是国民党热河省党部执行委员。也就是说，在第一次国共合作期间，陈镜湖是热河地区国共两党的最高负责人。在五四运动6周年之际，陈镜湖等在承德演武厅广场组织了上千人的集会游行。陈镜湖慷慨激昂登台讲演，痛斥帝国主义侵华罪恶，高呼“猛醒吧，睡狮！觉悟吧，中国”，呼吁人民觉醒，参加革命斗争。

陕西省蒲城县县长

1925年冬，中共北方区委在张家口召开内蒙古工农兵代表大会，成立内蒙古工农兵大同盟，李大钊任书记，陈镜湖被选为执行委员。当时，中共北方区委与冯玉祥达成默契，在冯玉祥的国民军中组建了3个骑兵纵队，命名为“内蒙古特别民军”，由中共北方区委领导，陈镜湖任第二纵队司令。1925年12月，陈镜湖率第二纵队配合国民军向热河进发，攻打奉军。1926年夏，陈镜湖又率第二纵队与晋军在晋北雁门关一带作战。由于国民军连续作战，联络中断，辎重剧缺，不久即战斗失利，不得不向西突围，陈镜湖率部同国民军一起撤到包头。国民军在包头整编后，重建一个骑兵旅，陈镜湖被任命为骑兵旅旅长。9 月 17 日，他带领骑兵旅参加了冯玉祥在五原举行的誓师后，随冯玉祥部向西挺进，先后到甘肃、宁夏、陕西等地讨逆，深得冯玉祥的器重和赏识，赞誉他“少年英俊”。

不久，冯玉祥派陈镜湖到蒲城县任县长。在任蒲城县县长不到一年的时间里，陈镜湖以一个共产党人的胆略，不畏豪强，敢于为民做主，同时又重视人才，兴办教育，展现了高尚的革命精神和优秀的领导能力。

当时，蒲城县有个反动军阀名叫缑天相，欺行霸市、无恶不作，对百姓横征暴敛、残酷压榨，一年征收三年税捐，令广大民众苦不堪言。陈镜湖到任后，下令将农民每年税捐减免三分之二。缑天相把陈镜湖这个新县长视为眼中钉、肉中刺，百般寻衅滋事，妄图借机行凶。陈镜湖根据群众揭发事实，调集军警将缑天相及其所部消灭于终南山中，为蒲城人民除了一大害，百姓皆拍手称快。平时，陈镜湖经常深入群众中体察民情，他发现当地群众文化落后，穷苦子弟没有受教育的机会，便主持创办了蒲城县立国民师范学校，自兼校长，亲写校牌，还将亲书的“民族主义”“民权主义”“民生主义”三块牌匾竖立在县署门口。他的政绩，蒲城县各界群众无不津津乐道。

中共内蒙古特委书记

1927 年 4 月 12 日，蒋介石发动了震惊中外的“四一二”反革命政变，大批共产党人惨遭杀害。北方反动的奉系军阀张作霖于 4 月 28 日将李大钊等 20 多名革命先驱杀害，热河的国共两党组织也被奉系军阀摧毁，党的负责人被迫转移到天津，热河的革命斗争转入了低潮。

1927 年 4 月 27 日至 5 月 9 日，中国共产党第五次全国代表大会在武汉召开，陈镜湖被选为内蒙古地区的两位代表之一，出席了党的五大。

从 1928 年 4 月至 1929 年 2 月，经中共中央批准，内蒙古地区先后建立了中共内蒙古特别支部委员会、中共内蒙古革命委员会、中共内蒙古特别委员会，负责指导热河、绥远、察哈尔三个特区的工作。1930 年 6 月，中共内蒙古特委遭军阀破坏，时任中共内蒙古特委委员的陈镜湖在当时交通闭塞、联络条件极差的情况下与党的组织失去了联系。在极为严峻的形势面前，陈镜湖没有消沉和屈服，在多方寻找无果的情况下，为与组织接上关系，陈镜湖以共产党员特有的坚忍不拔、一往无前精神，作出一个超乎寻常的决定：徒步穿越一望无际的蒙古大草原和沙漠，由贝加尔湖经西伯利亚至苏联莫斯科，设法通过共产国际与中共中央取得联系。决定了就马上做，他与另一位党员刘刚一起，穿越蒙古国，过沙漠，越草原，经过两个多月的艰难跋涉，历尽千难万险，两人终于胜利到达了苏联首都莫斯科。在共产国际的帮助下，他们与设在上海的中共中央取得了联系。经过短暂休息，苏联方面用汽车送陈镜湖、刘刚回国。1930 年 9 月，陈镜湖到上海找中共中央有关负责人汇报，请求指示。在上海，中共中央负责北方工作的孔原同志接见了陈镜湖，听取了有关中共内蒙古特委的工作汇报。孔原向陈镜湖介绍了全国的形势，肯定和鼓励了陈镜湖和刘刚不畏艰险、坚持为党工作的精神，提出了今后的努力方向，并代表中共中央授权陈镜湖重建中共内蒙古特别委员会，任命陈镜湖为中共内蒙古特委临时书记，负责热河、察哈尔、绥远地区党的工作。在逆境中，陈镜湖和刘刚进行了艰苦的党组织恢复工作。在陈镜湖等人的努力下，不仅整顿了原有各县、旗党部，还组建了军事特别支部，在有基础的县建立起贫农会，并在有条件的部队中建立起士兵委员会。到 1931 年 6 月，中共内蒙古特委已整顿、恢复县党部 6 个，共有党员 33 人；旗党部 2 个，共有党员 7 人。此外，还有军事特别支部 4 个，党员 29 人。同时，还建立了内蒙古革命青年团总部，团员 176 人。

察哈尔省民众抗日同盟军参议

1931 年 7 月，日本帝国主义在吉林省制造了“万宝山惨案”，杀害无辜农民，引起了全国人民的强烈反对，东北地区各省民众纷纷组织了“鲜案后援会”，开展声援受害同胞的反日斗争。陈镜湖亲自到围场县具体指导“后援会”的工作，广泛发动群众开展革命活动。九一八事变后，陈镜湖立即以中共内蒙古特委的名义向全区蒙汉各族人民发出了“团结全国各民族，反对日本帝国主义侵略”的号召，并将“鲜案后援会”改组成“民众抗日后援会”。

1931 年 10 月 2 日，中共内蒙古特委在热河省滦平县金沟屯召开了中共内蒙古各旗县党组织代表联席会议，选举产生了中共内蒙古新特委，陈镜湖当选为中共内蒙古特委书记。

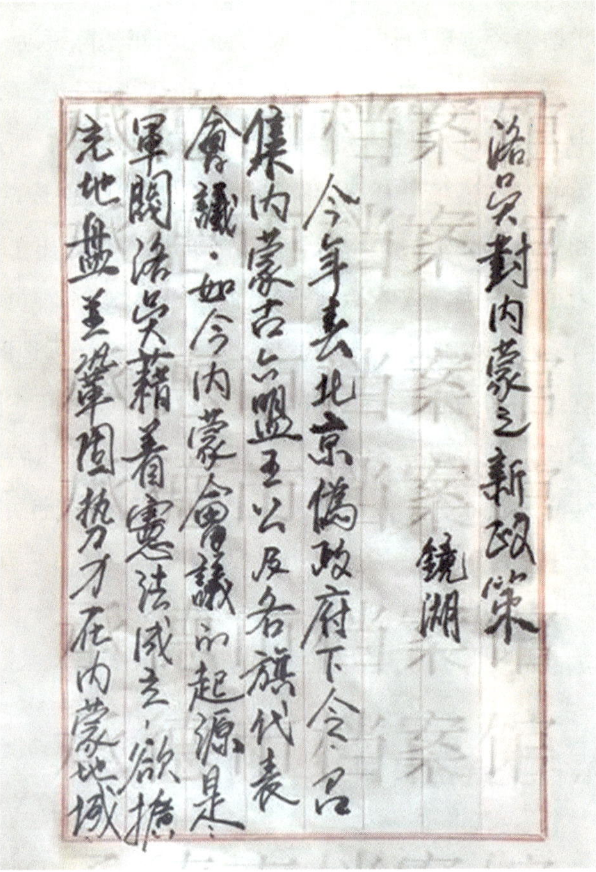
洛吴對內蒙之新政策
鏡湖
今年春北京偽政府下令召集內蒙古六盟王公及各旗代表會議·如今內蒙會議的起源是軍閥洛吴藉着憲法成立，欲擴充地盤並鞏固勢力在內蒙地域

★ 陈镜湖手稿

1932年末，日军向热河发起进攻，中共内蒙古特委决定成立蒙汉抗日同盟军事委员会，由陈镜湖直接负责，陈镜湖随即发表了《坚决抵抗日本帝国主义的宣言》。1933年3月，日军侵占了热河省省会承德，并进一步入侵天津、察哈尔。在民族危亡的生死关头，中国共产党采取了紧急措施，动员一切爱国力量奋起抗击日本侵略者。在中国共产党的推动和影响下，爱国将领冯玉祥奔赴抗日前线察哈尔省省会张家口组建了察哈尔民众抗日同盟军，与中国共产党合作共同抗日。陈镜湖受党组织派遣，到冯玉祥的部队里开展工作，公开身份是抗日同盟军参议，在党内仍担任中共内蒙古特委书记。陈镜湖冒着生命危险发动群众、组织武装力量，经常奔波于张家口和北平之间。他的革命行动引起了国民党反动当局的注意，国民党北平市警察局派特务密探到处搜捕他。5月12日，陈镜湖奉命从张家口乘车去张北县北部点验抗日武装，在桦树梁突然遭到当地反动民团袭击，光荣牺牲。在生命的最后一刻，陈镜湖想到的不是妻子儿女，而是党的事业，他叮嘱警卫员："我流血过多，活不成了，死后你把情况速报告张大鼻子（柯庆施）和王、惠（王月庭、惠世如），转告中央……"

陈镜湖牺牲后不久，冯玉祥率领察哈尔省民众抗日同盟军经过浴血奋战收复了察东，并于1933年8月，在张家口察哈尔民众抗日同盟军操场，修建了"民众抗日同盟军收复察东失地阵亡将士纪念塔"。纪念塔塔尖偏向东北，以示不忘东北沦亡之意。在铭刻于塔身的"察省抗日战役伤亡官兵一览表"中，列"阵亡官员28员、士兵125名"，阵亡官员第二位写着"参议陈镜湖"。

中华人民共和国成立后，陈镜湖夫人耿氏在86岁去世前留下一篇回忆丈夫的文字，其中写道："他总告诉亲戚邻里，妇女不要缠足，不要置地，将来土地、房产都是咱们大伙儿的。"陈镜湖夫人还将藏在娘家夹层墙里得以保存下来的陈镜湖曾经穿过的一件大衣、使用过的一个皮箱和一本《康熙字典》捐献出来。1985年5月，中共建平县委、建平县人民政府在建平县博物馆内设置了陈镜湖烈士事迹展室，广泛宣传陈镜

★ 陈镜湖用过的《康熙字典》

★ 陈镜湖穿过的大衣

湖烈士的革命事迹。2002 年 11 月，在展室基础上建立的陈镜湖烈士纪念馆正式对外开放，展出陈镜湖烈士生平经历的资料和图片 100 多份（幅），同时展出的还有陈镜湖夫人耿氏捐献的皮箱、大衣、字典等。这些珍贵遗物默默记录着往昔的峥嵘岁月，记录着陈镜湖短暂而传奇的一生。

一架掩盖“真相”的风琴

——巩天民夫人用过的雅马哈风琴

提起风琴，人们的眼前自然会浮现出美好的画面，耳旁也会飘来记忆深处的优美旋律。然而，沈阳“九·一八”历史博物馆众多抗战文物中的一架老式雅马哈风琴，带给我们的却是一段永远不该忘记的历史。这架琴高 84 厘米、宽 91 厘米、厚 30 厘米，深褐色的琴箱上痕迹斑斑。揭开琴盖，黑白琴键已残缺不全，琴盖边仅有的几颗螺丝也早已松动……为何一架风琴会成为艰苦抗战岁月的历史记忆，这还要从以著名银行家巩天民为代表的 9 位爱国知识分子说起。当年，正是在这架风琴的掩护下，巩天民等人躲过敌人一次又一次的追查，最终将日军侵华罪证整理成册，上交国际联盟，为世人留存下九一八事变的宝贵真相。如今，这架风琴虽然已经无法演奏出优美的旋律，但它背后为掩盖“真相”而曾经上演的血雨腥风，却永远铭刻在人们的记忆深处。

为真相　危难之际齐聚首

20 世纪 30 年代初，辽阔的东北大地暗潮汹涌，伺机制造各种事件、不断增兵中国东北的日本帝国主义虎视眈眈，看似平静的生活早已注定了战火纷飞。

★ 巩天民

当时的奉天，爱国进步组织基督教青年会中有一位人物格外活跃，他就是东北地区金融界名流巩天民。巩天民，1900 年 8 月 10 日出生于河北省临榆县（今属秦皇岛市）。他天资聪慧，9 岁入私塾，后入山海关汉英文专门学校读书，16 岁时，巩天民经表舅介绍，到奉天一个小钱庄当练习生。1920 年起，巩天民开始从事工商业放款业务。1925 年 9 月，巩天民加入中国共产党，成为奉天建立中共党组织时第一批加入中国共产党的党员之一。从此，他以奉天金融界名流、银行家的身份为掩护，从事富有传奇色彩的革命活动。

1931 年 9 月 18 日夜，日军炸毁南满铁路柳条湖路段的一段路轨，嫁祸于中国官兵，并以此为借口，炮轰东北军驻地北大营，制造了震惊中外的九一八事变。不久，日本侵略者的铁蹄肆虐整个东北，通过建立伪满洲国傀儡政权、实行法西斯军事恐怖统治、疯狂的经济掠夺以及摧残民族意志等手段进行殖民统治，给东北人民带来深重的灾难。

日本侵略者的野蛮行径不仅遭到中国人民的强烈反对，而且受到国际舆论的谴责。1932 年，国联通过决议，决定派遣以英国人李顿为团长的国联调查团赴东北进行实地调查。得知这一消息后，著名银行家巩天民立即将医学教授刘仲明、毕天民、张查理、李宝实、于光元、刘仲宜及金融家邵信普、教育家张韵泠等 8 位爱国志士紧急召集在一起，商议如何利用这一机会揭露日军侵略的罪行，使九一八事变的真相大白于天下。他们秘密组成“爱国小组”，决定集中搜集日军侵略东北的铁证，以揭露日本帝国主义的欺世谎言，向全世界发出中国人的呐喊。巩天民就是“爱国小组”中的核心人物。

查真相　“偷”出证据汇成册

国联调查团到达东北时，东北地区早已被日军控制。为了掩盖真相，日方抓走了大批进步人士，重要的命令、布告等证据周围更是有人 24 小时把守，恐怖阴云笼罩着城市的每个角落。在这种情况下，如何才能获得直接证据呢？“爱国小组”想出一个办法：把机密文件“偷”出来，拍照。然而，日伪当局不仅疯狂销赃灭迹，还大肆编造虚假情况，给“爱国小组”搜集取证工作制造了重重困难。

一次，一份能够证明日军把持伪满洲国财政的布告贴在了伪财政厅门口，那里时刻有日军站岗巡逻，不仅光线不足，而且很难接近。为了拍照取证，巩天民选择在阳光最好的上午行动。他怀揣相机，偷偷爬到伪财政厅对面一家商铺的房顶，静静地等待时机。因为长时间的等候，巩天民腿脚发麻，不慎蹬落了一块瓦片。瓦片落地惊动四邻，院内立即涌出一大群人，大声喊着“捉贼”。巩天民赶紧爬上树枝掩映的房脊，屏住呼吸，趴在上面动也不敢动。待人群散去后许久，阳光刚好直射在布告牌上，巩天民瞄准时机，借助一辆汽车的掩护取证成功。

比拍告示更难取证的是日军直接发给伪满洲国政府的“内部”文件。想得到一份有价值的文件，往往需要做大量的工作。哪些文件既有用又有可能接近，需具体到文件存放的位置、由谁保管等烦琐的细节。掌握这些还远远不够，如果对文件管理员的思想情况摸得不准，贸然请求拍照，很可能会被当场检举遭到逮捕。为了拍到一份有价值的文件，“爱国小组”需要进行周密计划，花很长时间做相关人员的思想工作。

巩天民等人利用自己广泛的社会关系，先是做通了省政府负责文件管理的爱国人士的工作，让其在晚间下班时将日军给省政府的命令偷偷带出来，当晚进行拍照，第二天早上再悄悄放回去。此外，巩天民等人还一起在夜晚偷偷揭下遗留的残缺布告、秘密拍摄机要军事据点照片等。一份份珍贵的铁证，就这样被“爱国小组”冒着生命危险“偷”了出来。

随后，“爱国小组”的成员们分工合作，陆续将搜集到的几百份珍贵

★ 巩天民夫人用过的雅马哈风琴

材料的证据汇总到基督教青年会教堂的阁楼上。这些零乱的证据需要被整理、翻译、装订……而这一切，必须在特务不断的突击搜查中隐秘进行。

正当“爱国小组”秘密工作时，日伪特务突然闯入教堂搜查。万分危急时刻，教堂唱诗班的风琴中飘出了悠扬的乐曲，原来是巩天民的夫人带着“爱国小组”其他成员的夫人与唱诗班的孩子们在不慌不忙地弹唱。不过，这一次他们弹奏的是事前约定好的曲目。当代表危险信号的乐曲声传到楼上时，“爱国小组”的成员们马上心领神会，迅速收藏好资料和照片，伪装成打牌的友人，逃过了日军的搜捕。就是在这样一次次惊心动魄的搜查下，“爱国小组”仅用了48天的时间，就将几百件日军侵华罪证整理成一份图文并茂的文件汇编，而巩天民夫人用来给“爱国小组”的成员们报信的雅马哈风琴见证了这份文件汇编的诞生。这份文件的内容分三大部分：第一部分主题是九一八事变是早有计划的侵略行为；第二部分主题是九一八事变后日军在东三省到处杀戮百姓，肆意侵犯中国主权；第三部分主题是伪满洲国的建立是日本侵略者一手炮制的。为了便于外国人阅读，巩天民和刘仲明、张查理还负责将材料译成英文。医学教授张查理的夫人还特意为它赶做了一个蓝缎子封皮，并一针一线地在封皮绣上了英文“TRUTH”（真相）。这本意义非凡的《TRUTH（真相）》在唱诗班风琴的掩护下，一次次“虎口”脱险、一次次置之死地而后生，谁能想到，那婉转悠扬的音乐背后隐藏了这么惊心动魄的故事。

传真相　“生死簿”上签姓名

证据册虽然做好，但危险的工作却远远没有结束。1932年4月，国联调查团抵达奉天，住进了日军事先安排好的大和旅馆（今辽宁宾馆）。他们所到之处，都被周密地布控了便衣宪兵和特务，群众很难接近。如何将证据册交到调查团手上，是“爱国小组”面临的一大难题。这时，奉天小河沿医院院长雍维林（英国人）向巩天民等人引荐了与国联调查团团长李顿相熟的爱尔兰传教士倪斐德博士。在倪斐德博士的帮助下，

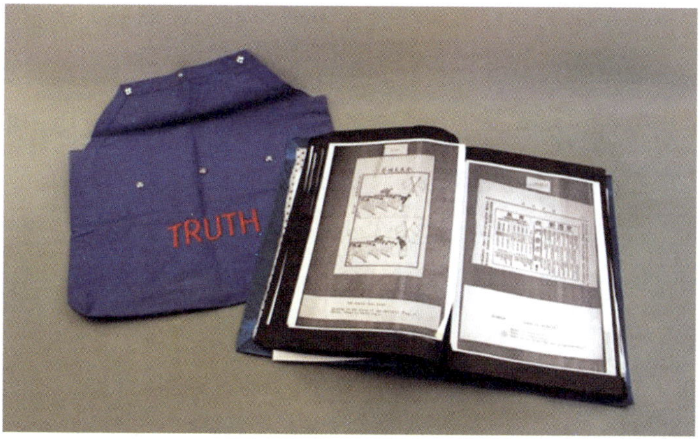

★《TRUTH（真相）》

★ “爱国小组”的 9 位成员

★ “爱国小组”成员之一刘仲明使用过的 Agfa120 相机，曾用来记录日本侵略者的罪证

证据册几经辗转终于交到了国联调查团团长李顿的手上。然而，根据国际法庭的法律原则，提供材料者必须在文件上签署自己的真实姓名，否则没有法律效力。签下名字就意味着将自己暴露在危险之中，但“爱国小组”成员毫不犹豫,毅然在这份“生死簿”上郑重地签下了自己的名字。这份证据，和当时中国共产党、东北三省爱国将领、社会贤达、民众团体等投书和致电一起，成为《国联调查团报告书》对日军侵华行为做出定性的重要依据。

1932年9月，国联召开大会，听取了调查团的报告。报告有一段这样写道:“本团在中国东北沈阳时，曾见到了一些大学教授、教育家、银行家、医学家等人士的明确意见及各种真凭实据的具体材料，证明九一八事变是无因而至，而满洲国的建立亦非出自东北人民的自由意愿，也不是民族自决。”国联调查团在其报告中承认东北三省为中国领土的组成部分，否认日本发动九一八事变是“合法自卫”，确认伪满洲国是日本违背东北人民意愿建立的。

1933年2月24日，国联召开大会，以42票赞成、1票反对通过了调查团报告。这是国际社会第一次为九一八事变正式定性，不仅拆穿了日本政府一直以来的各种不实之词，将其罪行公之于世，也在舆论和道义上对中国人民反抗侵略给予支持。

这份签上“爱国小组”成员名字的重要证据册，一方面成为国际社会对日本侵略真相进行公正判断最直接最有利的证据；另一方面，也使九一八事变进一步引起国际社会的关注，进而将中日之间地区性的军事冲突转化为日本法西斯与世界人民追求和平愿望的冲突。

现真相　爱国君子遭憎恨

《国联调查团报告书》发表后，在一定程度上给日本帝国主义造成了被动局面。日本侵略者对此怀恨在心，经过长时间秘密侦查，最终掌握了这些整理材料的人员名单，于1935年10月12日夜开始实施大逮捕。

13 日凌晨，日伪警宪人员闯进巩天民家进行搜查。当时，写字台上有份关于抗日内容的重要材料，巩天民趁敌人不备，用胳膊肘将材料推到地上，踢到写字台下的乱纸里。他最担心的是一本由他管理收藏的卫生会账本，因为账本一旦被敌人发现，就会造成百余人被逮捕。当敌人问他“和家里人还有什么说的没有”时，他急中生智，从衣柜里拿出卫生会账本，当着敌人的面向妻子说：“以后，柴米油盐账，让老大（指巩天民的大儿子巩国本）记下去。”妻子知道家里没有生活账，心想这本账本一定是一件重要东西，就赶忙接过来。当时，妻子怀抱的孩子正在发高烧，哭闹不止，巩天民马上说：“把孩子抱出去！”妻子把账本和孩子都包在小被里抱了出去，保住了关系到百余人安全的账本。

巩天民被拘留在伪警察厅后，遭到了严刑拷打。难友们听到他痛苦的呼喊，都默默为之流泪。当日本人了解到巩天民曾到过关里，遂认定他是重犯要犯。得知巩天民是著名金融家、银行家，日本人又对他采取了软硬兼施的手段，提出只要他承认证据册里的材料不是真实的，就立即释放他，并给他以优厚的待遇。巩天民对此以沉默作答。日本人看巩天民软硬不吃,便把他押送到宪兵队,在胸前挂上“反满抗日犯”的牌子，又开始了新一轮的疲劳审讯。虽然各种法西斯酷刑轮番上阵，但巩天民仍旧未吐一字，保护了其他爱国志士。

巩天民被关押了 49 天后，以“思想犯”的罪名被朋友保释出狱。和巩天民一样，“爱国小组”成员中除张韵泠外全部被捕入狱。被捕的其他 7 人也始终咬紧牙关，没有向日本侵略者妥协低头。面对审讯，刘仲明大义凛然地说：“我在为真理作证，我要对历史负责，我没有罪！”毕天民暗下决心：“就是死，也不能给中国人丢脸！”日本人迫于“爱国小组”成员的社会威望，又实在查无凭据，最后只好将他们释放。

寻《真相》 风琴相伴守初心

中华人民共和国成立后，“爱国小组”成员和他们的后人一直在寻找这本《TRUTH（真相）》，却始终没有结果。几经追寻，半个世纪后，他们把目标锁定在联合国。2008 年 6 月，巩天民的孙女巩捷在日内瓦图书馆找到了原件，同时被发现的还有《国联调查团报告书》。2010 年 9 月 17 日，在九一八事变 79 周年纪念日的前一天，“爱国小组”成员的后人集体将这份珍贵的影印资料，捐赠给沈阳“九·一八”历史博物馆，一同捐赠的，还有那架与真相相守相伴的风琴。

其实，被风琴掩盖的还有另一个真相，就是巩天民鲜为人知的党员身份。九一八事变后，为全面统治东北，日本侵略者组建了伪满中央银行，在强占了东北全部公办金融资产后，又盯上了民营金融资产。1933 年 11 月，伪满政府颁布了《私营银行法》，对开办私营钱庄、私人银行提出了新的规定，将运营资本金提高至最低 40 万元，意在使私营钱庄或私人银行因资本金不足而“合理”退出。在这样的情况下，奉天的 5 家钱庄面临着停业整顿的危机，多家钱庄的老板找到了时任奉天“贷业同业公会”主席的巩天民，商定将 5 家钱庄合并，开办中国人自己的银行，以此抵制日本侵略者渗透。

在当时奉天金融圈颇具名气的巩天民，利用他的社会人脉和经济金融知识，巧妙地跟当时的伪中央银行和伪财政部周旋。1935 年 2 月 1 日，

★ 巩天民及其夫人呼重恩

★ 巩天民与家人合影

由 5 家钱庄合并的志城银行成立，寓意“众志成城”的决心。巩天民意识到，要继续从事抗日活动，必须得有一个显赫的社会地位做掩护。于是，他在志城银行担任了董事兼总经理。作为 20 世纪二三十年代东北地区最具影响力的银行之一，志城银行还背负着一个特殊的使命——中国共产党在奉天的地下情报站。多名东北情报站主要成员以银行作为平台进行情报工作，同时还做了大量掩护和转送工作。

1978 年，巩天民与世长辞，享年 78 岁。1991 年，《中共党史人物传》公开了巩天民中共党员的真实身份：“巩天民是 1925 年奉天（沈阳）建立中共组织时第一批加入中国共产党的党员之一。”

如今，每年都有成千上万的参观者来到沈阳“九·一八”历史博物馆，在这架见证中国人民不屈不挠抗争精神的风琴面前，重温着以巩天民为代表的“爱国小组”智勇双全的传奇故事，仰望与追寻那段坚守初心的真相。

东北民众抗日救亡运动的历史见证

——东北救亡总会成立签到会旗

在张氏帅府博物馆三进院的东厢房中，有一面醒目的旗帜。这面陈列在“百年张学良”展览第三部分之中的长130厘米、宽100厘米、白底蓝边的东北救亡总会会旗，绘有20世纪30年代辽宁、吉林、黑龙江、热河4省的地图，上面用鲜血写着“打回老家去”五个大字，签满了268名爱国志士的名字。它既是东北救亡总会的会旗，也是该会成立之日的签到簿。这面弥足珍贵的旗帜，见证了东北救亡总会的成立和开展抗日救亡活动的全过程，向世人展示了中国共产党领导东北民众开展抗日斗争的光辉史迹，也记载了中国共产党和东北民众在抗日斗争中做出的巨大贡献。

会旗见证了东北救亡总会的诞生

1931年九一八事变后，东北爱国人士在关内成立了许多爱国组织，进行抗日救亡活动，其中影响较大的是1931年9月27日在北平西单旧刑部街十二号奉天会馆成立的东北民众抗日救国会。这是九一八事变后最先举起民众抗日救国大旗的组织。但是，随着日本帝国主义侵华进程的不断加快和斗争形势的日益严峻，到 1933 年 8 月，东北民众抗日救国会已无法继续开展工作，只好宣告解散。东北民众抗日救国会解散后，救国会的骨干和一些爱国人士在各地相继成立了一些抗日救亡组织，影响较大的包括阎宝航、高崇民等人在北平成立的复东会，车向忱、刘澜波、宋黎等人在西安成立的东北民众救国会等。但是，各个组织力量分散，作用发挥不明显。

1937 年，为了贯彻执行中国共产党抗日民族统一战线政策，广泛团结东北各救亡团体的抗日力量，应对张学良被蒋介石扣留、东北军群龙无首的形势，周恩来指示东北工作委员会书记刘澜波：要把东北人民和东北军团结起来，抵抗蒋介石的分化瓦解；把进步的东北军官、东北爱国人士组织起来扩大抗日民族统一战线，争取张学良将军早日恢复自由。周恩来还致函中共中央北方局书记刘少奇，要求把现有的东北各级救国团体加以整理，建立整个东北民众救国团体联合会。刘澜波遂请当时在东北很有号召力的知名人士高崇民负责组织这一新团体的工作。高崇民临危受命，立即投身到这项工作中来。当时，在北平的东北救亡团体有 10 多个。高崇民出面联络，阐明要组织一个更加广泛的不但包括东北各抗日救亡组织，还包括东北军和东北抗日联军在内的东北抗日团体。随后，高崇民、刘澜波、苏子元等人又与阎宝航、杜重远、李延禄等进一步商谈，尽最大努力将大家团结起来。后来，周恩来建议组成东北统一的救国团体，并确定了这个团体的三项任务：“一是拥护国共合作，共同抗战，共同建国；二是营救张学良将军；三是声援东北抗日联军。”并强调一定尽最大努力来完成这个艰巨任务。经过刘澜波、高崇民、栗又文等人的深入工作，1937 年 4 月，东北统一的救亡团体筹备会议在上海召开。会议由高崇民、阎宝航和栗又文出面主持。参加会议的有高崇民、阎宝航、杜重远、车向忱、李延禄、孙昌克、刘澜波、栗又文、苗勃然、解方、韩立如、刘丞光、苏子元、张希尧等。经过酝酿讨论，根据多数人的意见，会议决定所建立的东北救亡团体名称为东北救亡总会（后来简称“东总”）。不久，东总印发了《告东北同乡书》，并派人到各地进行宣传发动。

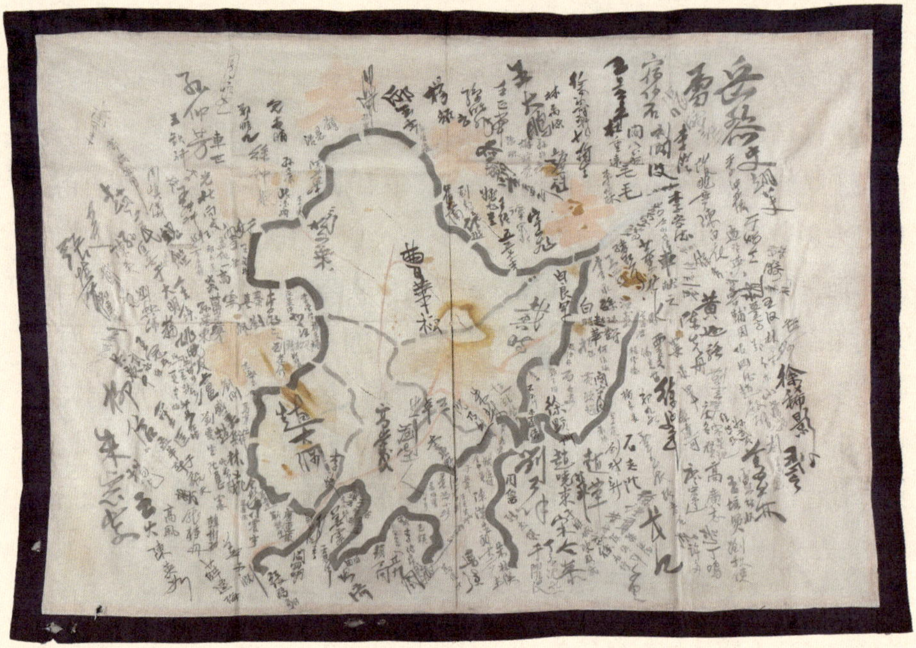

★ 东北救亡总会成立签到会旗

★ 高崇民

★ 阎宝航

1937年6月20日，东北救亡总会成立大会在北平西城崇元观5号东北大学礼堂召开。参加大会的代表共120多人，包括：原救国会、复东会的代表阎宝航、高崇民、卢广绩、陈先舟、车向忱等；东联及所属团体代表于毅夫、赵濯华、张希尧、陈大凡、宋黎、李向之、张庆泰、关梦觉、王桂五、田雨时、韩立如等；东北军代表解方、苗勃然；东北抗日联军代表李延禄、孙山等；东北义勇军李杜的代表于炳然、刘丕光等；东北大学代表周鲸文；东北名流王之相、纪元等；归国留学代表张克威、徐寿轩、杜清轩等；各地的东北同乡会、东北抗日会等组织都派了代表出席。此外，还有100多名青年代表也参加了大会。会议由高崇民致开幕词，栗又文作东总章程报告，大会通过了《工作报告》《组织大纲》《宣言》。大会主席团由5人组成，他们是高崇民、卢广绩、栗又文、苗勃然、于炳然。大会选出了高崇民、阎宝航、车向忱、陈先舟、卢广绩5位执行委员，栗又文为秘书长，再由执行委员选出常务委员30多人，常务委员会下设一个处、四个部、五个委员会。一个处即秘书处，主任栗又文，副主任徐仲航、张庆泰。四个部包括：组织部，主任刘澜波，副主任张希尧、赵濯华；宣传部，主任于炳然，副主任于毅夫、关梦觉；训育部，主任胡圣一，副主任何松亭、李向之；联络部，主任徐寿轩，副主任陈先舟、邹大鹏。五个委员会包括：军事委员会，主任委员李杜；政治委员会，主任委员高崇民；经济委员会，主任委员卢广绩；救济委员会，主任委员阎宝航；教育委员会，主任委员金兆梓（孟绂）。

经过大家一致同意，将一面别具特色的会旗作为签到簿。这面特殊的会旗是用白色粗布镶蓝色边精心制成的。会旗正面绘制的是当时中国东北辽宁、吉林、黑龙江、热河4省地图，上面有268名与会东北爱国者的亲笔签名，会旗上“打回老家去”五个大字是爱国志士们咬破手指用鲜血写成的，表示他们誓死抗日的决心。这面不同寻常的旗帜是东北救亡总会成立的历史见证，展现了东北抗日志士的悲壮史诗。

东北救亡总会是中国共产党领导下的抗日民族统一战线组织，是在全国人民一致要求抗日的声浪中，在周恩来同志的直接关怀下建立的。在整个抗日战争中，它始终坚持中国共产党的领导，贯彻抗日民族统一战线政策，最大限度地团结全国各阶层人民特别是东北同胞，共同进行了光复东北的抗日救亡斗争，为中华民族的独立和解放事业做出了重要的历史贡献。

会旗伴随着东北救亡总会的发展

东北救亡总会建立后，始终坚持党的抗日民族统一战线政策，扩大抗日救亡宣传，广泛团结东北人民参加各种形式的抗日斗争。随着抗战形势的发展，东北救亡总会不断发展壮大，成为国民党统治区推动抗日民主运动的一支劲旅。

东北救亡总会成立之初，就把联络团结各阶层爱国人士、巩固和扩大抗日民族统一战线作为自己的神圣使命。1938年1月19日，东北救亡总会在武昌召开常委和执委联席会议，通过了关于《东北救亡总会目前的任务和中心工作》的决议，强调“贯彻抗战，巩固团结，动员东北人民积极参加抗战，创造新的抗战力量，以保证长期抗战的最后胜利”，提出最重要的中心工作是“在东北人中进行广泛的团结运动，扩大并建立各地分会组织，争取大多数人参加本会”“加强抗日的宣传工作”“积极训练、培养并提拔大批干部……以充实抗战力量”。1938 年 6 月 20 日，东北救亡总会又召开了常委会，做出《加强东北人团结案》《积极发动东北青年参战案》《对关内东北同胞民众武装援助与扶植案》等决议案。7 月 7 日，东北救亡总会发出了《告同乡书》，号召全东北人民“彻底扫除私心和成见……担负起抗战建国的先锋任务！”为了最大限度地团结东北各阶层人民，东北救亡总会的高崇民、陈先舟、于毅夫、栗又文、张希尧、赵濯华、于炳然、顾少雄、邹大鹏等，亲赴各地和东北军各部，与那里的东北同胞和爱国人士联系，进行建立各地分会的工作。先后建立的分会有在济南的山东分会，在太原的山西分会，在西安的陕西分会，在神木的西北分会，在衡阳的东南分会，在深县的冀中分会，在成都的成都分会，在昆明的云南分会等，还建立了河南的洛阳分会、郑州分会和襄城通讯处，河北的冀南通讯处、晋察冀军区通讯处，陕西的延安通讯处、宝鸡通讯处和汉中通讯处等。总之，凡有东北人聚居或机关部队中东北人较多的地方都建立了分会或通讯处，以便把东北人民和爱国青年都团结到抗日救亡斗争中来。同时，东北救亡总会还注意做好东北籍著名上层人士的团结工作，如刘哲（张作霖时期的教育总长）、李杜（东北义勇军领袖）、莫德惠（张作霖时期的辽宁省长）、邹作华（张学良第三、四方面军团炮兵司令）、万福麟（原黑龙江省督办、国民党集团军司令）等。联络组织东北抗日义勇军、东北抗日联军是东北救亡总会开展武装抗日的工作重点，总会派车向忱、黄宇宙、宋黎、张雅轩、苗可秀等到东北各地开展抗日工作，联络马占山、唐聚五、邓铁梅、李杜等部共同抗日。

创办刊物开展抗日宣传是东北救亡总会的重要工作之一，他们先后创办了《救国旬刊》《覆巢月刊》《抗日救国》《东北快报》《东北通讯》

《东北呼声》《黑流》《反攻》等宣传抗日救国的刊物。通过这些刊物，刊载各种形式的抗日救亡文章，宣传鼓励民众抗日，同时也宣传抗日主张，激励民众坚持抗战到底，收复失地。在众多刊物中，《反攻》杂志的发行量最多，持续时间最长，影响力也最大。《反攻》杂志创办于 1938 年 2 月，为半月刊，由东北救亡总会宣传部于毅夫、关梦觉担任正副主编，著名爱国人士沈钧儒题写刊头，邓颖超、陆定一、胡绳、莫德惠、万福麟、孙科、冯玉祥、茅盾、史沫特莱、绿川英子等国内外知名人士都曾在这本杂志上发表过文章，表明自己在抗战中的观点和主张。《反攻》杂志以利剑般的笔锋刺向日本侵略者，揭露日本帝国主义要灭亡中国的狂妄野心，大量介绍中国东北遭受摧残和掠夺的惨状，报道各战区军民广泛开展抗日游击战争的情况，广受好评。到 1940 年杂志创刊两周年时，《反攻》

★ 1938 年秋，东北救亡总会部分成员在武汉合影

★《反攻》杂志

发行量已近 20 万份，遍及全国（包括最边远的省份）。

除了创办杂志，东北救亡总会还通过多种方式积极扩大抗日救亡的宣传。总会在武汉时期和重庆时期都不断邀请著名爱国民主人士到会进行演讲，讲马列主义哲学和游击战的组织、战术等，总会的几个负责人如刘澜波、于毅夫等也经常给青年作形势报告。东总宣传队中，有许多是当时著名的音乐家、作家、画家，如冼星海、光未然、于浣非、韩乐然等。宣传队员没有薪金，伙食也不好，但他们都废寝忘食地工作。当时，他们在武汉演出的抗日戏剧有《放下你的鞭子》《六年祭》《责任》《九一八以来》等，还有《卢沟桥》《沈阳花鼓》等化装演唱，颇得观众好评。后来，他们在重庆又吸收一些东北爱国青年另建了一支宣传队，改名叫服务队。同武汉一样，服务队出墙报、画宣传画、演抗战剧、搞街头宣传等，还积极参加各种募捐、义演和征集寒衣、草鞋等活动。为了给抗日前线的战士们鼓舞士气，东北救亡总会还组建了三个战地服务团。战地服务一团是1938年春在武汉建立的，由张庆泰任团长，王立言任支部书记。这个团曾冲破国民党陕西省党部的限制，到西安演出了大型三幕话剧《中华民族的子孙》。该剧是由著名音乐家冼星海、赛克、张寒晖等编导的，团员大多在延安鲁艺受过基本功的训练，所以效果非常好，场场满座。1938年底，服务一团还到冀中吕正操部进行过慰问演出。战地服务二团是陕西分会于1939年7月组建的，孟宪民任团长，傅彬任副团长。这个团在组建过程中曾到周围几个县去宣传，影响很大。战地服务三团是1940年初组建的。当时国民党当局对东总活动限制很严，他们就以李济深领导的国民党战地党政委员会名义组建了这个团。服务三团创造了化装演出的形式，如《放下你的鞭子》一剧，每次演出后，总有不少年轻人跟着演员要求从军参加抗日。

会旗记载着东北救亡总会的贡献

东北救亡总会为东北民众的抗日斗争做了多方面的工作，有力地推动了东北民众抗日斗争的发展，在中华民族抗日战争史上留下了不可磨灭的印记，做出了有目共睹的历史贡献。

东北救亡总会对抗日民族统一战线的建立和发展起到了重要的推动作用。东北救亡总会在卢沟桥事变和第二次国共合作之前，就已经成立，是继“一二·九”运动和西安事变和平解决后，抗日民族统一战线政策的又一胜利。东北救亡总会一经成立就以鲜明的战斗姿态，投入到全民族的抗日激流之中，在敌后和国统区，积极宣传贯彻中国共产党的抗日民族统一战线政策，大力推进东北人民的抗日救亡斗争。周恩来、邓颖超、刘澜波、陆定一等多次在《反攻》杂志上发表文章，将党的方针政策及时传达给东北民众，号召东北同胞团结抗日，收复失地。同时，东北救亡总会还为东北乃至全国的抗日战争做了许多宣传、鼓动、联络、组织、支援等工作，并加强了各党派之间的团结，在东北救亡总会的成员中，大家不分党派，不分阶级和阶层，为了抗日救国这一共同目标团结起来，在抗日的旗帜下，结成了抗日民族统一战线，一致对敌，发挥了鼓舞士气、凝聚力量的巨大作用。

东北救亡总会积极推动了东北民众抗日斗争的发展，加速了抗战胜利的进程。东北救亡总会在全面抗战爆发后，立即响应中国共产党“筑成民族统一战线的坚固长城，抵抗日本的侵略，驱除日寇出中国”的伟大号召，发表了“死守平津，焦土抗战”“同日寇血战到底”的宣言，组织东北民众通过多种方式抵抗日本帝国主义的侵略和掠夺。东北救亡总会组建了武装部，组织游击队，开展游击战争。同时，还积极壮大东北各地的义勇军等抗日武装，为东北抗日力量筹措大量的武器弹药和物资装备，并在团结东北军广大爱国官兵积极走抗战道路和争取伪军反正方面也做了大量卓有成效的工作，极大地加速了全民族抗战胜利的进程。

东北救亡总会培养了大批英勇善战的爱国志士，他们中的很多人后来都走上了抗日前线。由于当时复杂的形势和阶级关系，中国共产党对东北救亡总会的领导是秘密进行的，曾先后多次派共产党员到东北民众各抗日救国组织开展抗日救亡工作，建立共产党的组织。同时，东北救亡总会在东北人民中进行了广泛的团结运动，扩大并建立各地分会组织，训练和培养了很多干部，加上各级党组织的努力，使东北民众各抗日救国组织中许多领导人和部分上层人士都不同程度地受到了共产党的影响和教育，有许多的进步青年和爱国人士跟着共产党走上彻底革命的道路，成为抗日救亡洪流中的先锋。

东北救亡总会领导东北各民众抗日救国团体进行的抗日斗争，不仅沉重地打击了日本侵略者，也在一定程度上促进了国民党内部的分化，使许多爱国人士站到了支持人民群众抗日斗争这一边。东北救亡总会在贯彻党的全面抗战和抗战到底路线的实践中，同国民党顽固派的反共倾向进行了原则坚定和策略灵活的斗争，特别是东北救亡总会在关内各地以东北同胞代表的身份坚持推行了“抗战到底就是收复东北”的正确方针，利用各种形式宣传“必须收复东北才算抗战到底”和“谁出卖东北就打倒谁”的战略口号，这就迫使国民党政府不得不在1940年5月做出了恢复东北行政机构的决定，孤立和打击了国民党顽固派，在反对妥协投降政策中起到了积极作用。

1945 年 8 月 15 日，日本宣布无条件投降，持续 14 年的抗日战争以中国人民的彻底胜利而宣告结束。9 月 18 日，《反攻》杂志出完最后一期，东北救亡总会及其相关组织也完成了党和人民赋予的神圣使命而完美谢幕。东北救亡总会的领导人高崇民将当年的东北救亡总会成立大会与会者的“签到簿”（即东北救亡总会成立签到会旗）和一枚编号为 NO.38 的东北救亡总会徽章一起珍藏着，伴随他一生。直到临终前，高崇民才将其交给长子高存信。1986 年，高存信的夫人白竟凡女士将两件文物捐献给了辽宁省近现代史博物馆，也就是如今的张氏帅府博物馆。经国家文物鉴定委员会鉴定，东北救亡总会成立签到会旗被列为国家一级文物。如今，这面会旗安静地陈列在张氏帅府博物馆里，向人们讲述着那段不平凡的往事……

★ 东北救亡总会徽章

一面救亡图存的旗帜

——东北竞存中学校校旗

在沈阳“九·一八”历史博物馆的展厅中，展览着一件极其普通又非常特殊的革命文物。说它普通，因为它就像其他学校的校旗一样，长150厘米，宽80厘米，上面用汉字写着学校的名字——“东北竞存中学校”；说它特殊，因为它是九一八事变后东北流亡学生在西安创建学校时的校旗，承载着抗战时期流亡西安的东北师生在竞争、奋斗中求生存求发展，抵抗侵略、救亡图存近十年的历史。这面校旗整体由白色绸子制作，学校的名字是用黑色绸子剪成的汉字缝上的，白旗黑字，象征了白山黑水的东北。这面特殊的校旗，记录了著名抗日志士、人民教育家车向忱在那个战火纷飞、民不聊生的年代，通过创办学校，让东北流亡陕西的孩子们学知识、受教育，最终走上抵抗日本侵略的救国之路的历史。这面特殊的校旗，不仅是东北竞存中学校的标志，更是那个动荡年代里全国救亡图存的一面旗帜……

流亡西安

1931年9月18日，日本帝国主义发动了震惊中外的九一八事变。

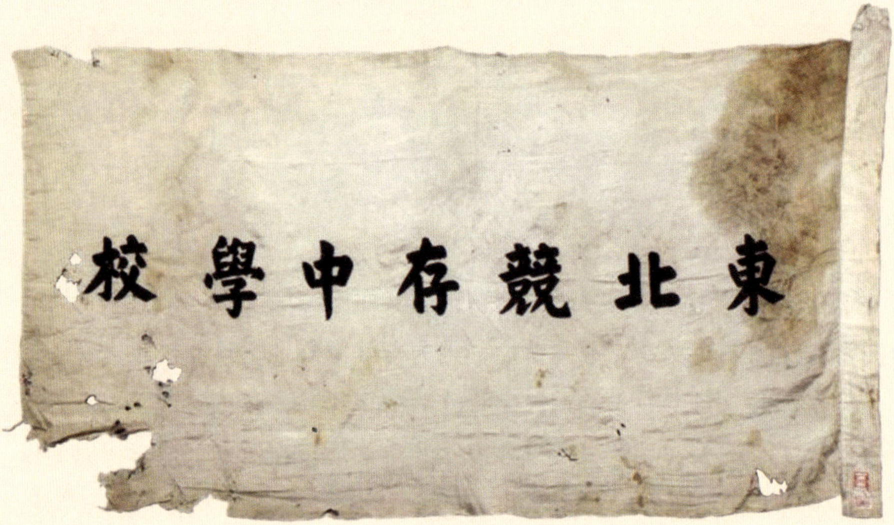

★ 东北竞存中学校校旗

由于蒋介石下令东北军不准抵抗，东北军被迫一撤再撤，不到半年时间，东北主要城市相继沦陷，一些东北军的亲属及普通民众随之背井离乡，撤入到关内。

1935 年，奉行所谓“攘外必先安内”政策的蒋介石在西安成立了“西北剿匪总司令部”，他自任总司令，同时任命张学良为副总司令，东北军大部被调到陕甘一带与红军对峙，东北军的家眷亲属及部分流离失所的东北难民也随军来到西北。当时，西安城里城外，到处是东北的流亡民众，昔日繁华盛世的六朝古都，如今东北难民游困街巷，沿街乞讨。无家可归的流浪儿童更是无校可进、无书可读，那种凄凉景象惨不忍睹，令人痛心疾首。

山河破碎，百姓流离失所，大人们忍饥受冻尚可忍受，但孩子们若不读书、不受教育，那么国家就真的没有希望了。当时，在古都西安，一位心系国家的教育家看到来自东北的孩子们居无定所、学无校舍，他悲痛万分、心急如焚。他认为，国家处于危难关头，抗日救亡需要人才，更需要教育。东北军奉命不准抵抗，将来收复东北失地、打回老家去的任务则需要下一代来承担，现在必须想方设法让这些流亡的孩子们读书学习，让他们懂得救国救民、抵抗侵略的道理……这位教育家就是鼎鼎大名的车向忱。

平民教育

车向忱，原名车庆和，字向忱，辽宁省法库县顾家房村人，著名教育家和社会活动家。早年曾在法库县中学学习，1918 年考入北平大学高等补习班学习。在 1919 年的五四运动中，车向忱因参加火烧赵家楼被捕，在群众抗议下被释放。不久，他考入中国大学法科，后改读哲学系，以实现其救民报国的宏愿。在中国大学学习期间，车向忱与几位志同道合的朋友一起办起了平民夜校，开始了平民教育活动。1925 年，车向忱毕业后回到沈阳，任教于东北大学附属中学、奉天省立第一高中等学校。其间，他主要从事平民教育，并创办了奉天学生平民服务团、奉天平民教育促进会等组织。为了发展平民教育，他把自己大部分薪金都拿来办学。即使家中断炊，被中学解聘，他也义无反顾。在车向忱的努力下，到 1929 年 7 月，全省共办起城市平民学校 40 多所，农村平民学校 200 多所，培养学生 7000 余人。此间，车向忱还编写了《辽宁国民简易教育概况》。1927 年，车向忱参加了反对日本在临江设立领事馆的活动，并取得成功。1929 年夏，他与阎宝航、张希尧等人组织了反日爱国的民众团体——辽宁国民常识促进会。该团体向民众进行提倡国货、抵制日货、拒毒禁烟等宣传。

1931 年九一八事变后，车向忱到北平开展抗日救亡活动，与高崇民、阎宝航、卢广绩、陈先舟等人建立了东北民众抗日救国会，任执委、常委，兼任政治宣传部副部长，并参加军事部工作。1935 年，车向忱携家眷来到西安，开展抗日救亡运动。抗战胜利后，车向忱回到东北，先后任嫩江省人民政府副主席、东北行政委员会教育委员会主任委员等职。中华人民共和国成立后，车向忱任东北人民政府委员、教育部部长，沈阳师范学院院长，沈阳体育学院院长，辽宁省实验中学首任校长等职。东北大区撤销后，车向忱担任辽宁省副省长、省政协副主席、全国政协常委、民进中央副主席、民进辽宁省委员会主任委员，并被选为第一、二、三届全国人民代表大会代表。

车向忱的一生中，在西安创办平民学校这段经历最让他难忘。1936 年，应王以哲之邀来到西安的车向忱发现流亡陕甘的东北学生无学可上，就把这些孩子们召集到自己家里，教他们识字，教他们了解日本侵略者占我河山、毁我家园、掠夺资源、欺压百姓的丑恶行径，让孩子们知道日本人打着“大东亚共荣”的虚伪旗号实施其侵略中国之实，教孩子们认清日本侵略者和汉奸走狗是中国人民的敌人，大家一定要团结起来，齐心协力抵抗日本侵略者，把他们赶出东北、赶出中国。当时，教学设施比较简陋，孩子们坐在用几块长条木板临时搭起的凳子上，墙上挂着半张用墨汁涂黑的马粪纸代替的黑板……最初，来读书识字的孩子有 20 多名，几位东北同乡看到这种情况后很受触动，有的当起义务教员，有

★ 车向忱

★ 1925 年从中国大学毕业的车向忱

★ 沈阳车向忱旧居

的捐款捐物，纷纷鼎力支持。后来，孩子越来越多，屋里屋外都已挤满，车向忱就产生了创办流亡子弟学校的想法。这个想法一经提出，立即得到了好友及一些进步人士的赞同和支持，如原东北大学学生、中共地下党员、车向忱的老友张希尧，当时驻守西安的东北军第六十七军军长王以哲等。筹建学校的工作就这样紧锣密鼓地展开了……

建立小学

1936 年 4 月，一所专门给东北流亡学生开设的小学校在西安东关索罗巷 43 号一个废旧的火柴厂里建立起来，车向忱亲任校长。当时的条件十分艰苦。车向忱把原来家里上课的那个马粪纸做的黑板搬到这里。原来的桌椅不够用，就向附近邻居借来一些高低不齐的桌凳。后来，还是坐不下,便用木板在土堆上临时搭起长凳。车向忱还花钱购买了两盒粉笔、几张白纸、一瓶墨水和一把笤帚，新学校就这样开始上课了。

得给学校起个名字。根据学校的艰苦奋斗精神和救亡图存的目的，车向忱为学校起名——东北竞存小学校。在开学典礼上，车向忱说:“同学们！我们的学校为什么叫东北竞存学校呢？我们就是要通过竞争、奋斗，争取生存。我们要和日本侵略者斗争，和卖国求荣的汉奸斗争，和一切艰难困苦斗争。要用斗争取得我们学校、我们东北人民和整个中华民族的生存。我们就是要本着这种精神努力学习，努力工作，准备打回老家去！”同时，车向忱还将学校的校训定为“勤学、爱国、回家”。东北竞存小学校开学后，迅速引起东北军、西北军及当时社会各界知名人士的极大关注和支持，张学良、杨虎城、王以哲等人纷纷捐款赞助，东北竞存小学校迅速发展。

筹建中学

在社会各界的帮助和支持下，东北竞存小学校发展很快，学生人数

★ 1935年10月，车向忱在西安家中，为东北流亡儿童办起了东北竞存小学校，挂钟梁上是他亲笔书写的校训"回家"

不断增加，年龄结构也发生了很大变化。1937年夏，东北竞存小学校高年级的同学即将毕业。由于毕业后的学生上不起别的中学，车向忱又开始为筹建中学部而四处奔走。当时，中共中央领导机关在延安，得知车向忱正在筹建东北竞存中学校，便派人与车向忱取得了联系。不久，林伯渠在八路军西安办事处七贤庄热情接待了车向忱。按照周恩来的指示，办事处拿出300元资助车向忱筹建东北竞存中学校，并准备以后每个月资助300元。此外，东北军第五十三军军长万福麟捐给学校一些军用旧桌凳、小马扎、旧棉衣等。

正当车向忱为筹办中学而奔走忙碌之时，1937年7月7日，卢沟桥事变爆发，日军发动了全面侵华战争。在中国共产党的倡导和推动下，以国共合作为基础的抗日民族统一战线正式形成，全国人民同仇敌忾、团结一致抗击日本侵略者。正是在这样的背景下，车向忱开始建立东北竞存中学校。

1937 年 8 月，东北竞存中学校正式建立。竞存小学毕业班的学生升入中学，加上从外校来报考的，共有 200 多名学生。这 200 多名学生分成三个班级，除了学习一般的文化课外，还学习了抗日救亡理论、游击战术、军事训练等课程。由于人数众多，学校校舍进行了调整，中学在大湘子庙，小学在小湘子庙。

东北竞存中学校成立后，同学们仿照车向忱的笔体，用黑色绸子制成了“东北竞存中学校”几个字，缝制在一块白色的绸子上，做成了校旗。旗帜黑白相衬，象征着东北的白山黑水，分外醒目。从此，东北竞存中学校的校旗被同学们高高举起，在各种抗日救亡活动中，迎风飘扬，成为东北竞存中学校的象征。

救亡图存

东北竞存中学校建立后，一方面教授流亡的青少年文化知识，另一方面组织广大师生开展了大量的抗日救亡活动。许多中共地下党员也来到学校，一边进行教学，一边从事革命工作。在中华民族生死存亡的关键时刻，东北竞存学校高扬抗日救国、救亡图存的旗帜，为党的革命事业、为中国人民的抗日战争做出了重要的贡献。中共党组织十分关注东北竞存学校的发展。中学部筹建之初，党组织就通过八路军西安办事处向学校拨付经费。学校建立后，陆续有几名中共地下党员到学校开展工作。后来，共产党员阎天佑在学校发展了 5 名党员，建立了东北竞存学校学生党支部。随着党组织的建立，学校的进步力量不断壮大，校外的地下党员也经常来竞存学校开会、交流斗争经验。为了加强东北竞存学校的领导力量，中共陕西省委又根据车向忱的要求，增派了几名地下党员来学校工作，到 1937 年底，学校已有共产党员 13 名。由于学校政治环境好，中共中央社会部的秘密电台曾设在该校。学校迁到凤翔县后，随着党员人数的不断增加，中共东北竞存学校特别支部成立，钱一粟任书记，李长风任组织委员，滕净东任宣传委员。特支下设教师党支部和学生党支部。教师党支部书记为张寒晖（歌曲《松花江上》的词曲作者），委员为李长风；学生党支部书记为阎天佑，组织委员为张保全，宣传委员为时保泽。由于东北竞存学校是一所共产党领导下的抗日救亡革命学校，因此也被称作“小抗大”。

在党的领导下，东北竞存学校的师生开展了一系列抗日救亡活动。包括：在主要街道、广场进行多种形式的抗日救国宣传，组织农村宣传队到农村进行宣传；在重要纪念日开展集会、示威游行，特别是在九一八事变纪念日举行大型纪念活动；组织师生为抗日进行募捐，支持抗战；等等。校长车向忱常常利用各种机会，带领学生走出校门，宣扬抗日救国的主张，他还教学生们唱《骂汪精卫》《三劝》等抗战儿歌。在老师的帮助下，学生们以戏剧的形式进行抗日救亡宣传，除了演出当时流行的抗日剧目外，还演出学校老师自己编写的话剧《血祭九一八》等，

★ 1940 年 6 月 29 日，东北竞存中学校部分学生毕业合影

让广大群众在受教育的同时，增强抗战必胜的信心。同时，在中共地下党员和校领导的组织下，东北竞存学校的师生们还利用春游的机会到八路军办事处参观，学习八路军英勇杀敌的革命精神。为了提高军事战斗技术，学校还邀请八路军办事处的同志给学生讲授游击战术课，对学生进行军事演习等实战训练。后来，有许多学生投奔延安，参加八路军，走上抗战前线，成为部队的骨干。

由于革命活动开展得如火如荼，东北竞存学校引起了国民党特务的注意。他们经常对东北竞存学校进行监视，甚至搞破坏活动。东北竞存学校的中共地下党员则以学校教师的身份同反动特务进行不屈不挠的斗争，在斗争中不断锻炼和成长。

除了面对敌人的破坏和特务的分裂活动，东北竞存学校还要解决经费和学生的生活问题。当时，由于日军的烧杀抢掠，战火频繁，经济、社会发展几乎停滞，人们生活十分困苦，仅靠各界人士资助的学校办学经费严重不足。东北竞存学校充分发扬其“竞存”的办学宗旨，在竞争、奋斗中求取生存，在极其艰苦的环境下谋求发展。为了“自己动手”“丰衣足食”，1938年4月，东北竞存学校成立了农业中学，发扬艰苦奋斗精神，边开荒垦田，边进行学习。同年秋，日军加紧了对西安的狂轰滥炸，东北竞存学校在坚持了一段时间后，决定迁址。10月，学校迁至陕西省凤翔县关外纸坊街村，师生们住进了两座旧庙，中学设在皇庙，小学设在火星庙。面对更为艰苦的条件，车向忱校长鼓励同学们开荒种地，学习纺纱、缝纫，还创办了造纸工厂，解决了学习用品问题。在艰苦的环境下，东北竞存学校不仅培养了学生的社会实践能力，而且很好地磨炼了大家的革命意志，使学生们进一步理解了“竞存”的真正意义。

旗帜高扬

抗日战争胜利后，车向忱与夫人翟重光回到东北，东北竞存学校停办。据不完全统计，东北竞存学校仅在迁到凤翔县后的8年时间里，就培养了 1900 多名学生，这些学生后来大多奔赴抗日战场，为民族解放事业做出了重要贡献。为了记录东北竞存学校在陕西高扬救亡图存的伟大旗帜，带领东北流亡学生开展抗日救国运动这段近 10 年光荣的历史，翟重光历尽千辛万苦，穿越国统区，把东北竞存中学校校旗带回了东北，如稀世珍宝般精心地珍藏着。

1997 年，沈阳“九・一八”历史博物馆筹建，公开向社会征集文物和资料。当年 12 月，车向忱的儿子车树实将这面东北竞存中学校校旗捐献给了沈阳“九・一八”历史博物馆。这面经历了近十年抗日烽火、保存了 60 多年的校旗，终于重现在世人面前。虽然校旗旧得略微发黄，旗身有许多小裂缝，下角有几处较大的破损，但岁月的磨砺无法抹去昔日的辉煌，这面旗帜记录着抗日烽火，记载着全校师生抗日救亡、英勇斗争的历史片段，是东北竞存学校进行抗日救亡活动的光辉旗帜。2000 年 10 月，这面东北竞存中学校校旗被辽宁省鉴定为二级革命文物，后被国家定为一级革命文物。

如今，这面极其普通又非常特殊的东北竞存中学校校旗安静地陈列在沈阳“九・一八”历史博物馆的展柜中。缅想当年，东北竞存的师生们正是在这面旗帜的指引下，不畏艰苦，勇敢拼搏，舍生忘死地开展抗日救亡活动。这面校旗不仅是一面象征着东北竞存中学校的旗帜，还是一面象征着时刻不忘白山黑水、永远心系家国的旗帜，象征着不畏强暴、在斗争中求生存求发展的旗帜，更是一面在艰苦条件下进行抗日救亡活动的旗帜，是一面抗日救国、救民于水火的旗帜。如今，“创造、团结、耐苦、奋斗”的竞存精神，仍是激励人们向前的精神力量。这面东北竞存中学校的校旗，在全面建设社会主义现代化国家新征程的和煦春风中迎风招展、高高飘扬……

“铁证”变罪证的前世今生

——1938年日军立九一八事变柳条湖爆破地点碑

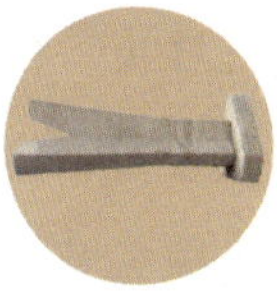

在沈阳“九·一八”历史博物馆宽敞院落的一隅，横放着一块由钢筋混凝土制成的浇筑碑。碑身高661厘米，下窄上宽，碑身底部为六棱柱，上接Y字形棱柱，Y字形棱柱至顶部向外分为三叉，整个碑身的造型酷似炸弹的尾翼。这座粗糙坚硬的混凝土浇筑碑，是1938年日军为展示和夸耀其“武力”和“战绩”，在柳条湖爆破地点所立的一块“功绩碑”。当年，日本关东军之所以把“功绩碑”立在柳条湖爆破地点，就是为了炫耀那场他们精心策划并制造的震惊中外的九一八事变，妄图用坚硬的混凝土浇筑碑作为栽赃中国军队的永久“铁证”。如今，硝烟散尽，这块浇筑碑也成为日本侵华、发动九一八事变的历史罪证，永久地陈列在沈阳“九·一八”历史博物馆广场东侧，向世人昭示着永远无法掩盖的真相。

残碑几易容　谁的狼子野心

1931年9月18日晚10时许，根据不平等条约驻扎在中国东北的日本关东军，按照精心策划的阴谋，由岛本大队川岛中队河本末守中尉率部下数人，在沈阳北大营南约800米的柳条湖附近，将南满铁路一段路

★ 九一八事变中，中国驻军北大营被日军炸成断壁残垣

★ 日军制造的南满铁路被炸现场

★ 陈列于沈阳“九・一八”历史博物馆广场上的1938年日军所立九一八事变柳条湖爆破地点碑

轨炸毁。日军在此布置了一个假现场，摆了几具身穿中国士兵服的尸体，反诬是中国军队破坏铁路。日军以此为借口，炮轰中国东北军驻地北大营，制造了震惊中外的九一八事变。9 月 19 日，日军侵占沈阳。1932 年 2 月，东北全境沦陷。此后，日本在中国东北建立了伪满洲国傀儡政权，开始了对东北人民长达 14 年之久的奴役和殖民统治，使东北 3000 多万同胞饱尝亡国奴的痛苦滋味。九一八事变是由日本蓄意制造并发动的侵华战争，是日本帝国主义企图以武力征服中国的开端，是中国抗日战争的起点，标志着中国局部抗战的开始，揭开了第二次世界大战东方战场的序幕。九一八事变后，中国人民的局部抗战也标志着世界反法西斯战争的起点。

九一八事变发生后，日本关东军为了制造驻扎在南满铁路柳条湖附近北大营的中国军队无端挑起战争的假象，在北大营及附近的事件发生地做足了“功夫”。日本关东军先是领着日本国内贵族院视察团查看了铁路爆破地，并使其“偶然”发现了位于爆炸地点近处的几具“东北军士兵尸体”。随后，日军又唯恐其诬陷东北军士兵炸毁铁路的谎言被揭穿，

★ 1938 年日军所立的“九一八”柳条湖爆破地点纪念碑

便找出了两根所谓被炸毁的铁路枕木及破坏铁路的中国士兵的枪支等，供国联派来的调查团参观及核查。由于枕木不能长期露天存放，而日军又需要其做中国军队炸毁铁路的标志，因此，在九一八事变后的第一时间，日军在爆破地点位置东侧数米处，面向南侧的奉天驿（今沈阳站）方向竖立了一根高 1.8 米左右的木制碑牌，写上“九月十八日支那兵线路爆破位置”字样，并且一度派日军牵着狼狗站岗驻守。此碑牌设立后不久，日军为了达到更好的宣传效果，便选用更优质的木质材料，加工成高约 2.5 米、三角形三面可观的碑牌，在三面同时标示了“昭和六年九月十八日支那兵线路爆破地点”字样，替代了原来的简易木制碑牌。

1936 年 8 月 15 日，日伪奉天市政府为纪念“满洲事变”5 周年，召开了伪市政府各机关负责人会议。会议决定举行柳条湖爆破地点碑奠基典礼。于是，日军从 1936 年 8 月开始便决定在北大营附近再次竖立一个大型的爆炸地点碑，并在同年的 9 月 18 日举行了奠基典礼。1938 年，日本关东军在当年柳条湖事件的爆破地点附近用坚固的钢筋混凝土建造了一座碑，并为该碑加上了宽大稳固的梯形基座。为了使这座浇筑碑更加醒目，日军不仅在基座正面刻了“爆破地点”4 个字，还在浇筑碑后数米之外立了 4 个硕大的牌子，分别写上“爆破地点”四个醒目的大字，而原有的条形标志木碑也一并保留。从远处望去，整个钢筋混凝土碑像是扎入底座里的一枚炸弹，因此，被人们形象地称作“水泥炸弹”或“炸弹碑”。

1945 年 8 月 15 日，日本战败投降后，柳条湖爆破地点碑被当地民众推倒。20 世纪 80 年代，沈阳市文物管理部门在倾斜的碑体前竖立了文物保护标示牌。1991 年沈阳“九・一八”事变陈列馆建成后，该碑被陈列馆收藏，移至陈列馆南侧广场一角。1999 年，沈阳“九・一八”历史博物馆扩建完成开馆后，该碑再次被移至展览主馆前广场东侧，作为露天展品展出。2018 年 8 月，该碑被评定为国家一级文物。当年日本关东军为洗清罪名费尽心机制作的“铁证”，现如今已经成为日本侵华、发动九一八事变无法泯灭的历史罪证。

民族危亡时　谁为砥柱中流

日本帝国主义蓄意制造的九一八事变，激起了中国人民的无比愤慨。面对日本帝国主义的侵略和国民党反动政府的不抵抗政策，中国共产党代表中华民族和广大中国人民的利益，号召全国人民坚决抗日，把日本侵略者驱逐出中国。民族危亡的关头，地处东北抗日斗争最前线的中共满洲省委第一时间做出反应，成为领导东北民众抗战的中流砥柱。

9 月 19 日清晨，当日军在沈阳街头大肆捕人、杀人时，中共满洲省委在沈阳小西门附近省委秘书长詹大权家召开了紧急会议。会上，大家讨论了日本帝国主义武装占领沈阳后的紧急形势和当前各种紧迫的工作任务。鉴于国民党反动政府奉行的不抵抗主义，中共满洲省委号召和组

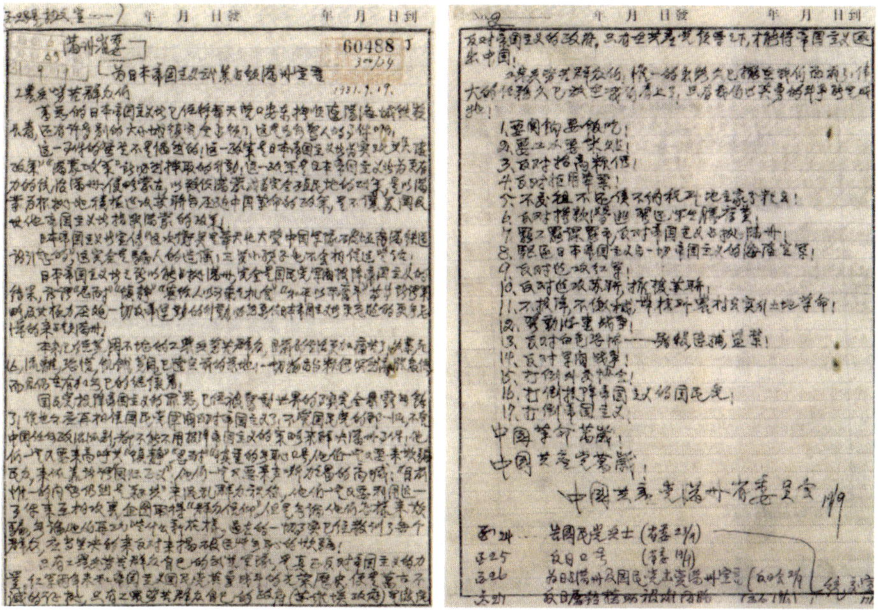

★《为日本帝国主义武装占据满洲宣言》草稿

★ 梁永盛

织东北人民行动起来，进行抗击日本侵略者的斗争。会议经过研究决定发表《为日本帝国主义武装占据满洲宣言》。《宣言》认为，九一八事变的发生不是偶然的，是日本帝国主义者为实现其“大陆政策”“满蒙政策”所必然采取的行动，是日本帝国主义者为更有力地统治伪满洲、侵略蒙古，以致使满蒙成为完全殖民地的政策。《宣言》深刻揭露了国民党反动派不抵抗主义：“日本帝国主义者之所以能占据满洲，完全是国民党军阀投降帝国主义的结果，‘忍耐’‘镇静’‘莫给人以可乘之机会’‘和平以示奋斗’等等所谓策略及其极力压迫一切反帝运动的行动，必然要使日本帝国主义者更急进地更无忌惮地来占领满洲！”“国民党投降帝国主义的罪恶，已经被惊动世界的事实完全暴露无余了！谁也不应再相信国民党军阀反对帝国主义了！不管国民党的哪一派，不管中国任何政治派别，都不能用投降帝国主义的策略来解决满洲事件！”《宣言》提出，“只有工农兵劳苦群众自己的武装军队，是真正反对帝国主义的力量……只有在共产党领导之下，才能将帝国主义逐出中国”。《宣言》阐明了中国共产党在民族危急的关键时刻代表中华民族最高利益的立场，充分揭露了日本帝国主义蓄谋已久的侵略罪行，驳斥了日军的无耻谣言，批判了国民党政府的不抵抗主义。此后，中共满洲省委连续发表《中共满洲省委决议——关于日本帝国主义武装占据满洲与目前党的紧急任务》《中共满洲省委给中央的报告——关于日军占领满洲情形、省委的策略及工作布置》和《对士兵工作的紧急决议》等文件和决议。据统计，到1931年10月，中共满洲省委共印发了宣传品440余份。在中共中央和中共满洲省委抗日宣言的号召下，各市委、特委、县委纷纷向各界群众宣传党的抗日主张。

9月20日，中国共产党中央委员会发表《中国共产党为日本帝国主义强暴占领东三省事件宣言》。同日，中华苏维埃共和国中央工农革命委员会发表《由于工农红军冲破第三次“围剿”及革命危机逐渐成熟而产生的党的紧急任务》。22日，中共中央作出《关于日本帝国主义强占满洲事变的决议》。30日，又发表了《中国共产党为日本帝国主义强占东三省第二次宣言》。

中国共产党在民族危亡的时刻挺身而出，从全民族的利益出发，毅然决然地站在抗击日本帝国主义侵略的最前沿，肩负起了全民族的期望。中共中央和中共满洲省委的抗日宣言和抗日号召，反映了中华民族对日本帝国主义侵略决不屈服的坚定意志，宣告了中国人民与日本帝国主义斗争到底的坚强决心，与国民党当局的不抵抗政策形成鲜明的对照，得到了全国人民的热烈响应和衷心拥护。

皆知“不抵抗”　谁人甘愿屈服

九一八事变后，中共满洲省委成为领导东北人民进行抗日斗争的坚强核心。为了有效开展抗日斗争，中共满洲省委指示各地党团组织“必须积极的坚决的号召群众罢工、罢课、罢市的示威……组织布置飞行集会、群众大会及宿舍工厂等处的部分示威”，立刻紧急动员全体党员到群众中去开展工作。

在沈阳，1931年，中共奉天兵工厂党支部书记梁永盛在中共满洲省委的直接领导下，组织兵工厂工人开展抢粮斗争。他们以兵工厂厂主无故扣发工人两个月工资并携款出逃为由，发动工人于9月21日上午，将兵工厂粮栈存粮抢劫一空。随后，奉天火柴厂的工人也砸开了本厂的粮仓，抢光了粮食，并有上千名工人闯入南满火车站，抢夺了日军从大连运来的军粮。这些行动，不仅给刚刚占据沈阳城的日军以沉重一击，而且通过斗争锻炼了党员、培养了骨干，奉天兵工厂有6人在斗争中加入了中国共产党，扩大了党的力量。

在大连，1931年9月底，中共大连特支向全市工人群众发出《敬告大连工友书》，指出：日本公然以军队占领沈阳，南满和大连已经变成了日本的殖民地，中华民族的危机更加严重，全市人民必须与日本殖民主义者进行坚决的斗争，支持抗日运动。在党的号召和影响下，大连所辖的庄河等地的抗日烈火很快燃烧起来。

在抚顺，中共满洲省委派何能到中共抚顺临时特支（中共抚顺特支）巡视，帮助开展抗日斗争。何能到达抚顺清原县后，积极宣传国内革命形势，揭露蒋介石的不抵抗政策，动员人民起来抗日救国。他在三间房村刻写蜡版，印刷宣传品，揭露日本帝国主义者的侵略阴谋，号召各族人民团结起来，打倒日本帝国主义，在群众中产生了很大的影响。抚顺党组织除了开展宣传工作外，还发动工人对日本侵略者霸占煤矿等行为进行斗争。

在延边，事变后的第三天，老头沟煤矿工人140余人举行了反对日本资本家积欠工资的罢工。罢工工人不仅停止生产煤炭，而且还阻止火车往外装运煤炭。在党的领导下，八道沟金矿的矿工成立了工会组织，积极为抗日部队提供物资，支援抗日斗争。延吉、龙井、敦化、珲春等地学校的爱国学生积极开展反日宣传和抵制日货运动，参加农民与工人的反日斗争，甚至直接参加反日队伍，开展武装抗日。

在磐石，中共磐石中心县委和海龙中心县委积极领导工人、学生等各界群众开展抗日救国斗争。磐石县立中学的爱国学生纷纷结队上街游行示威，聚众讲演，宣传抗日，并开展了抵制日货活动，砸毁了“四聚成”等专卖日货的商店。双阳中学师生也开展了游行、贴标语、撒传单、讲演等各种形式的反日斗争。

在长春，中共长春油坊特支和长春监狱党团联合特支根据上级的指示精神，在工厂、铁路、监狱、学校建立和发展了工会、学生会、反日会、互济会等组织，进行了怠工、罢课，要求增加工资及改善犯人待遇等斗争。长春铁路工人在得知日军准备进犯哈尔滨的消息后，立即把近300节车厢转放到他处，使日军不能迅速运兵，推迟了北犯哈尔滨的时间。

在哈尔滨，1931年9月21日，中共北满特委在道外十六道街秘密召开紧急会议，决定于9月26日中秋节当天在全市举行反日示威游行。会后，中共北满特委与三十六棚铁路工厂、码头、船厂、商店等处党组织负责人研究抗日救亡运动，部署全市反日大示威游行。哈尔滨市总工会发表了《告哈尔滨全体工友书》，号召工人罢工，参加示威游行。哈尔滨广大中共党员纷纷走上街头讲演，通过报刊、传单、标语、漫画等多种形式，呼吁民众行动起来。9月26日，铁路、船厂、电业、码头、印

★ 沈阳“九·一八”历史博物馆标志性建筑“残历碑”

刷、烟厂、皮鞋业等工人和店员，哈尔滨工业大学校等学校学生、党团员、反日会员及市民从四面八方涌向道外正阳大街，举行反对日本帝国主义占领满洲的大示威。

面对日本帝国主义的侵略，民众自发的抗日斗争风起云涌。东北抗日义勇军奋起抵抗，以血肉之躯与穷凶极恶的侵略者展开了殊死的搏斗。在中国共产党的影响和支持下，义勇军的力量不断壮大，活动区域遍布东北大地。他们浴血奋战，有力地打击了日本帝国主义的侵略，激发了全国人民的抗日斗志。民众的携手抵抗，激发了白山黑水间全体军民的战斗豪情。在中共满洲省委积极领导下，东三省的抗日游击队伍不断发展，东北抗日民族统一战线逐步建立，党独立领导的抗日武装不断壮大，东北抗日联军在极其艰苦的条件下，坚持斗争，给日伪殖民统治以沉重打击。在 14 年艰苦卓绝的斗争中，在中国共产党领导下，中国人民终于打败日本侵略者，取得了抗日战争的最后胜利。如今，历史的硝烟虽已远去，但沈阳“九·一八”历史博物馆外这块没有碑志，也没有铭文的残碑，早已成为血染的记忆。它是侵略者残暴和嚣张的罪证，是中华民族血泪与屈辱的伤痛，更是中国人民奋起反抗、共同御侮的历史见证。1938 年日军所立的九一八事变柳条湖爆破地点碑永远警示和提醒后人：勿忘国耻，振兴中华！

装载白山黑水之诗书文墨
——宋铁岩用过的书箱

这只静静陈列在沈阳“九·一八”历史博物馆展厅内的木质书箱，是东北抗日联军第一军政治部主任宋铁岩曾经用来存放日记、信件和保护秘密文件、进步书籍的。别看它只有 44 厘米长、24 厘米宽、26 厘米高，但它和其主人身上所承载的奋斗精神，永远是我们的宝贵财富。这件国家一级文物的箱盖内，宋铁岩烈士的笔迹清晰可见，更说明了它的珍贵。2007 年，宋铁岩烈士的孙女孙晓红和她的母亲王玉兰将这件珍藏了长达 70 余年的英烈遗物无偿捐献给了沈阳“九·一八”历史博物馆。如今，这只褪色泛黄的书箱，仿佛在静静地诉说着那段战火纷飞岁月里的难忘记忆，箱内斑驳的字迹仿佛向人们展示着烈士驰骋于白山黑水间的丰功伟绩。这件从枪林弹雨中保存下来的烈士遗物，成为一名共产党员坚持不朽信仰的见证。

书箱承载爱恋　相伴崭新人生

宋铁岩，原名孙肃先，字晓天。1909 年生于吉林省永吉县，1931 年春考入北平中国大学，不久加入中国共产党，历任南满游击队政委、东

★ 宋铁岩用过的书箱

北人民革命军第一军政治部主任、东北抗日联军第一军政治部主任等职务，是中共南满特委、中共南满省委委员。1937 年 2 月 11 日，在本溪县和尚帽子山突围战斗中牺牲。2014 年 9 月，宋铁岩入选民政部公布的第一批 300 名著名抗日英烈和英雄群体名录。

在宋铁岩为数不多的遗物中，这个用来存放日记、信件特别是秘密文件的书箱尤为珍贵。宋铁岩的孙女孙晓红曾这样介绍这个见证了爷爷奶奶爱情的具有特殊纪念意义的书箱："其实这个书箱是一对儿，一个捐赠给了吉林市革命烈士陵园，另外一个捐赠给了沈阳'九·一八'历史博物馆。这对书箱是 1926 年爷爷与奶奶结婚时奶奶的陪嫁物品。奶奶的叔叔是木匠，当时看爷爷勤奋好学，就亲手为他打造了这对红底金花的书箱，现在这个书箱已经看不出当初的模样了。"这对书箱幸运地见证了宋铁岩烈士青春年少时短暂而懵懂的爱情。然而，儿女情长并不是生活的全部，心系天下的宋铁岩在婚后不久，就继续到吉林省立第一师范学校读书，带着亲人的牵挂和见证他爱情的书箱，继续奔赴他的求学之路。读书期间，宋铁岩勤奋好学，成绩优异，深得老师的欣赏和同学们的钦佩。

1928 年春，宋铁岩考入吉林省立第二师范学校理科班进修（以下简称"吉林二师"），这对书箱一直相伴着宋铁岩的求学历程。在吉林二师，受学校进步教师中共地下党员谢雨天、楚图南的教诲和影响，宋铁岩逐渐接触和阅读了一些马列主义的书籍，思想进步很快，积极投身反帝爱国运动。他利用自己主办的校刊《秋声》介绍浅显的革命道理，发表一些进步的诗文，使《秋声》成为一本进步刊物。他撰写的《爱国论》和具有革命思想的诗词常常受到进步学生的喜爱。在老师的帮助下，宋铁岩还发起创办了"秋声书社"，专门介绍一些进步书刊，并在同学中广为传阅，推动了全校师生要求进步、追求真理的思潮。在此期间，这对承载着宋铁岩爱情的书箱充分发挥了作用，宋铁岩用它来装进步书籍和一些宣传册子，有时还装一些秘密资料。

学生时代的宋铁岩，目睹了帝国主义掠夺中国财物、欺压中国百姓的罪恶行径，强烈的爱国主义情怀和民族自尊心使他坚定地加入到反帝

★ 宋铁岩

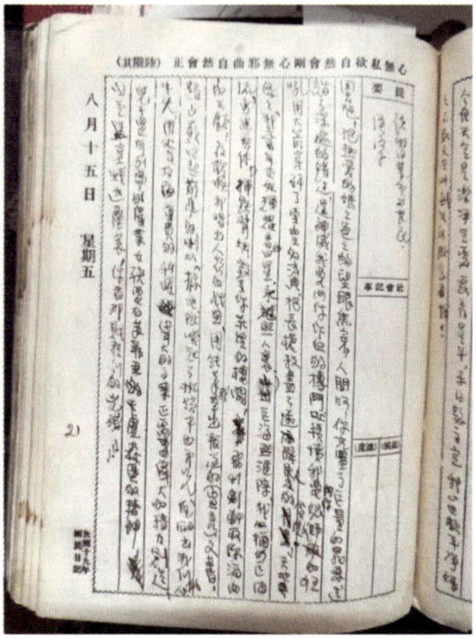

★ 宋铁岩日记

反封建的活动中来。1928 年 10 月，日本帝国主义与“吉林省议会”签订了《中日民商合筑五路条约》。消息传出，引起了东北三省民众的强烈反对。宋铁岩立即组织了以吉林二师学生为骨干的 1000 多名学生于 10 月 28 日上街游行示威。他们沿街讲演、贴标语、散发传单，深入农村进行反日宣传，使这次反日活动迅速遍及东北三省。继吉林、长春之后，11 月初，哈尔滨又掀起了较大规模的“一一·九”学生运动。这些学生运动是对宋铁岩革命意志的考验与锻炼。在学生运动中，他丰富了斗争经验，提高了组织能力，逐步成为吉林二师学生运动的领导人之一。

勤奋的学习丰富了宋铁岩的头脑，斗争的实践磨炼了宋铁岩的意志，他从一个具有忧国忧民、反帝反封建思想的进步青年，逐步成长为一个有一定马列主义理论水平、初步树立了无产阶级世界观的有为青年。政治觉悟的不断提高，使他更加渴望开始新的生活。他曾在日记中这样抒发自己的豪情壮志：流水不断地流过去了,那新生的浪头已经掀起。恬静、安闲，是过去的习染；怒马奔腾的战场，要现着我的身形。严烈的炮火下，攫取那新的人生！

1931 年春，宋铁岩考入北平中国大学，因品学兼优，组织能力强，很快被选为校学生会主席和北平市大学生联合会理事。在党的影响教育下，他不断学习马列主义理论，政治思想觉悟有了进一步的提高，不久，他加入了中国共产党，从此开始了他献身革命事业的辉煌人生。

为国舍弃小家　书箱聊表相思

1931 年 9 月 18 日，日本帝国主义悍然发动了震惊中外的九一八事变。国难当头，正在北平读大学的宋铁岩怀着对家乡沦陷的悲愤和对日本侵略者的仇恨，积极响应党的号召，组织本校学生走上街头，进行反日宣传。10 月间，他被推选为北平学生南下请愿团的负责人，率团赴南京请愿。后来，请愿学生遭到国民党反动政府的残酷镇压，宋铁岩也因此被捕入狱。在狱中，他英勇不屈，与反动派进行了坚决的斗争。他痛斥敌人："爱国无罪！你们卖国，我们爱国。我们的斗争一定要坚持到底，爱国的火焰是永远扑不灭的！"在各界群众的声援下，宋铁岩和被捕的学生代表终于获释出狱。被捕的遭遇并没有吓退他与侵略者、反动派斗争的决心，他改用"铁岩"这个名字，以示用铁一样坚强的决心与侵略者和反动派做斗争，凭岩石般坚定的意志为收复祖国山河而献身。回到北平后，宋铁岩斗志更加昂扬，积极投身于抗日救国的斗争。

1932 年秋，宋铁岩受党组织委派，回东北做抗日工作。他先后在吉林、长春的大学、中学和磐石县、桦甸县县城的工人中进行抗日宣传，组织抗日救国会。这期间，他写了许多慷慨激昂的诗篇，深刻揭露和抨击帝国主义，抒发了自己为革命而献身的抱负和情怀。1932 年末，宋铁岩回到了家乡，与妻子团聚。1933 年 4 月，由于工作需要，宋铁岩不得不再次与妻子分别。临行前，他把自己的诗集和一些进步书籍装满那对见证他们爱情的书箱，留给了妻子，并叮嘱道："让孩子好好念书，无论如何也要念。孩子念完书，一定不能给鬼子干事。”本就聚少离多的妻子问他：“啥时候回来？”他摇摇头说：“不赶走日本人，我是不会回来的。”在那天的日记中，宋铁岩写道：“快走快走莫回头，英雄气短，儿女情长……”此时，24 岁的宋铁岩或许已经预料到，这一次也许将是他与家人最后的诀别，但他仍坚定自己的信念，毅然踏上了抗日救国之路。而在家乡的妻子，每每想起丈夫，只能望着书箱，慰藉相思之情。

1933 年 4 月下旬，宋铁岩来到吉林省磐石县烟筒山，打入伪军第十四团迫击炮连第二排开展工作。在中共吉林特支的领导下，宋铁岩利用在迫击炮连当兵的身份，采取各种形式激发身边士兵的爱国思想，使士兵的反日情绪不断高涨。他又争取了该连士兵张瑞麟等人，介绍他们加入了中国共产党。5 月 28 日，正值中国农历的端午节，迫击炮连移防到烟筒山车站，宋铁岩认为起义时机已经成熟，就在当天晚上全连聚餐时，与曹国安、张瑞麟等人发动士兵哗变，当场击毙伪迫击炮连连长，打死 2 个伪排长，全连 120 余人起义，带出长枪 100 余支、迫击炮 1 门、炮弹 80 发。随即，宋铁岩、曹国安等率领起义队伍与杨靖宇领导的中国工农红军第三十二军南满游击队会合，被编为迫击炮大队，曹国安任大队长，宋铁岩任政委。迫击炮大队的加入，使南满游击队的战斗力大大加强。

1932 年 9 月 18 日，在九一八事变爆发一周年的日子，南满游击队在磐石县玻璃河套改编为东北人民革命军第一军独立师，杨靖宇任师长兼政委，宋铁岩被任命为师政治部主任。宋铁岩除积极做好部队的政治工作外，还到各抗日队伍中进行宣传鼓动，形成了以人民革命军第一军独立师为中心，联合各个抗日队伍，团结一致、共同对敌的南满抗日游击战争新形势。1933 年冬，宋铁岩随杨靖宇率部南征，在八道江南珠宝沟，一举歼灭了伪东边道“讨伐”司令邵本良部的一个骑兵连，缴枪 100 支、战马 120 匹。

1934 年 11 月，东北人民革命军第一军成立，宋铁岩被任命为军政治部主任，主要负责第一军的政治和党务工作。在工作中，宋铁岩展现出卓越的政治工作领导才能，为部队的组织建设、政治思想教育和文化宣传等工作付出了大量心血。东北人民革命军第一军成立后，部队加强了政治工作，深入贯彻执行了中共满洲省委制定的《东北人民革命军及赤色游击队政治工作条例（草案）》。宋铁岩经常向干部和战士讲解当时的形势与部队的任务，抗日战争的前途，以及对日作战基本纲领等，并且用召开士兵会的方式在战士中进行反复讨论，使战士了解条例的内容。为了正确处理军政、军民关系，严明部队纪律，鼓励指战员奋勇杀敌，宋铁岩还制定了《东北人民革命军暂行奖惩条例》和《第一军战斗员作战奖励条例》，对于损害群众利益者加以惩处，对于作战有功或缴获武器者予以奖励。

也许是受到学生时代书箱中那些进步书籍的影响，也许是多年作战宝贵经验的不断积累，宋铁岩深知进步的思想和丰富的知识会给人们带来力量与震撼。在他的努力下，第一军党组织不断发展，政治文化教育工作非常活跃。广大干部战士在战斗之余努力学习文化知识，逐步掌握革命道理，部队政治素质得到了很大的提高。在宋铁岩的直接主持下，第一军印发了油印小报《反日民众报》《人民革命画报》和宣传单《为“五卅”十周年纪念告满洲国士兵书》《红五月革命斗争口号》等。这些宣传材料在提高广大指战员和人民群众的阶级觉悟、增强抗日斗争的胜利信心、鼓舞抗日军民的斗志方面发挥了巨大作用，也为东北抗日联军第一军在极其艰苦的条件下坚持长期抗日游击战争打下了坚实的思想基础。

英雄壮烈牺牲　书箱传承精神

宋铁岩不仅政治工作出色，在军事作战中也是杨靖宇的好参谋、好帮手。在艰苦的斗争岁月里，他始终跟随杨靖宇出生入死，转战于辽宁、吉林的广大地区。

为了进一步向辽宁西部伸展，配合红军东征抗日，打通东北抗日联军与党中央及关内红军的联系，东北抗日联军第一军军部决定派出活动在兴京（今新宾）、本溪一带的第一师部队进行西征。1936 年 5 月 5 日，东北抗日联军第一军军部和第一师来到风景秀丽、地势险要的本溪县草河掌山区的汤池沟，杨靖宇主持召开了东北抗日联军第一军西征军事会议。会议决定，由宋铁岩组织与领导第一师进行西征。会后，经过一个多月的准备，6 月 23 日，在本溪、凤城交界的和尚帽子山里召开了东北抗日联军第一军第一师团以上干部会议，军政治部主任宋铁岩传达了军部关于西征的指示，明确了西征的目的和任务，并对西征进行了具体部署。按照计划，西征以第一师主力部队第三团和少年营从本溪、凤城中间地带突破，插入辽阳，然后越过南满铁路和辽河，直奔辽西、热河地区；第四团、第六团在侧翼配合行动，以掩护第一师第三团和少年营迅速向西挺进。当时，宋铁岩患有严重的肺病，身体消瘦，非常虚弱。会上，第一师的几位领导干部劝他留在后方休养，宋铁岩恳切地说："西征是去新区斗争，这项任务本身就很重要，再加上道路不熟，没有群众基础，困难会更多，需要强有力的政治工作。你们指挥战斗和开辟地方工作的任务够重了，再把政治工作的担子加在你们身上还得了！我必须得去。"在紧接着召开的连以上干部会议上，宋铁岩反复讲解了西征的目的和意义，强调西征任务重、困难多，号召大家联系群众，克服困难，去争取胜利。

6 月 28 日，宋铁岩与第一师的几位领导率领 400 余人的队伍由本溪县和尚帽子山出发，开始了东北抗日联军第一军的第一次西征。队伍途经本溪县境内的套子峪、太平山等地，从连山关、下马塘之间穿过安奉铁路，冲破了敌人的封锁，迅速翻过摩天岭，进入辽阳、岫岩境内，准备跨过南满铁路，渡辽河，直奔辽西、热河。但是，日军发觉了抗日联军的西征意图，立即调集重兵层层阻截。西征部队为了避免与敌遭遇，被迫在深山僻路中迂回前进。由于连续不断地行军打仗，加之营养严重缺乏，宋铁岩的肺病日益加重，呼吸困难，咳嗽不止。不久，他的病情急剧恶化，高烧不退，大口吐血，不能吃饭，只能喝一点儿鸡蛋清。在这种情况下，他勉强听从了大家的劝告，由少年营一个排护送回本溪县

★ 东北抗日联军第一军第一次西征会议遗址纪念碑

和尚帽子山密营中休养。在病床上，他仍时刻挂念西征中的广大指战员。

1937 年 2 月 10 日，是中国传统节日除夕。宋铁岩与东北抗日联军第一军第一师留守部队在和尚帽子山里的密营中共度佳节。次日是中国农历春节，大年初一黎明的曙光刚刚照上和尚帽子山峰，骤起的枪声便惊醒了在密营中憩息的抗联战士。只见山下涌上黑压压一群日伪军，身体瘦弱、病容憔悴的宋铁岩沉着地指挥战斗。刹那间，愤怒的子弹夹杂着石块暴雨般倾泻到敌群，敌人溃退了，但没过一会儿，便又张牙舞爪地扑了上来。情况十分危急，宋铁岩果断地决定突围。他率领战士们向敌人冲去，百余名战士形成一股洪流，冲破了敌人的包围。宋铁岩走在队伍最后面，他边打边撤，掩护其他战士撤退。当越过一个小山冈时，由于病体的折磨，他行动迟缓，不幸中弹，光荣牺牲，时年 28 岁。杨靖宇得知宋铁岩壮烈牺牲的消息，痛感失去了一位亲密的战友和得力的助手。第一军的广大指战员得知噩耗后，亦悲痛不已。

东北抗日联军第一军政治部主任宋铁岩，把鲜红的热血抛洒在了抗击日本帝国主义侵略的东北疆场上。半个多世纪过去了，烈士的身躯早已融入白山黑水，留下的只有这见证了烈士爱情、功绩和信仰的书箱。尽管随着岁月的侵袭，这个珍贵的书箱早已褪去了原有的颜色，但烈士的革命精神和崇高信仰却永远熠熠生辉……

★ 宋铁岩烈士纪念碑

“千里镜”伴将走千里
——张学思使用过的望远镜

“千里镜”又称望远镜，在烽火连天的战争岁月里，它的重要功能不言而喻。在沈阳张氏帅府博物馆中，就陈列着一架德国产的卡尔蔡司军用望远镜。镜筒深 11.2 厘米，镜架宽 16 厘米，镀膜镜片，全金属黑色镜身，配有帆布镜盒。高质量的光学部件和精湛的制作工艺，使之无论在成像质量还是镜身的牢固程度方面都显得非常出色。这架黝黑小巧的军用望远镜几经战火磨砺，虽然表面有些许斑驳破损，但性能依然完备，它陪伴着一位共和国将军经历了战争岁月血与火的洗礼，走过千里疆场生与死的考验，见证了将军的革命生涯和心路历程。这架望远镜的主人便是中国人民解放军海军参谋长张学思。1986 年，在沈阳张氏帅府博物馆筹备期间，张学思的夫人谢雪萍女士将这架珍藏已久的望远镜捐赠给了博物馆，现已列为国家一级文物。

走出“大帅府” 寻觅新出路

张学思，字述卿，曾用名张昉，辽宁海城人。1916 年 1 月 6 日生于奉天（今沈阳）“大帅府”，是奉系军阀首领张作霖的第四个儿子，爱国

★ 抗战时期张学思使用过的望远镜

将领张学良同父异母的四弟。他是从沈阳“大帅府”走出来的优秀共产党员，中国人民解放军的优秀将领，中国人民海军的创建者之一，被周恩来总理誉为“人民海军的好参谋长”。

从记事时起，张学思就经常跟随父亲参观奉军的阅兵演习。在他幼小的心灵中，曾认为父亲是个传奇般的英雄。在父亲的教育下，从小受到掌握“兵权”思想的熏陶，张学思也幻想着自己长大以后能手握兵权、南征北战，能当大官享尽荣华富贵。然而，张学思的这一“幻想”，却被生母许氏打破。许氏出生于河北省一户铁匠之家，早年因家乡遭灾流落辽西。苦难的生活经历磨炼了她刚正不阿、勤劳坚毅的品格。许氏经常告诫子女：“权势和富贵不是好东西，你们长大要自立，好好念书做学问，不要靠张家的势力吃饭！”在许氏的支持下，张学思 8 岁进入省立第四小学读书，打破了“大帅府”“不入学堂”的禁律。

当时，东北民众的反日情绪十分高涨，学校里组织声援五卅运动的示威游行，学生们经常唱反日歌曲，老师们也时常讲述爱国将领英勇杀敌的故事，这些都在张学思幼小的心灵中埋下了反日救国的种子。

★ 张氏帅府博物馆，张学思出生和青少年时代生活的地方

1928年6月，父亲张作霖被日本关东军炸死，大哥张学良执政后的反日改革也没有成功，张学思十分痛苦和失望。同年，张学思考入沈阳同泽中学，结识了进步学生王金镜。在王金镜的引荐下，张学思拜读于著名教育家陶行知的好友王西征老师门下。从此，在王西征的教育指引下，张学思不仅学到了丰富的文化知识，还走上了进步的道路。在张学思的要求下，王西征为他更名为张昉。“昉”字的意义为光明和起始，以此表达张学思重新自立、追求光明的意愿。1931年2月，张学思追随王西征来到北平。从此，他永远离开了“大帅府”。

九一八事变爆发后，全国各地抗日救亡运动汹涌澎湃。张学思痛感于“国恨家仇”，愤然投身到轰轰烈烈的抗日洪流之中。然而，由于张学良执行蒋介石的不抵抗命令，将东三省的大好河山拱手让出，人们痛恨张学良的同时，也迁怒于他的弟弟张学思。年轻的张学思感到冤枉、耻辱和羞愤。11月初，东北民众请愿团准备赴上海、南京向国民党当局请愿，要求出兵抗日。张学思满怀希望到北平火车站为请愿团成员送行。在请愿团的队伍中，他见到了阔别已久的好友王金镜。不久，王金镜回到北平，他告诉张学思，这次请愿不仅一无所获，还遭到国民党反动当局的戏谑，令人心寒。于是，张学思和王金镜开始寻找新的救国出路。

加入共产党　奔向宝塔山

在北平，张学思进入汇文中学学习。在王金镜的帮助下，张学思阅读了《共产党宣言》《唯物史观》《大革命史》《国家与革命》等进步书籍，思想受到极大洗礼。

1933年3月，立志追求共产主义真理的张学思，经王金镜介绍，加入了中国共产党的外围组织——反帝大同盟，为沙滩支部成员。4月，张学思光荣地加入了中国共产党，彻底离开了封建军阀的家庭，走上了为共产主义事业和中华民族的彻底解放而斗争的光辉道路。

张学思入党伊始，就接受了一项特殊任务：为了扩大武装力量，党

★ 张学思

★ 20 世纪 50 年代张学思、谢雪萍合影

组织决定派他和王金镜等人打入东北军第六十七军特务队做“兵运”工作。但是，后来特务队遭到数倍敌人的包围，被打散，很多同志被捕或失踪，张学思和王金镜也失去了与组织的联系。在严重的挫折面前，立志为共产主义奋斗终身的张学思没有消沉，他和王金镜认为，不懂得军事就无法掌握部队，必须先学军事，将来时机成熟即可利用家庭关系组建一支党的武装。

1934 年初，张学思动员母亲资助王金镜 3000 元钱，赴东京士官学校留学。7 月，张学思经张学良保荐，入南京中央军校第 10 期第 2 总队步兵科学习。在军校，他一心苦学苦练军事技术，成为全校出类拔萃的高才生。1937 年 1 月，21 岁的张学思以优异成绩从南京中央军校毕业，蒋介石的嫡系胡宗南、桂永清等都来拉拢他到中央军中工作，张学思以回东北军为由婉拒了他们。但校方却以留校的名义，想把他控制起来。张学思只好表面上假意认可校方的安排，并以告假回家探望母亲为借口，摆脱了国民党当局的控制，千里迢迢地寻找他心心念念的中国共产党。

由于原来的组织关系一直未能找到，无法恢复党籍，1937年8月，张学思又重新加入了中国共产党。从此，更加坚定了他百折不挠跟党走的意志和决心。

1938年10月下旬，在周恩来的安排下，张学思从武汉经西安抵达延安。巍巍宝塔山，滚滚延河水，是他日思夜想、魂牵梦萦的圣地。在杨家岭，张学思受到毛泽东的亲切接见。毛泽东关切地说："延安生活条件艰苦，你能不能过得了生活关？要不要钱花？"张学思表示，延安能革命、能抗日，再苦也不怕。在延安马列学院，张学思刻苦学习马克思主义理论，自觉地在艰苦的环境中锻炼革命意志。1939年9月，23岁的张学思在马列学院毕业，担任抗大三分校东干队（即东北干部队）队长。年底，东干队被评为抗大三分校的模范队，张学思被大家誉为模范队长。

1940年初春的一天，张学思到延安女子大学听报告，结识了广东姑娘谢雪萍。共同的理想和情操，使他们心心相印、真诚相爱。有人感到不理解，曾为众多名门闺秀和女大学生追求的张学思，怎么却偏偏爱上女工出身的谢雪萍？也有人表示担心："你们出身迥然不同，能生活在一块儿吗？"张学思非常坦诚地说："我们俩都是共产党员，可以永远相互帮助，这是最令人高兴和自豪的。"在以后几十年的峥嵘岁月中，张学思和谢雪萍同甘共苦，互敬互爱，携手度过了无数艰难困苦的岁月。

就这样，出生于"大帅府"、成长在军阀家的豪门公子，走上了一条与兄弟姐妹们完全不同的道路。

转战新战场　信物传真情

1940年9月14日，在延安的杨家岭，毛主席再次接见了张学思。根据战争形势的需要，毛主席决定派张学思率队奔赴晋察冀敌后抗日根据地，从那儿待机向东北挺进。带着毛主席的嘱托，张学思穿过陕北高原，跨过滚滚黄河，于10月初到达了八路军第一二〇师的驻地——山西省兴县李家湾，并受到了贺龙师长、关向应政委的热情接待。临行前，关向应将一个跟随了他多年的心爱的望远镜送给了张学思，并勉励他要在抗日战场上多多杀敌立功。

这款望远镜是19世纪30年代实施装备制式化时进口的，是一架军用8倍双筒望远镜，来自德国著名品牌卡尔蔡司。镜身全金属结构，坚固耐用，具有极强的经受颠簸和震动能力，做工考究细致，配有帆布镜盒。从此以后，张学思就带着这个望远镜驰骋、转战于各地。在枪林弹雨的战斗中，在艰苦卓绝的环境里，张学思将军始终将这架望远镜带在身边。虽几经战火，经受了严酷的外部环境磨砺，但镜片依然完好，视野清晰，即使在低照度环境下也能清楚舒适地观察目标。

1941年1月，张学思担任了冀中军区参谋处长。在华北抗日斗争最艰苦、最残酷的岁月里，他经受了战火锻炼和生死考验，发挥了卓越的军事指挥才能。

一次，一场战斗即将打响，夫人谢雪萍托人带话给张学思，2岁的女儿得了急性肺炎高烧不退，让他想办法给弄些药品。张学思手扶着望远镜看着前方，待来人说完话后，张学思放下望远镜，抬起手来，来人以为他要吩咐些什么，却不料张学思手一挥，大喊一声："司号员，吹冲锋号！"在高亢的号角声中，部队全歼了敌人。张学思带着满身的血迹和胜利的喜悦回到家中，一把抱住妻子说："我们胜利了！"话音刚落，张学思怔住了，他发现妻子泪流满面，哽咽不止，而土炕上早已不见了女儿的身影，只剩下小枕头孤零零地放在炕上。第一个女儿尚在襁褓中时，因敌人"围剿"被迫托付给当地老乡后死于战乱，而这第二个女儿又在艰苦的条件下死于肺炎，但即使这样也无法动摇张学思义无反顾的抗日决心。

1945年8月15日，中国人民抗日战争取得彻底胜利。9月，中共中央根据抗战胜利后全国形势的新变化，及时作出了"向南防御，向北发展"的战略决策，11万大军、2万名干部入关开辟东北根据地。张学思奉命率部日夜兼程，奔赴家乡辽宁。

10月12日，29岁的张学思出任辽宁省政府主席。他上任伊始，便

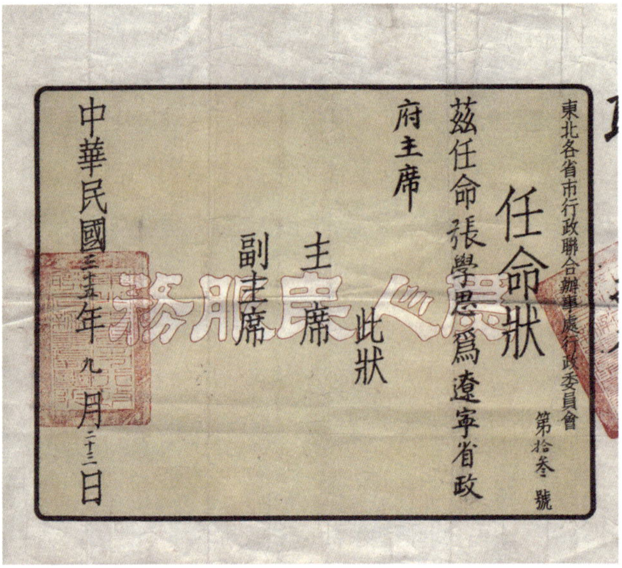

東北各省市行政聯合辦事處行政委員會

第拾叁號

任命狀

茲任命張學思爲遼寧省政府主席

此狀

主席

副主席

中華民國三十五年九月二十三日

★ 东北各省市行政联合办事处行政委员会任命张学思为辽宁省政府主席的任命状

发表《告东北同胞书》，召开各界群众大会，接见各方代表，发表广播讲话，广泛深入地宣传中国共产党和平、民主、自治的主张，揭露国民党反动派发动内战、抢夺东北的阴谋。他大声疾呼：“东北是东北人民的东北，难道还叫下不抵抗命令的人把我们做第二次奴隶吗？难道他们早已不要了的东北被我们自己自治是不应该的吗？国民党没有任何理由向东北人民‘收复失地’！”

1946年春夏之交，东北战火再度燃起，6月初，中共中央东北局转移至哈尔滨。8月7日，由张学思负责筹备的东北各省代表联席会议在哈尔滨隆重开幕。大会通过东北各省市民主政府施政纲领，选举产生了东北各省市行政联合办事处（后改为东北行政委员会）。张学思当选为东北最高行政机构的副主席，同时，还兼任辽东办事处主任。会议闭幕后，张学思率领部分机关干部和一个警卫营，冒着风雪严寒，长途跋涉奔赴南满根据地。

当时针对东北，蒋介石制订了“先南后北”的战略计划，妄图集中兵力先消灭南满根据地，然后再进攻北满，独占全东北。在决定是否应继续留在南满坚持斗争的七道江会议上，张学思的意见起到了重要作用。他说，从整个东北战场来看，南满和北满相当于两个拳头。蒋介石战略方针的险恶用心，就是先消灭我一个拳头，然后再消灭我另一个拳头。我们必须两个拳头同时挥动，钳制蒋军力量，粉碎其“先南后北”的阴谋。他还情绪激动地说：“长白山区连土匪都能待，我们人民军队为什么就不能坚持？”

在张学思等人的坚持下，时任中共南满分局书记的陈云在充分听取各种意见后，做出留在南满坚持斗争的决定。这一决定令张学思欢欣鼓舞，他恳求组织让他去主力部队参加战斗。陈云鼓励他抓好地方部队和支前工作，并说：“没有地方工作，我们保卫临江，坚持南满斗争就没有群众基础。”张学思坚决贯彻南满分局的指示，动员和率领辽东各级地方干部下去做群众工作。在极其艰难的条件下，保证了主力部队的吃粮、穿衣和兵员补充、运输的需要。

1947 年春，蒋介石“先南后北”的战略计划彻底破产。1948 年 11 月 2 日，辽宁全境解放，张学思也开始了他新的革命征程。

驰骋在海疆　不畏飓风起

1949 年初，中共中央决定，筹建中国人民解放军海军部队。创建人民海军，首要任务是培养海军干部。周恩来建议，由张学思负责这项工作。4 月，张学思赴北平中央组织部报到，领受创建人民海军学校的任务，出任安东海军学校副校长。

9 月 21 日，张学思以中国人民解放军总部海军代表的身份，出席全国第一届政治协商会议，并在大会发言。他激动地说：“中国人民海军以一个幼年的资格，列入伟大的中国人民解放军的行列……我们一定在实际行动中贯彻毛主席、朱总司令的号召，为建设一个强大的中国人民海军而奋斗。”此后，张学思把整个身心投入到创建人民海军的神圣事业之中。

1949 年 11 月，中央军委决定在大连筹建海军学校，任命萧劲光为校长，张学思为副校长兼副政委。在张学思等人的精心组织下，1950 年 2 月，中国人民解放军海军学校正式开学。在张学思的辛勤培育下，一批批优秀的海军军官从这所学校毕业，驰骋在祖国的万里海疆。

1953 年 3 月，张学思被任命为中国人民解放军海军副参谋长，带职赴朝鲜战场见习。1954 年底，为巩固海防，中央军委命令华东军区部队攻占一江山岛。这是中国人民解放军陆、海、空诸兵种首次联合渡海登陆作战。张学思作为海军方面负责人被派往联合指挥部，协助浙东前线指挥部司令员张爱萍指挥这场战斗。11 月 14 日凌晨，我军雷达观测站发现蒋军“太平号”护卫舰目标，张学思亲临岸上指挥所指挥。我军鱼雷快艇奉命出击，在夜幕掩护下占领最佳攻击阵位，在“太平号”尚未察觉时，“轰”的一声巨响，我军鱼雷已命中敌舰舰艏，国民党那艘 1400 多吨的护卫舰葬身海底。这是人民海军历史上第一次由鱼雷快艇击沉敌舰的战例，同时也为解放一江山岛战斗夺取制海权创造了条件。

1955 年 1 月 18 日晨，张学思和张爱萍在联合指挥部再次检查潮汐、水文、气象等情况，与轰炸机、岸炮、舰艇部队不时紧张联络。总攻时间到了，霎时，在浙东辽阔的海域上，形成了海、陆、空立体战网，一江山岛在我三军协同作战下很快被攻克。战后，美国合众社不得不发布消息承认：“中国的第一次陆、海、空联合作战是经过周密策划而且执行得很好。”张学思为这个作战方案的制定和战斗的组织倾注了心血。1955 年，张学思被授予少将军衔，成为共和国开国将军之一。

1956 年 8 月，党中央选派张学思去苏联伏罗希洛夫海军学院外国系速成班学习。在苏联学习期间，张学思非常勤奋刻苦，几乎未休过一个星期天，在一年多的时间里完成了本科三年的课程，并取得优异成绩。1958 年 8 月，张学思学成回国，主持海军司令部日常工作。在他的努力下，海军司令部建立起一整套正规化的工作制度，大大提高了工作效率。张学思认真负责、雷厉风行、深入细致的工作作风也得到司令部上下的一致认可。1961 年 3 月，张学思升任海军参谋长。

★ 2016年5月，在张氏帅府博物馆举行的“张学思将军生平图片展”开幕式上，谢雪萍女士在张学思的望远镜前向大家介绍往事

★ 2016年5月29日，张氏帅府博物馆举行“怀念——张学思将军生平图片展”开幕式暨谢雪萍女士向张氏帅府博物馆捐赠文物仪式。（从左至右：陈荣华、高大会、张仲群、杜春华、谢雪萍、王久成、林耿耿、高凌、罗亚军）

然而，正当海军建设事业蓬勃发展、张学思为之竭力奋斗的时候，前进的航船却因突起的飓风戛然而止。在“文化大革命”这场飓风的旋涡中，张学思因不说假话、不作假证，遭受了从精神到肉体的残酷折磨。1970 年 5 月 29 日，张学思含恨离世，终年 54 岁。党的十一届三中全会后，张学思的冤案得到彻底平反昭雪。

张学思将军去世以后，这架陪伴他走过半生岁月、走过千里疆场的军用望远镜一直由他的夫人谢雪萍精心保管着，后来捐赠给了沈阳张氏帅府博物馆。如今，在这个他度过了童年与少年时光的张氏帅府故居里，这架望远镜无声地诉说着将军光辉的一生，非凡的一生。将军一生的业绩与英名也将与这架“千里镜”一起永远彪炳史册，传颂千里万里。

熠熠生辉的勋章　炽热燃烧的生命

——周保中的苏联红旗勋章

勋章，是对业绩的充分肯定，是对英雄的最高褒奖。在辽沈战役纪念馆战史馆里，陈列着一枚特殊的勋章——苏联红旗勋章。勋章由内外两层组成：内层白色珐琅质为底色，上有金质铸成的铁锤与镰刀，有两条金麦花穗围着一颗红星，外层背景有交叉的“黑铁锤”与“黑镰刀”、火把与红旗的图案，由两条更大的金麦花穗围着，旗上写着俄文，译成中文为“全世界无产者，联合起来！”徽章底部类似一条绶带，上写着俄文缩写“C. C. C. P”（苏维埃社会主义共和国联盟）。整枚勋章看起来高雅庄重，熠熠生辉，光彩夺目。红旗勋章是苏俄红军历史上第一种勋章，于 1918 年 9 月 16 日颁布设立，授予直接参加战斗而表现特别勇敢的俄罗斯联邦公民。但陈列在辽沈战役纪念馆里的这枚苏联红旗勋章的主人却是一名中国人，他从 1931 年至 1945 年率部在中国东北积极抗日，后进入苏联整训，其部被编入苏联红军远东方面军，随苏联红军出兵中国东北，打败了日本侵略者，取得了中国人民抗日战争暨世界反法西斯战争的最后胜利。这位功勋卓著、被苏联红军赞赏有加的指挥员就是曾被毛主席称赞为“在东北十四年抗日救国斗争中写下了可歌可泣的诗篇”的东北抗日联军创建者和杰出领导人之一周保中。

走上抗日救国路　转战白山黑水间

周保中，原名奚李元，1902 年 2 月 7 日生于云南省大理县湾桥村一个贫苦的农民家庭。生于忧患、长于苦难的周保中一直在不断地思索和探求着穷人翻身的道路。青年时代，周保中目睹了军阀间的不断混战、国民党的倒行逆施及蒋介石的血腥屠杀，他不畏艰险、意志坚定，毫不犹豫地站到人民一边，站到革命阵线中，于 1927 年 7 月上旬，在白色恐怖最为严重之时毅然加入了伟大的中国共产党，投身于轰轰烈烈的革命事业。

1931 年九一八事变后，在莫斯科东方劳动者共产主义大学和国际列宁学院学习的周保中，毅然向组织申请回国抗日，中国驻共产国际代表团同意了周保中的申请。1931 年 11 月，周保中经天津、北京辗转抵达上海。为了加强对东北抗日游击战争的领导，中央军委决定派周保中去东北开展武装斗争。1932 年初，周保中从上海出发，经大连抵达哈尔滨。中共中央和中共满洲省委任命他为中共满洲省委委员、军委书记。从此以后，周保中率领东北抗日军民，转战白山黑水，沉重打击了日本侵略者。

1932 年 3 月，根据中共满洲省委的安排，周保中到宁安组织和领导吉东地区的抗日斗争。他一方面深入群众，进行抗日救国宣传，指导地

★ 周保中

★ 周保中的苏联红旗勋章

方组织积极建立反日游击队和抗日救国会，另一方面，对吉东地区特别是在绥宁地区活动的义勇军情况进行调查了解。5月9日，他先打入吉林自卫军，在总指挥部做宣传工作。8月，他又被救国军总司令王德林聘为救国军总部总参议，并被委任为前方总指挥部参谋长，到前线亲自指挥对日军作战。他在进步青年中积极进行抗日救国的宣传工作，极大地提高了救国军广大官兵的爱国主义觉悟。同时，他还在进步官兵中积极发展了一批党团员，建立了党的支部，拓展了党在救国军中的影响。随着部队战斗力的不断加强，周保中率领救国军向日本侵略者发动了一系列战斗，如组织救国军发动了攻打安图、敦化等战斗，沉重打击了日本侵略者的嚣张气焰。在战斗中，他指挥若定、勇敢善战、不畏艰险，深为救国军指战员敬佩。

10月10日夜，周保中率领“敢死队”涉水渡过牡丹江，攻入宁安县城，炸毁敌人的军火库并击毙敌首及士兵30多人。激战中，一颗流弹击中周保中的腿部，顿时鲜血直流。周保中咬紧牙关，用绷带将伤口扎紧，忍痛继续指挥战斗。战斗结束后，大家都劝他到后方治疗养伤，可他却坚持不下火线。当时，前线既没有医疗器械，也没有麻药，他就让人用钳子把子弹拔出来，并用刮刀刮去打烂的皮肉。许多战士目不忍视，纷纷背过脸去，可他却神态自若，不吭一声。他的顽强意志深深震撼了在场的每一个人，大家交口称赞：“周参谋长‘刮骨疗毒’真豪迈，胜过昔日关云长。”周保中负伤后，伤口尚未愈合，就不顾疼痛于10月27日指挥了第二次攻打宁安的战斗，并全歼守城敌人，缴获了大批枪支弹药和其他物资。

组建反日同盟军　改编抗联第五军

1933年，由于日伪军的残酷“讨伐”，救国军大部被击溃。中共满洲省委吉东局指示周保中带领一部分“辽吉边区军”到宁安着手建立党领导的反日同盟军。1934年2月，周保中以“辽吉边区军”和工农义务队为中心，联合救国军余部组建了反日同盟军办事处，周保中任办事处主任、同盟军政治委员兼军事委员会主席。反日同盟军的建立，标志着绥宁地区中国共产党直接领导的抗日部队的正式诞生。

1934 年春，日军与长春警卫旅和宁安等地的警察大队相配合，两次进攻宁安县平日坡。在周保中领导下，反日同盟军英勇反击，打死打伤敌军 30 多人，冲破了敌人的“讨伐”。同时，部队还收缴了宁安境内汉奸队伍和卧龙屯警察署的枪支 60 余支，充实和改善了反日同盟军的战斗装备。

1934 年 10 月至 1935 年 2 月，日军连续向以宁安为中心的吉东地区进行了秋季和冬季“大讨伐”。周保中指挥反日同盟军采用“化整为零”“避实击虚”等灵活机动的游击战术同数倍于己的敌人周旋，进行大小战斗 30 余次，胜利地冲破了敌人两次“大讨伐”。在一次战斗中，周保中腹部受伤，肠子流出体外，他当即用手将肠子塞回肚子里，硬是坚持到战斗结束，后来用草药敷上，用绑腿缠好，继续坚持行军和指挥作战。他的英勇行为，使同志们深受教育，大家同仇敌忾，奋力杀敌。

1935 年初，根据中共满洲省委吉东特委的决定，绥宁反日同盟军改编为东北反日联合军第五军，周保中任军长。1936 年 2 月，反日联合军

★ 周保中领导的东北抗日联军第五军密营营房

响应中共中央《八一宣言》的号召，并根据《东北抗日联军统一军队建制宣言》的要求，将东北反日联合军第五军改编为东北抗日联军第五军，周保中任军长。

1936 年春，日军在绥宁地区加速建立“集团部落”，给第五军的活动造成极大困难。如果坚持死守一地，第五军将遭到严重损失。因此，第五军第一师、第二师主力和副军长柴世荣、军政治部代主任张中华等陆续转移到中东铁路哈绥线以北敌人力量比较薄弱的林口、勃利、依兰地区。为了迷惑敌人，掩护主力向北发展，周保中和第五军军部暂留在铁道南。他率领第五军留守部队（第三团、第七团、警卫营和教导队等）以宁安为中心，西出敦化、额穆，东达绥芬河、东宁，在图宁（图们—宁安）铁路两厢的广大地区开展游击活动。1936 年初，周保中率部袭击了三道河子,破坏了敌人公路建筑,并救出被日军强制修路的数百名群众。2 月中旬，第五军在烟筒沟伏击伪军 1 个连，缴获枪支 90 余支、子弹万余发。3 月 6 日，第五军消灭了马兰河自卫团，缴获枪支 30 余支。5 月 27 日，第五军袭击了图宁铁路三台站，消灭日军数十名……周保中率部神出鬼没般的游击活动使日军恼羞成怒，他们绞尽脑汁想方设法搜寻和进攻东北抗日联军第五军。为了同敌人周旋，周保中和军部人员不得不长期在山沟、荒甸或丛林露营，并且差不多一两天就换一个宿营地，经常以野菜、山果充饥。在这样极其艰苦、险恶的环境下，周保中经常鼓励同志们克服困难，坚持抗日到底。

1937 年 7 月 7 日，全民族抗战爆发，给东北人民和东北抗日联军将士以极大鼓舞。9 月 29 日，周保中在四道河子主持召开了中共吉东省委执委工作会议。会议分析了全面抗战爆发以后东北抗日游击战争的形势和任务，决定以东北抗日联军第四军、第五军和第二军第二师为中心，联合东北义勇军姚振山部，组成东北抗日联军第二路军（以后又有东北抗日联军第七军和第八军加入），由周保中任第二路军总指挥。此后，在艰苦卓绝的抗日斗争中，周保中率领抗联第二路军不断发展壮大。

南进西征战艰险　苏联整训苦练兵

在领导抗联部队开展抗日游击活动的过程中，周保中越来越深切地认识到：东北的抗日游击战争必须同全国的抗日战争相配合，全东北必须建立集中统一的党的领导和军事领导。而这些重大问题的解决必须依靠党中央的直接领导。但是，从 1935 年起，由于敌人的封锁和党中央随红一方面军长征，中共中央与东北地区党组织的联系中断了。在这段时间里，东北地区党组织便由中共驻共产国际代表团领导。不久，中共代表团决定撤销中共满洲省委，分别建立南满省委、北满临时省委、吉东省委，领导各游击区的抗日游击战争。在吉东省委，周保中用实际行动践行党的宗旨，完成党交给的各项任务，带领部队取得一个又一个胜利。

从 1937 年冬开始，日、伪军以五六万兵力对伪三江省地区重点“讨伐”，此后，东北抗联的斗争转入了极为艰苦的阶段。为了粉碎敌人企图将三江地区抗联部队“聚而歼之”的阴谋，打通与战斗在南满一带杨靖宇领导的东北抗日联军第一路军和战斗在热河的八路军的联系，周保中决定派主力部队西征，命令东北抗日联军第五军第一师、第二师和东北抗日联军第四军主力组成远征军先南进、后西征，即首先进入宁安、东宁地区，与陈翰章领导的东北抗日联军第二军第五师会合，破坏“集团部落”，攻袭小城镇，恢复和发展旧游击区，然后分兵西进，向五常、舒兰地区发展，并与南满东北抗日联军第一路军取得联络。为了牵制敌人兵力，掩护远征军突围，周保中和东北抗日联军第二路军总部继续留在宝清。

1938 年 7 月，远征军从牡丹江下游地区出发，越过老爷岭，进入苇河、延寿、珠河等地。8 月，继续西进至五常、舒兰地区，与汪雅臣领导的东北抗日联军第十军会合。这时，敌人调动哈尔滨、长春、吉林和牡丹江等地的大批日伪军向五常、舒兰地区集中，妄图“围歼”远征军。在这种严峻的形势下，继续南进、打通与南满第一路军联系的战略已无法实现，10 月，远征军大部不得不向中东路以北转移，回到牡丹江东岸

★ 周保中（左四）和苏联远东方面军参谋部军官合影

刁翎地区，剩下一小部则继续留在五常、舒兰山区，开展游击斗争。

由于敌我力量的悬殊，远征军的西征遭到严重挫折，但西征的将士们克服饥饿、寒冷、伤病、缺乏武器和战斗伤亡等种种困难，坚持战斗，粉碎了日军在三江地区歼灭我军的阴谋，消灭和牵制了大量日伪军兵力。

1940 年以后，由于日军残酷的军事包围和经济封锁，抗联部队长年累月在荒山密林中露营，粮食和棉服极端匮乏。他们常常十几天甚至几十天断粮，只能靠树皮、草根充饥。在零下 40 多摄氏度的寒冬里，有的战士还穿着单衣，耳朵和脸颊被冻破，鲜血直流。在严重的困难面前，周保中志坚如钢，他总是鼓励大家说：“咬紧牙关，勒紧裤带，坚持下去就是胜利。”他还说：“虽然我们不在党中央、毛主席身边，但中央会知道东北人民子弟兵正在英勇顽强地进行着艰苦卓绝的斗争。假如我们在胜利以前倒下去了，党和人民是不会忘记为祖国独立和民族解放而献身的先烈们的。”

由于斗争形势日趋恶化，东北抗联的人数锐减到 1000 人以下，几乎完全失掉了同人民群众的联系，潜居深山密林，活动更加困难。为了保存力量，并根据共产国际的正式决定，抗联主力陆续转移到苏联远东边疆的南、北两个野营进行集中整训，周保中任这两个野营的中共党组织领导人。另外，周保中还组织了一些小股部队在东北继续活动。这些部队由最有游击活动经验的抗联中级干部担任队长和政委，挑选最优秀的抗联战士做队员，他们的主要任务是进行军事侦察、联络群众和抗日宣传，在可能的条件下发展地方抗日武装。

随着野营整训逐步走上正轨，周保中等抗联领导人认为，有必要把两个野营的抗联战士集中起来，进行统一管理，在中共党组织的领导和苏联远东军的帮助下，进一步提高军事训练水平，将其培训成未来战争中的政治军事骨干，以便在未来战争中发挥更大作用。他们将上述意见向苏联远东红军方面提出，希望给予支持。1942 年 7 月 16 日，苏方同意把南、北野营及在东北活动的抗联人员完全统一编为一个旅（即东北抗日联军教导旅）。7 月 22 日，苏联远东方面红军司令阿巴纳申柯大将在伯力接见周保中等人，并以司令部的名义委任周保中为中国特别旅旅长。8 月 1 日，抗联教导旅组建工作完成，旅以下共编 4 个步兵教导营（1944 年又增设自动枪教导营），2 个直属教导连（无线电、迫击炮）。每营 2 个连，每连 3 个排，正职均由抗联人员担任。全旅共有官兵 1000 余人，其中苏籍官兵 300 人左右，抗联部队 700 余人。教导旅的武器，按苏军步兵装备，每排有轻机枪一挺，每班有冲锋枪两支，其余为步枪。生活供给、服装等均按苏军陆军官兵标准供应，抗联人员任正排以上干部授予军衔，薪金等待遇与苏籍军官相同，副排以下授军士衔，待遇亦与苏籍军士相同。抗联教导旅暂由苏联远东军总部代管，接受苏联远东红旗军独立第八十八旅的正式番号（对外番号是八四六一步兵特别旅，因有中、朝、苏三国人员组成，又称国际旅），但是，在内部还保持着抗联的独立性，保持抗联单独的组织系统，坚持执行抗联独立的战斗任务。同时，抗联教导旅又是一所培养军事干部的学校，教导旅的战士们在周保中的带领下，苦练军事技术，总结经验教训，展望发展方向，使东北抗日联军余部成为历经磨难幸存下来的一支抗日力量，也成为继续点燃东北抗日烽火的宝贵火种。

在苏联集中整训期间，周保中的心始终向往着祖国，心系祖国的抗日大计。在那段时间，抗联教导旅不断派遣小分队反复穿越中苏边境，返回国内袭扰敌人，侦察日伪军情况。这些小分队人数虽然不多，影响

★ 周保中（前排右三）与东北抗联教导旅部分官兵合影

★ 1946 年，周保中（右）与彭真（中）、冯仲云（左）合影

却很大。

1945 年 8 月 8 日，苏联对日本宣战。8 月 9 日 0 点 10 分，150 多万苏联红军对盘踞在中国东北的日本关东军发起猛烈进攻。周保中率领东北抗日联军教导旅全力配合苏军，派 160 名抗联战士携带电台率先空降到敌后，执行特别任务。随后，430 名抗联战士组成 3 个先遣分队，分

别参与苏军3个方面军先头部队的地面进攻，担任向导和翻译。抗联主力分别进驻东北的重要城镇，收缴日军武器，消灭残余敌人，绝大部分抗联指战员都牺牲在祖国即将解放的前夜。对此，苏联远东军总司令华西列夫斯基元帅给东北抗日联军教导旅发电："第八十八旅英勇的中国战士们，感谢你们用生命和鲜血换来的情报，为我们远东军进攻中国东北起了重大作用。特别是在日本关东军戒备森严的要塞、筑垒地区所进行的侦察、营救活动，高度体现了中国战士们的优秀品格和顽强的战斗精神。令人佩服的中国英雄们，我代表苏联人民感谢你们，并致以崇高的敬意。"

抗战胜利后，苏联最高苏维埃主席团授予抗联教导旅领导人周保中等4人苏联红旗勋章。把红旗勋章授予中国人，不仅是对周保中个人的奖励，而且还代表着苏联政府对中国东北抗日联军作用的认可。1986年，周保中夫人王一知将这枚珍贵的红旗勋章捐赠给了辽沈战役纪念馆。从1988年辽沈战役纪念馆新馆落成至今，这枚红旗勋章就静静地陈列在战史馆的第一展厅。熠熠生辉的勋章仿佛在述说着周保中将军如火一样炙热燃烧的抗日壮举，为后人留下了宝贵的精神财富。

★ 周保中将军塑像

远瞩高瞻的“利器”

——罗荣桓使用过的望远镜

在辽沈战役纪念馆中，陈列着一架解放战争期间曾任东北野战军政治委员的罗荣桓使用过的望远镜。这架望远镜为日式 14 倍望远镜，长 12 厘米，宽 16 厘米，高 5 厘米，主体为黑色，其挂绳为皮质，浅黄色，由于长期使用，多处磨损严重，出现掉皮掉漆的现象。这架饱经沧桑的望远镜见证了罗荣桓元帅在东北解放战争期间做出的卓越贡献和立下的不朽功勋。看着这架望远镜，人们仿佛看到罗荣桓用它在指挥所瞭望敌情、在战地观察地形、在前线指挥战斗的伟岸身影。这架经历风雨、经过岁月磨砺的望远镜，无声地向后人述说着一个又一个精彩绝伦且感人至深的故事。

积极贯彻中央决策部署

罗荣桓，原名罗慎镇，字雅怀，号宗人，1902 年 11 月 26 日生于湖南省衡山县，1927 年加入中国共产主义青年团，随即转入中国共产党。土地革命战争时期，历任中国工农红军连、营、纵队党代表，第四军军委书记兼政治委员，第一军团政治部主任等职。抗日战争中，先后任八路军第一一五师政治部主任，山东军政委员会书记，山东军区司令员兼政治委员，第一一五师政治委员、代师长，中共中央山东分局书记等职。抗战胜利后，率部进入东北，先后任东北人民自治军第二政治委员、东北民主联军副政治委员、中共中央东北局副书记、东北人民解放军副政治委员、东北军区第一副政治委员、东北野战军政治委员等职。在东北解放战争前期，罗荣桓强调打破和平幻想，准备长期作战，积极贯彻中共中央的战略方针，曾提出发动群众、创建东北根据地的建议，并全力组织实施。在“三下江南”“四保临江”和夏秋冬战役中，他坚决贯彻执行中共中央和中央军委的作战方针，组织领导了东北地区大兵团作战中的政治工作，使全体参战人员统一思想、统一指挥、统一步调、统一行动，为打好辽沈战役奠定了坚实的基础。

1948 年下半年，人民解放战争进入夺取全国胜利的决定性阶段。在东北战场上，国民党军已被分割压缩在长春、沈阳、锦州三个孤立的地区，而解放军的数量已大大超过敌人，战场态势对我军极为有利，因此，党中央把战略决战的首战定在东北战场。

在先打锦州还是先打长春的问题上，东北野战军司令员与中共中央

★ 解放战争时期的罗荣桓

★ 罗荣桓使用过的望远镜

有一定分歧。东北野战军司令员认为，我军已经围困长春有一段时间了，采取围城打援或直接攻下长春可能更容易一些。但是后来我军派出两个纵队试攻长春，发现难度较大，并且，经过几个月的围困，沈阳敌军并未援助长春，无“援”可打。而中共中央认为，从战略上考虑，“以封闭蒋军在东北加以各个歼灭为有利”，如果让55万国民党军队撤向关内，国民党就可以保住这个比较完整的战略集团，而且可以使它同在华北的傅作义集团结合起来，给解放战争日后的发展带来很多困难。毛泽东指出，要预见到敌人撤出东北的可能性。为了就地全歼东北敌军，东北野战军必须首先集中力量控制北宁线，攻克锦州，以关死东北通向关内的大门。经过讨论，东北野战军拟放弃长春，南下北宁线，经报中央军委批准后，开始执行。

8月29日，为了加强作战行动前的政治动员工作，在罗荣桓的指示下，东北野战军政治部起草并发出了《辽沈战役行动前政治动员指示》，号召全军指战员从思想上动员起来，发挥英勇精神，争取全歼东北敌军。东北野战军热烈响应《动员指示》的号召，根据各部队的作战任务，进行了深入的、有针对性的思想教育工作。9月7日，毛泽东发出《关于辽沈战役的作战方针》的电报，明确指示“置长、沈两敌于不顾”，“确立攻占锦、榆、唐三点并全部控制该线”的决心，以造成关门打狗的形势。根据军委指示和毛泽东提出的作战方针，9月12日，辽沈战役打响。到10月1日前，我军先后攻克昌黎、北戴河、绥中、兴城、义县和锦州郊区敌人的据点，按计划将锦州紧紧围住，准备进行总攻。

10月1日，罗荣桓签发了《准备夺取锦州，全歼东北敌人》的战斗动员令，指出：锦州之战有很大可能发展成为敌我两军主力的大决战。我必须以最大决心拿下锦州，并于攻锦过程中准备打击援敌和突围之敌，使这一攻锦、打援、打突围战役成为解放全东北有决定意义的战役。

正在东北野战军准备夺取锦州的紧要时刻，10月2日清晨，东北野战军前线指挥所得到情报，敌人在葫芦岛增加了4个师。东北野战军司令员早就顾虑攻打锦州时有被沈阳、锦西、葫芦岛之敌两面夹击的危险，

★ 罗荣桓（左一）与东北野战军其他指挥员在锦州前线指挥作战

★ 1948 年 10 月 14 日，东北野战军向锦州城发起攻击

看到这个情报，打锦州的决心更加动摇。当晚，司令员林彪没同任何人商量，就向中央军委发出加急电报，提出两个方案，但意见很明显：葫芦岛敌人得到增援，因而打锦州不如打长春。说是两个方案“正在考虑”中，其实是在“考虑”改变方案打长春。

10 月 3 日清晨，罗荣桓得知这一消息后，立即找到司令员，冷静地向他说明回去打长春的做法不妥。他说，现在几十万部队拉到辽西前线，锦州外围敌人据点已经肃清，部队战斗情绪高涨，而敌情变化并不大，只不过增加 4 个师。在这种情况下，轻易改变中央早已确定的作战方针是不适当的。罗荣桓严肃地指出：“这是抗拒中央军委的作战命令，违背毛主席的战略决策，要影响解放全国的战局的。”经过耐心的劝说和严肃的批评，林彪同意再发一份电报，坚决执行中央和军委的命令。上午 9 时，由罗荣桓起草电文并发出。电报说：“我们拟仍攻锦州。只要我们经过充分准备，然后发起总攻，仍有歼灭锦敌之可能，至少能歼敌之一部或大部。目前如回头攻长春，则太费时间。即令不攻长春，该敌亦必自动突围，我能收复长春，并能歼敌一部。”在报告了拟采取的部署和对敌情的判断后，电报最后说：“此次战斗目的，拟主要放在歼灭敌人上。”中央军委和毛主席对东北野战军的部署和决心表示充分肯定。至此，辽沈战役的作战方针在党中央和东北野战军的争论和探索中得到了确立。这个方针的确立是以毛泽东为首的中央军委正确战略指导的结果，也是罗荣桓在重大问题上坚持原则、保证党对作战绝对领导的生动体现。

努力建设强大人民军队

军队建设是战斗胜利的根本，作为政治委员，罗荣桓在东北地区人民军队的政治思想建设、武装力量建设和后勤保障建设等方面倾注了极大心血，为建设一支强大的人民军队、打好东北解放战争做出了巨大贡献。

1947 年夏季攻势前，结合土改教育，辽东军区第三纵队开展了“诉苦运动”。部队选择一些苦大仇深的战士诉个人的苦，引导大家“倒苦水”“挖苦根”，让大家“知道为谁打仗，为谁扛枪”，从而大大提高了广大官兵的阶级觉悟，增强了部队的战斗力。后来，罗荣桓将辽东军区第三纵队“诉苦运动”的经验在东北地区的部队中推广。1947 年 8 月 26 日，《东北日报》发表了罗荣桓指示政治部撰写的《部队教育的方向》一文，对诉苦经验进行了总结。1948 年初，中央军委、毛主席及时向全军推广了辽东三纵的经验，使“诉苦运动”发展成为全军性的“新式整军运动”。这次全军“整军运动”以“三查三整”（查阶级，查工作，查斗志；整顿组织，整顿思想，整顿作风）为主要内容，而罗荣桓则指示东北军区结合自己的实际，改为“五整一查”，即整顿思想、作风、关系、纪律、编制，查成分。为了贯彻中央军委指示，东北军区在罗荣桓的主持下，召开了政治工作会议。会上，罗荣桓作了《关于建军问题的报告》。报告对东北当时的作战任务进一步明确，并要求把这一作战任务在部队中广为宣传教育，使全军树立起一个明确的斗争目标。后来，“全部歼灭东北的敌人”

★ 广大指战员精神饱满、斗志昂扬地向锦州前线开进

这个口号在部队中进行了广泛宣传，深入人心，这实际上成了辽沈战役前的思想准备。3月25日至4月15日，东北军区召集了野战军参谋会议。4月20日至5月20日，又举行了纵队、师两级军事干部参加的军事会议。在这两个会上，罗荣桓都作了关于今后建军及正规化问题的报告，进一步提出和强调了一系列整军、建军的措施方法。经过诉苦和整军运动及一系列会议精神的贯彻落实，东北地区的人民军队加强了思想政治建设，广大指战员的阶级觉悟空前提高，团结性和纪律性也都有了极大进步。

1947年7月27日，在罗荣桓的建议下，中共中央东北局做出了关于成立二线兵团的决定，并交给罗荣桓负责。1948年1月5日至7日，罗荣桓主持召开了北满7个军区（吉林、牡丹江、松江、合江、龙江、嫩江、辽吉）首长会议，专门讨论组建二线兵团第一批独立团的训练和编制、第二批独立团的准备、干部的培养以及前线军区的作战任务等问题。会后，各部队组建二线兵团的工作轰轰烈烈地开展起来。在罗荣桓的直接领导下，经过努力，到1948年3月冬季攻势结束时，第一批成立并已训练完毕的独立团达88个，22万人，其中大部分补充到各部队，再加上5万多“解放战士”，东北地区的人民军队空前充实，原有的第一、二、三、四、六纵队达到每纵队4.2万人，而1947年8月成立的第七、八、九、十纵队也达到3.4万人。同时，由二线兵团的另一部分和地方兵团编成了14个独立师，此外还有1个炮兵纵队、1个坦克团、3个骑兵师和1个铁道纵队。这支强大的人民军队为辽沈战役的发起及在整个战役过程中保证大量高素质的兵员源源不断充实我军、战胜敌人，奠定了坚实基础。

1947年10月，在罗荣桓建议下，东北局成立了军工部，任命何长工为部长，伍修权兼政委。罗荣桓在两人上任之前专门找他们谈话，鼓励他们把军工生产搞上去。在罗荣桓的关心和支持下，军工部成立以后，很快形成了规模较大的军工生产系统，为部队提供了给养保障。1947年11月3日，毛泽东致电东北局，提出“用全力加强军事工业之建设，以支援全国作战为目标”，罗荣桓和军工系统的同志们坚决执行了这一指示。到1948年夏季，东北解放区已建成大小军事工厂55个。除能修理各种武器外，还生产了大量的炮弹、子弹和手榴弹。1948 年 6 月，在罗荣桓的领导下，又成立了军需部，把一般军需品的生产与武器弹药的生产分开，为部队作战提供了坚强的后勤保障。此外，在辽沈战役开始前，罗荣桓组织后勤部门和各地政府开展了筹集和运输物资的工作。据不完全统计，共筹集和运输粮食 7000 万斤、油料 1.1 万吨、子弹 1000 万发、手榴弹 15 万枚、炮弹 20 万发，还有棉衣、棉被、棉鞋等冬装近百万套。参与支前的民工多达 160 万人，担架 1.3 万副，大车 3.6 万辆。罗荣桓在辽沈战役前大抓军工生产和后勤建设的成绩，为辽沈战役的胜利提供了巨大的物资保证。

充分发挥政治工作作用

在国共战略决战首战——辽沈战役中，罗荣桓充分发挥了政治工作在部队作战中的重要作用，为辽沈战役的胜利和东北全境的解放做出了极其重要的贡献。

为了加强部队的政治思想工作，在辽沈战役前，除了上文提及的几个指示和电报外，罗荣桓还指挥东北野战军司令部、政治部等起草和下发了一系列指示，对发动辽沈战役起到了极大的推动作用。1948 年 9 月 21 日，罗荣桓签发了《战役前的作战指示》。9 月 29 日，下发了《应精细研究锦州情况》的电文。10 月 4 日，下发了《攻取锦州对付援敌之部署》。10 月 7 日和 10 月 9 日，分别下发了《攻锦州各部队要发挥义县战斗中挖交通沟的经验》和《对攻锦州突破口之指定》等电报，对部队提出明确要求。

1948 年 10 月 5 日，东北野战军指挥机关到达锦州西北部、距锦州 10 多公里的牤牛屯，设置了东北野战军司令部攻锦指挥所，并在锦北 459 高地附近的帽山设置了观察所。10 月 8 日，罗荣桓同东北野战军司令员、政治部主任等登上帽山，用这架日式 14 倍望远镜勘察了锦州的敌情和地形，确定了攻城部署。

从 10 月 9 日起，东北野战军兵分四路，开始攻打锦州外围国民党军据点。罗荣桓没有待在指挥所，而是下到部队，检查指导工作。他反复强调干部在作战中要仔细勘察地形，正确判断情况及可能发生的变化，作出多种作战方案，并且注意发扬军事民主，发动群众想办法、出主意。战斗期间，第一纵队在担负封锁锦州机场任务时，由于执行命令不坚决，致使敌军援兵还能向锦州空运。其间，第一纵队还发生了在战斗中丢失阵地没有及时报告的事件。罗荣桓立即赶到第一纵队开展调查，了解情况，在对他们提出严厉批评的同时，也鼓励他们争取在攻取锦州的战斗中同兄弟部队密切协同，打好这关键的一仗。第一纵队官兵听后深受鼓舞，表示接受批评，深刻检讨。后来，第一纵队指战员在锦州攻坚战中表现神勇，立下大功。

10 月 11 日，著名的塔山阻击战打响。对于此前东北野战军司令员十分担心的锦西方向的援锦之敌，东北野战军司令部派出了以第四纵队为主体的多支部队执行阻击任务。第四纵队是罗荣桓从山东带到东北的

★ 位于锦州市郊牤牛屯的东北野战军锦州前线指挥所旧址

★ 罗荣桓

★ 苏静

一支胶东部队，到东北后打了许多胜仗，但像这样死守阵地的硬仗还打得不多。罗荣桓深知纵队主要指挥员的性格特点，为了加强第四纵队的指挥力量，扬长避短，打好这场对保证攻克锦州有决定意义的塔山阻击战，罗荣桓建议再派东北野战军作战处处长苏静去第四纵队协助指挥作战。苏静临行前，罗荣桓对他说："你的任务就是当参谋、出主意，协助四纵首长指挥部队死守塔山，叫敌人尸骨成山，血流成河，不能前进一步。"苏静望着罗荣桓那严肃的面孔，深深感到了自己责任的重大，也完全理解了首长的意图。在罗荣桓等人的关注和帮助下，负责在塔山一线阻击敌军的部队坚守塔山六天六夜，使国民党援锦部队没能前进一步。

10 月 14 日，东北野战军向锦州发起总攻。罗荣桓充分利用政治工作的优势，提出"活捉范汉杰！""攻坚战中立头功！""人在阵地在！"等口号，鼓舞和激励指战员们开展杀敌立功竞赛，发扬英勇顽强、不怕牺牲的革命精神，广大官兵大胆穿插，猛打猛冲，轻伤不下火线，重伤坚持战斗，涌现出大量战斗功臣和英雄集体，有力地保证了锦州攻坚战的顺利进行。经过 31 个小时的激战，我军攻克锦州，取得了辽沈战役关键性的胜利。

10月19日，中央军委和毛主席两次电示东北野战军，造成关门打狗的形势，就地全歼东北蒋军。罗荣桓立即让东北野战军政治部起草了《全歼东北敌人的政治动员令》，经他修改，于10月20日发出。这篇动员令，是一篇具有历史意义的“檄文”，有力地激发了我军广大指战员全歼东北蒋军、解放沈阳、解放全东北的战斗积极性。在这种精神的鼓舞下，我军乘胜前进，于11月2日解放沈阳、营口，整个辽沈战役结束。

中华人民共和国成立后，罗荣桓任最高人民检察署检察长、政务院政治法律委员会委员，1955年被授予元帅军衔。1963年12月16日，罗荣桓因病医治无效，在北京逝世。毛泽东十分悲痛，在《七律·吊罗荣桓同志》中写道：“君今不幸离人世，国有疑难可问谁？”足见罗荣桓功勋之卓著，贡献之巨大。

罗荣桓生前非常珍爱这架在辽沈战役中曾经使用过的望远镜。他逝世后，这架望远镜一直由其夫人林月琴珍藏。1978年1月，罗荣桓的长子罗东进将这架望远镜捐赠给了辽沈战役纪念馆。如今，这架望远镜作为国家一级文物，静静地陈列在纪念馆的展柜中，向前来参观的人们讲述这位政工元帅在东北解放战争中做出的卓越贡献和留下的宝贵经验……

塔山的英雄成就英雄的塔山

——程远茂在塔山战斗中荣获的“毛泽东奖章”

“毛泽东奖章”，是东北解放战争初期东北民主联军制发的，全称是“东北民主联军毛泽东奖章”。1948 年 1 月东北民主联军改称东北人民解放军后，“毛泽东奖章”仍然沿用颁发，获得“毛泽东奖章”是东北解放战争时期的最高荣誉，相当于中国人民解放军第四野战军的最高战功奖，一般只授予在战场上起决定作用、一次立三大功者，其含金量和荣誉地位不言而喻。在辽沈战役纪念馆中，就陈列着一枚“毛泽东奖章”。这枚奖章直径 100 毫米、厚 5 毫米，银质，为国家一级文物。它的主人是时任第四纵队第十师第二十八团第一营第二连指导员程远茂，他是当年为数不多的“毛泽东奖章”获得者之一。他之所以能够获得这枚象征东北解放战争时期最高荣誉的奖章，主要是因为他在那场被誉为人类战争史上的伟大奇迹、辽沈战役中最为惨烈的战斗——塔山阻击战中浴血奋战、英勇拼杀、始终坚守阵地。1958 年 12 月，这枚具有特殊意义的“毛泽东奖章”被捐赠给了辽沈战役纪念馆，向前来参观的人们讲述着那场艰苦卓绝、永载史册的著名战斗。

急电

1948 年 9 月，辽沈战役拉开了序幕，东北野战军第四纵队奉命直插北宁线，首战月亮山，再战砬子山，攻克兴城后，切断了关内和锦州的铁路、公路交通。此时，第四纵队第十师第二十八团第一营第二连指导员程远茂正带着战士们备勤休整，随时准备出发，参加锦州攻坚战。突然，他接到命令，让他率部进入塔山堡一带准备迎敌。原来，第四纵队接到了东北野战军总部的急电，要第四纵队立即进至塔山一带，与第十一纵队及热河独立第四师、第六师一起阻击锦西向锦州增援之敌。电报命令他们坚守塔山，阻敌 7 至 10 天，掩护我主力部队攻克锦州。

这个电报来得很突然，第四纵队的军政领导十分清楚东北野战军总部决定把第四纵队这颗棋子摆在塔山对辽沈战役的全局意味着什么。第四纵队司令员吴克华立即召开作战会议，在讲完敌情和我方作战部署后，十分严肃地说：“同志们，情况就是这样，摆在我们面前的，是一场硬仗，

★ 程远茂

★ 大众读物《塔山英雄程远茂》

★ 程远茂荣获的东北民主联军“毛泽东奖章”

要准备打一场恶仗，打一场苦仗。增援的敌人，可谓来者不善，他们还有空中、海上的支援，这对我们第四纵队来说，是前所未有的考验！无论付出多大的牺牲，必须完成任务！我们必须守住塔山。只有抱定一个决心，和眼前的阵地共存亡，绝不能让敌人前进一步，确保打锦州的胜利。”根据安排，程远茂带一个加强排——第四纵队第十师第二十八团第一营第二连第一排进入指定阵地，执行阻击敌人任务。

塔山，是位于锦西与锦州之间一个名为塔山堡村落的简称。塔山堡，从名字看有塔有山。然而，到了那里的人才知道，所谓的塔山，既没有塔，也不是山，只是一个有百十户人家的小村庄，周边是此起彼伏的小丘陵，海拔最高也不过几十米。它东面濒海，西面是白台山、虹螺岘山，距锦州约 40 公里，距锦西 10 公里，从锦西去往锦州的道路直接从村中穿过，是国民党军援锦的必经之路。我军若想顺利攻下锦州，必须在塔山成功阻击国民党的“东进兵团”。我人民军队自成立以来，一直把游击战和运动战作为克敌制胜的法宝，如今要在一个无险可守的地方打一场事关战役全局的阵地战、阻击战，既无经验可以借鉴，也无取胜的绝对把握。第四纵队政委莫文骅说：“为辽沈作战的大局，尽快统一官兵的思想，形成共识，这回就是四个字——死守塔山！坚守到底，一步也不能退，一步也不许退！敌人打到了营部，营部就是第一线；敌人打到了团部，团部就是第一线；打到了师部，师部就是第一线；打到我们纵队部，我和吴司令员就是第一线。各位，今天话撂在这儿，天塌下来也不能退，就是打到最后一个人，打到最后一口气，也要完成阻击任务。”

从 1948 年 10 月 6 日起，程远茂率部与其他兄弟部队陆续按计划进入塔山一线布防。当时的具体部署：第四纵队布防在塔山；第十一纵队布防在塔山侧翼翻车沟以西；热河独立第四师、第六师在锦西西南机动作战；第一纵队布防在高桥，东出可堵塞海岸大道，南出可支援塔山作战，北去可配合攻打锦州。

为了和敌人抢时间，第四纵队、第十一纵队上下不分首长和战士、不分机关和连队在进入塔山一线后，全部行动起来，立即构筑工事。当地的群众也积极帮助抢修战壕、掩体和地堡，军民齐努力，进行紧张的战前准备。

初战

1948 年 10 月 10 日，我军工事还未完全修好，敌人已向我军阵地发起进攻，塔山阻击战打响。国民党军“东进兵团”代理指挥官、第五十四军军长阙汉骞令暂编第六十二师、第八师、第一五一师、第一五七师 4 个师向我军东起打渔山岛、西至 223 高地的塔山一线阵地发起进攻，企图试探我军守备情况，以便实行重点突破。敌人先是集中美式山炮、野炮、加农炮、榴弹炮等重炮对我塔山阵地全线猛轰，再进行步兵冲锋。阙汉骞以为经过半个小时的猛烈炮击，部队再一冲锋，塔山阵地便唾手可得。但是，他的如意算盘打错了。虽然炮弹密如急雨，塔山阵地战壕、地堡、掩体部分坍塌，但在当地百姓的支援下，我军一方面迎击敌人，一方面着手修复工事，坚决坚守阵地。国民党军在飞机、舰炮和炮兵火力的掩护下发起了多路进攻，但始终未能前进一步。一天之内，我军先后击退了国民党军 9 次攻击，守住了高家滩、塔山堡、白台山等阵地，打出了军威，打出了士气。而急于东进增援的国民党军滞阻于此，动弹不得，心急如焚，便以更加猛烈的进攻试图打开缺口。

10 月 11 日拂晓，阙汉骞来到鸡笼山附近高地，指挥其部队发动第二天的攻势。国民党暂编第六十二师、第八师、第一五一师、第一五七师在国民党海军的配合下，采取中央突破、两翼配合的战法，全力向我军第四纵队核心阵地塔山堡突击，企图打开通路。7 时许，敌人集中了 2 个军约 30 门野炮、榴弹炮和 2 艘军舰的火力，并以 5 架飞机轮番投掷轻重型炸弹，集中轰击 30 分钟，投射炮弹、炸弹约 2000 发。我军阵地前沿的大部房屋、工事和树木被毁。炮火过后，敌 3 个团都由团长带头，同时从正面和左右翼向解放军塔山堡阵地扑来。守卫在前沿工事里的我军官兵等到敌人靠近时，突然机枪、手榴弹一齐开火，正面的敌人被压住了，两翼的敌人却绕了上来，敌我双方混战在一起。激烈的战斗使双方都付出了较大的代价，但我军将士经过坚决抵抗，最终还是打退了敌人，守住了阵地。

苦斗

10月12日，敌“东进兵团”指挥官侯镜如来到葫芦岛，召开会议，重新部署作战计划。我军则借此时机，修筑工事，补充给养。经过侦察，我军了解到，蒋介石十万火急地将中央军嫡系部队、被称作“赵子龙师”的国民党军独立第九十五师海运到塔山前线。这支部队是蒋介石的“王牌”，清一色美式装备，训练有素。根据这一情报，我军立即调整战略部署，把对抗独立第九十五师、守卫塔山以东阵地的任务交给第十师主力——第二十八团。根据部署，程远茂率第一营第二连第一排进入塔山附近的铁路桥头阵地迎击敌人。

★ 塔山阻击战中，东北人民解放军发起反冲锋

此时，我攻锦部队已经扫清了锦州外围据点，塔山的敌人虽然没有发动进攻，但正在积极调动，紧密部署。程远茂心里很清楚，敌人正在酝酿更大规模的进攻，锦州攻城的时机越逼近，眼前的敌人就会越凶狠，我军承受的压力也会越沉重。

10 月 13 日拂晓，国民党军调集所有飞机、大炮和军舰向塔山东西一线防御阵地猛烈轰击，炮火异常猛烈，整个塔山阵地变成了一片火海。接着，敌人以号称“赵子龙师”的国民党军独立第九十五师为主力，加上第八师、第一五一师、第一五七师采取两翼突破、夹击塔山的战法，全力向我军阵地猛烈进攻。

在程远茂率领第二连第一排坚守的塔山附近铁路桥头阵地上，海上“重庆号”巡洋舰的侧射炮火和正面射来的重炮炮弹像暴雨般落下，刚刚修复的工事又被炸烂,数百枚重磅炸弹落在铁轨上,如万钧雷霆当头炸开。突然，程远茂感到周围一片寂静，脑袋嗡嗡的，他大喊大叫却听不到自己的声音，原来是自己的耳朵被震聋了。双耳听不见声音，还有双手和双眼，不能放松警惕。炮火一停，敌人开始冲锋了，程远茂端起机枪率先发起反击。跟随这枪声，全连的步枪机枪都怒吼起来，汹涌的子弹把敌人的攻势压了下去，敌人的第一次进攻就这样被打了回去。

没过多久，“赵子龙师”再次发起冲锋。这个号称“天下无敌”的“王牌师”确有与众不同之处，他们端着清一色的美式冲锋枪、轻机枪如浪头般打来，第一批倒下去，第二批又冲上来；第二批完蛋了，第三批又涌上来……在程远茂参加过的数十次战斗中，还是头一回遇到这么凶顽的敌人。很快，我军战士的子弹打光了，手榴弹也用完了，眼看敌人就要冲入我前沿阵地，程远茂抓起报话机：“请向前沿阵地开炮！”随着他的呼叫声，一颗颗炮弹在敌群中炸开了花，敌人的进攻梯队被打垮了，但是冲在前面的敌人已经滚进了我军战壕。见此情景，程远茂扔下话筒，跃身冲向敌人，一刀捅死了一个顽敌。其他战士在程远茂的带领下，与敌人近身肉搏。大家齐心协力，用枪托砸，用石块打，很快把冲进战壕的敌人全部消灭。

这一轮冲锋被打退后，程远茂感到腿上疼痛难忍，低头一看，发现大腿被子弹打穿了，鲜血直流。他怕被战士们发现，赶紧撕下一块军装布，将伤口包扎好……

下午，战斗更加激烈，第二十八团营连的两条电话线全被炮火打断。营部通讯班长跑来报告说，电话线被炸成一节节的了，无法再接，和营部的联络中断了。程远茂见他的棉袄被撕成了碎片，脸被熏得乌黑，嘴唇流着血，显然是用牙接线时割破的。程远茂急忙压下他的肩头，让他隐蔽好，随手抓起身旁的步枪递给他，说："你到右翼去，用它打击敌人，只要上级还能听到咱们的枪响，就知道阵地还在咱们的手里！"上级的指示无法接收到，但有一点是毋庸置疑的，那就是死守塔山。程远茂带领战士们，发挥独立作战的精神，与敌死磕，坚守阵地。

这一天，是敌人投入兵力最多、火力最猛、进攻最凶的一天，也是对塔山存亡有决定意义的惊天动地的一天。但是，敌人投入的赌注越大，输得就越惨。那个号称常胜不败的"赵子龙师"，在我军面前却一败涂地。

夜幕笼罩塔山，聒耳的枪炮声停止了，只有渤海的涛声不时被风吹送到阵地上来。已经艰难地度过了第四天激战的英雄阵地上，这时又响起叮当的锹镐声，战士们又在抓紧加固被炸坏的防御工事……

坚守

10月14日，东北野战军对锦州发起总攻。蒋介石急令"东进兵团"："拂晓攻下塔山，中午进占高桥，黄昏到达锦州。"因此，敌人的进攻更加猛烈。

在程远茂率部坚守的阵地上，六个地堡被敌人掀掉了五个，剩下的一个也只剩个架子。这时，第二排、第三排那边还有断断续续的枪炮声，而第一排这里却突然寂静下来。程远茂很快发现：对面山坡上的敌炮兵正在转移阵地，一直向我军推进；东面海面上，轰击了多时的两艘军舰旁边又增加了一艘，他们的炮口都指向我军的阵地。程远茂明白，更大的恶战就要来了。他抓紧利用战斗间隙动员鼓励大家："敌人正在垂死挣扎，我们要以一顶百。没有子弹还有手榴弹，没有手榴弹还有刺刀，石头也是武器。死守阵地，寸土不失，实现我们的决心！”说话间，敌人的炮火已经轰击过来，连续的爆炸声把战士们震得头晕眼花耳鸣。突然，一颗炮弹在程远茂身旁爆炸了，头顶上原来的伤口又冒出了血……他顾不上这些，急忙擦擦眼睛察看阵地。三班长倒下了，第三班只剩下了三四个战士，程远茂把他们分别补充给第一班和第二班。这时，通信员小刘赶紧把纱布一圈一圈地缠在他头上。

炮火延伸后，敌人又开始冲锋了。在 200 米外的小河岸边，黑压压的敌人又冲了上来，他们手持美式冲锋枪，有的抬着重机枪，队伍中还夹着挑弹药的，如潮水般向我军阵地涌来。突然，我军左翼的那挺最能杀伤敌人的机枪不响了。程远茂跑过去一看，掌控机枪的代理排长倒在血泊里。清点一下人数，第一班只剩 5 个人，个个都缠了绷带，他们愤怒地把手榴弹甩到敌群里。右翼的第二班也没剩下几个人。危急时刻，程远茂迅速将全阵地组成一个班，指定二班长魏殿荣代理排长。没过多久，炮弹又夺去了另一名机枪射手的生命，机枪也出了故障，阵地上一个机枪射手都没有了。机枪不响就等于给敌人让路，程远茂十分着急。机枪班弹药手张连喜主动要求担任射手。程远茂鼓励他说：“阵地上两挺机枪都交给你，张连喜同志，这回就看你的了。”此时，敌人已经乘虚涌上来。张连喜竖起机枪，用脚一蹬，拉开了枪栓，在相距六七步远的两个掩体上固定好两挺机枪，轮番向敌人射击。他时而打这挺，时而打那挺，打得敌人抬不起头来。但是，由于寡不敌众，十多个敌人还是冲到了被炸碎的铁丝网前，马上就要杀进阵地。而此时，我军的弹药也将告尽。程远茂鼓励大家说：要节省子弹，准确地杀伤敌人。

就在我军的火力弱下去时，敌人的军官站起来高喊：“冲啊，他们没有弹药了！”话音刚落，程远茂抬手一枪，将其击毙，敌人又退了回去。战士们用手榴弹消灭了铁丝网附近的敌人，然而后面的敌人又冲了上来，他们用自己人的尸首当活动工事，慢慢地向前移动着，情况越发危急。程远茂拉开弹夹一看，还有三发子弹。他想：只能再用两发了。他把自己的决心告诉每个战士，一个个地握着同志们的手，作着最后的嘱咐：“有一口气，也要和敌人拼到底！”听了他的话，重伤的同志努力睁开双眼，向他微笑；轻伤的同志靠墙站起来，掏出了最后一颗手榴弹；重伤无法动弹的同志，使劲地在墙上画着、写着：“与阵地共存亡！”打光了子弹的同志端起了刺刀，拿起最后一颗手榴弹的同志指头已经扣上了拉弦，阵地上能动的人都拿起了武器或石头。程远茂扣着扳机，正要冲锋，突然，前面的敌人成排地倒下了，左右方高粱地里发射出密集的子弹。“我们的反击部队上来了！”程远茂大喊一句“跟我上”，带领6名战士杀了出去。在兄弟部队的帮助下，程远茂带领原本50多人现在只剩7人的加强排又打退了敌人的一次进攻。

胜利

10月15日，我军坚守阵地的第六天，国民党军集中了5个师的兵力以偷袭、集团进攻等多种形式向塔山一线阵地发起了近乎疯狂的冲击。我军仍以不变应万变，牢牢坚守阵地。

敌人在万般无奈之下亮出了最后一张“王牌”——蒋介石用一个人50万金圆券的高价收买来的兵痞和土匪，这帮亡命徒号称“刀枪不入”，一个个趾高气扬、不可一世。冲锋前，这帮亡命徒吞了朱砂，画了黑脸，而后高叫着“刀枪不入”，一个个脖子上挂着枪、手拎大刀蜂拥上来……面对来势汹汹的敌人，程远茂格外沉着冷静，他命令部队：等敌人靠近了再打。100米、70米、50米……战士们有些焦急了，而程远茂却伏在战壕里岿然不动。就在敌人距我军阵地仅有30米的时候，程远茂纵身跃起，对着敌人猛烈射击。接着，战士们的长短枪一齐吼了起来，敌人的“敢死队”成了“该死队”，大片大片地栽倒在我军的阵地前。

中午12时左右，塔山一线的国民党军全线溃退。不久，锦州解放的胜利喜讯在阵地上掀起了狂欢的浪潮。经历了六天六夜生死搏斗的指战员们，实在无法抑制内心的激动和感伤，有的相拥而庆，有的喜极而泣，

★ 在塔山阻击战原址附近修建的塔山革命烈士陵园和塔山阻击战纪念馆

也有的终于放松下来，坐在阵地上呆呆发愣……

塔山阻击战，以我军的胜利和国民党军的溃败而宣告结束。这场战斗是辽沈战役中规模最大、时间最长，同时也是最为残酷的一场阵地防御战，其意义远远超出了一个局部战场——塔山之战的胜负，不但关乎辽沈战役的进展乃至结局，而且在相当程度上影响了此后整个解放战争的进程。第四纵队第十师第二十八团第一营第二连第一排在连指导员程远茂的指挥下，连续击退了敌人约 4 个营兵力的数次冲锋，坚守住了阵地。敌人则丢下了 500 多具尸体，狼狈溃退。战后，第十师第二十八团被授予“塔山英雄守备团”的称号，程远茂因在塔山阻击战中的出色表现，荣获了“毛泽东奖章”。

1950 年，程远茂戴上“毛泽东奖章”到北京参加了全国战斗英雄劳动模范代表会议，见到了毛泽东主席，并合影留念。

时光荏苒，岁月无声，如今的塔山早已无法找寻当年战斗的痕迹，只有这枚陈列在辽沈战役纪念馆中的“毛泽东奖章”成为历史的见证，为前来参观的人们讲述英雄的塔山和塔山英雄的故事……

★ 1950 年全国战斗英雄、劳动模范代表会议会场

血染的战旗　永恒的色彩

——锦州攻坚战第一面登城红旗

锦州，位于辽宁省西南部、“辽西走廊”东部，是连接华北和东北两大区域的交通枢纽，战略位置十分重要。解放战争中，著名的辽沈战役首先从这里打响，其中的锦州攻坚战“对于东北人民的全部胜利和最后胜利是有决定性意义的”。而这场战斗最初的“见证者”，就是现在陈列在辽沈战役纪念馆里的一面用红色细布制作的红旗。这面红旗长 104 厘米、宽 86 厘米，旗面上的弹洞格外引人注目。这面红旗是东北野战军第三纵队第十九团第一连在辽沈战役锦州攻坚战中插上锦州北城头的第一面红旗。虽然经过岁月的磨砺，这面红旗早已失去了昔日的色彩，但用鲜血染红的战旗却是辽沈战役光辉历史的记载，是锦州攻坚战永不褪色的记忆。

洞悉敌意，运筹于帷幄

辽沈战役前夕，东北野战军经过扩充、休整与训练，广大指战员的政治觉悟和战术水平有了很大提高。而东北战场上的国民党军连遭打击、处境困难，只剩 55 万兵力，不仅在数量上同东北野战军相比处于绝对劣势，而且被分别压缩于长春、沈阳、锦州 3 个孤立的地区。东北野战军在军事力量和经济力量上都已远远超过东北的国民党军，进行战略性决战的条件已经具备。

1948 年 9 月 12 日，伟大战略决战的首战——辽沈战役打响。经过 20 天的连续作战，到 9 月末，东北野战军先后攻克了绥中、兴城、义县等地和锦州北郊，完成了战役分割，各部队已经兵临锦州城下，锦州攻坚战即将打响。

长期以来，东北地区的国民党军一直被东北野战军“练好兵，打长春”的舆论所迷惑，直至北宁路战斗打响，才从麻痹中苏醒，蒋介石意识到东北的国民党军撤向关内的大门有被封闭的危险，深感形势严重，严令卫立煌由沈阳派兵增援锦州，并派参谋总长顾祝同赴沈阳督战。9 月 30 日，蒋介石由南京飞赴北平，令华北“剿总”总司令傅作义抽调主力 4 个军增援东北，但后来傅作义只勉强同意抽调 5 个师向东北增援。

10 月 2 日，蒋介石飞抵沈阳，确定如下行动方案：范汉杰集团固守锦州，以吸引与消耗东北野战军主力；华北“剿总”所辖的第六十二军、第九十二军 1 个师、独立第九十五师，以及位于山东烟台的第三十九军 2 个师迅速经海运到葫芦岛，会同锦西、葫芦岛原有的第五十四军等部 4 个师，共 11 个师，组成东进兵团，由第十七兵团司令长官侯镜如指挥，自锦西经塔山、高桥向锦州攻击；沈阳地区的新一军、新三军、新六军、第七十一军、第四十九军主力，共 11 个师加 3 个骑兵旅，组成西进兵团，由第九兵团司令官廖耀湘指挥，先向彰武、新立屯攻击，截断东北野战军的后方补给线，然后经阜新至义县，协同东进兵团，夹击东北野战军主力于锦州城下；郑洞国则率第一兵团伺机由长春向沈阳突围。

在沈阳方面如何增援的问题上，蒋介石、卫立煌、廖耀湘各有打算，产生了意见分歧。由于三方争执不下，各不相让，最后采取了一个折中的方案，即西进兵团立即行动，由新民出彰武、新立屯，切断东北野战军后方补给线，借以影响锦州攻城。中央军委和毛泽东及时洞察了敌人的企图，当即给东北野战军发电指出：敌人进占彰武置于无用武之地。

★ 东北野战军第三纵队第十九团第一连在辽沈战役锦州攻坚战中插上锦州北城墙的第一面红旗

卫立煌想用取巧的办法引我回援，借以解锦州之围。只要你们不怕切断补给线，让敌人进占彰武并非不利。待锦州打得激烈，彰武之敌回头援锦，他已失去了时间。你们的中心注意力必须放在锦州作战方面，求得尽可能迅速地攻克该城。根据这一思路，廖耀湘的西进兵团已经不足为惧了。

对侯镜如指挥的东进兵团，我军在其援锦的必经之路——塔山地区组织了坚决的阻击战，经过六天六夜的浴血奋战，东进兵团未能前进半步。

分而“食”之，肃清敌外围

经过周密部署和精心安排，国民党东进兵团和西进兵团的行动皆在我军的掌控之中，历史的高光迅速聚焦在锦州之战。

为守住锦州这个连接关内外的枢纽，从 1945 年 11 月国民党军占领锦州以后，一直设重兵扼守于此，到 1948 年秋，国民党军在锦州投入的兵力有 8 个师共 10 万余人。东北“剿总”副总司令范汉杰指挥所部在锦州市内设置了交通大学、神社、中纺公司、老城车站以南、中央大街以东 5 个守备区，明堡暗堡交错，堑壕工事呼应。此外，在锦州城四周的敌人也设置了数道封锁线。

锦州之战，是辽沈战役的关键一战，它关系到我军能否取得战役主动权，歼灭东北国民党军队，迅速解放东北全境。正如 1948 年 10 月中央军委电示锦州前线总指挥部时所指出的：“你们的中心注意力，必须放在锦州作战方面，求得尽可能迅速地攻克该城，即使一切其他目的都未达到，只要攻克了锦州，你们就有了主动权，就是一个伟大的胜利。”

10 月 1 日，东北野战军总部向各作战部队下达了夺取锦州的战斗动员令，指出：锦州之战有很大可能发展成为敌我两军主力的大决战，我军必须以最大决心拿下锦州，并于攻取锦州过程中准备打沈阳出援之敌。

10 月 5 日，东北野战军指挥机关搬到锦州西北距城只有 10 公里的翠岩山脚下的牤牛屯，设立了东北野战军司令部攻锦指挥所。在中央军委和毛泽东关于辽沈战役作战方针的指引下，东北野战军司令部不断调整作战部署，正确组织战役协同，实施了大规模连续作战，取得了一个又一个胜利。

根据部署，攻打锦州分为锦州外围战和攻城战两部分。10 月 9 日，东北野战军兵分四路，按要求攻打了锦州的外围国民党军据点：第八纵队负责清扫城东外围的守敌，夺取锦州东郊的屏障——紫荆山，攻占锦州守敌北大门的北大营，攻占城北主要制高点之一的东大梁、八家子、被服厂等；第七纵队负责扫清城南外围的守敌，包括攻占锦州南郊群山主峰——罕王殿山，攻占锦州城西南易守难攻的大架子山，攻占敌西机场附近的一个主要据点——新地号；第二纵队负责城西北外围的战斗，包括攻打锦州城北的一座突出高地——十二亩地，攻占城西北外围最坚固的防御据点——黑山团管区；第三纵队负责扫清城东北外围的敌人，包括攻占配水池（锦州供水处）及攻占城北坚固防御要点——大疙瘩（亮甲山）。

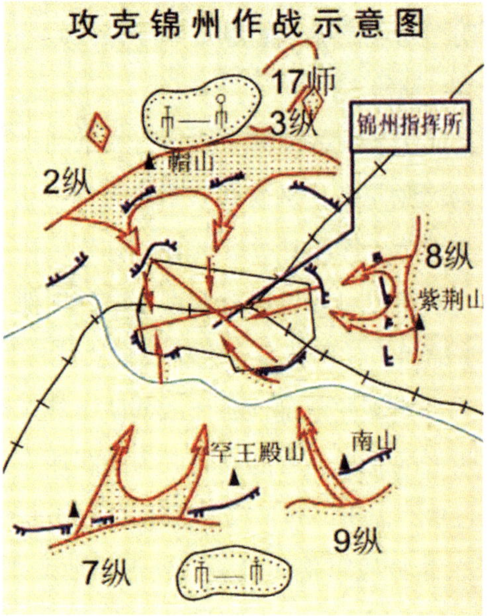

★ 攻克锦州作战示意图

攻打亮甲山，是锦州攻城外围战斗中较为困难的一场战斗。亮甲山是锦州城北一个孤立突出的山头，因其形状似蘑菇顶，又俗称为“大疙瘩”。在这里，国民党军修筑了一座上下两层的巨型钢筋水泥“大母堡”，四周筑有内壕和30多个明碉暗堡，形成环形防御体系，国民党第九十三军暂编第二十二师第二团第三营在这里驻守。东北野战军担任进攻任务的是第三纵队第八师第二十四团第三营。12日13时，我军在炮火的掩护下向“大疙瘩”发起冲击。第八连、第九连迅速占领了部分堑壕，战士们在越过壕沟向山上冲击时，遭到了国民党军的疯狂阻击。经过数小时激战，我军因弹药用尽、减员严重，团首长决定停止进攻。当晚，第二十四团重新调整了部署，决定由第二连和第七连从两侧发动进攻。13日6时，进攻再次开始，为了攻克“大母堡”，第七连第三排战士张成有、吴连义、王玉环组成爆破小组，利用弹坑作掩护迅速向前推进。在国民党军密集的火力网压制下，张成有不幸中弹牺牲，吴连义也身负重伤，但他忍着伤痛继续向“大母堡”爬去。在距离“大母堡”三四米远时，吴连义猛地跃起，将爆破筒从机枪眼中塞了进去，当敌军想把爆破筒向外推出的时候，吴连义用自己的身体死死堵住了“大母堡”的机枪眼。与此同时，王玉环趁机迂回到“大母堡”的南面，将另一支爆破筒也塞进碉堡里。伴随着“轰”“轰”两声巨响，碉堡被摧毁，攻击部队冲上了亮甲山，全歼了国民党守军。

到10月13日晚，东北野战军基本肃清了锦州外围各据点之敌，将锦州城死死围住。

奋勇作战，城头红旗飘

10月14日上午，经过周密准备的东北野战军所属部队向锦州城发起了总攻。攻城的具体部署：刘震、韩先楚指挥第二纵队、第三纵队和第六纵队第十七师从锦州西北、正北方向实施突击；邓华、詹才芳指挥第七纵队、第九纵队由城南向北突击，形成第二、第三、第七、第九纵

★ 亮甲山战斗遗址

队由南北两面对攻；段苏权指挥第八纵队从东向西进攻。各支部队若突破城垣后，即进入巷战，割断敌纵深防御体系，力求先歼灭老城外之敌，而后分区围歼残敌，攻克全城。

10 月 14 日 10 点 12 分，在接到打开城南缺口并消灭敌人火力点和试射命令后，我军第一发炮弹在锦州城墙右边的地堡上开花。随后，数百门大炮一齐轰鸣，数千发炮弹呼啸着飞向敌阵。霎时，锦州城上空硝烟弥漫、火光冲天。11 时，在炮兵主力和坦克支援下，东北野战军发起全线攻击，直插锦州城垣，在选定的 10 个突破口上进行殊死搏斗，迅速突破城防。在主要突击地段担任攻击的第二纵队第五师，通过挖交通壕迫近锦州城守军防御阵地前沿，在总攻发起不久后首先进入巷战。随后，北突击集团第二纵队主力沿惠安街、良安街冲入市区；第三纵队主力由伪省公署东侧越墙突入市区；作为预备队的第六纵队第十七师也沿突破口北侧投入战斗，从康德街、大同街突入市区。南突击集团第七纵队、第九纵队涉水过女儿河、小凌河，从城南突破进入市区，沿牡丹街、中央大街向纵深发展。东突击集团第八纵队发起冲击的时间较迟，但突破后发展较快，从瓦斯会社方向攻入城内。各纵队突破后，随即与国民党军展开了激烈的巷战。他们以大胆穿插分割、迂回包围的战术，各个歼敌。敌人则利用工事、楼房顽抗。为了把红旗插在锦州城头，攻锦部队广大指战员不顾国民党军飞机的轰炸、机枪的扫射和城内守军的抵抗，英勇冲杀，攻破城内一个又一个核心据点，打退守军一次又一次反击。

此时，担任锦州北城墙突破任务的是第三纵队第十九团第一连。第一连是尖刀连，在战前的动员会上，团长郑重地将一面细布制作的红旗交到了尖刀连旗手手上，并叮嘱他们一定要把它插在锦州城墙上。旗手黄德福深感使命光荣，责任重大，在排长李世贵的带领下，他高举红旗勇敢地冲在队伍的最前面。突然，一颗子弹划过，黄德福的身体顿时血

★《四竖红旗》（油画）

★ 东北人民解放军第三纵队第十九团第一连率先突破城垣，向突破口冲击

★ 东北人民解放军战士爬过城墙突破口，攻进锦州市区

★ 1948 年 10 月 14 日，东北人民解放军集中 25 万人的优势兵力向锦州城发起总攻。图为炮兵部队以强大的火力向锦州轰击

★ 我军进入锦州城区

流不止。黄德福心想：“无论怎样，也要保证手中的红旗不倒，要让锦州人民看到这面红旗。”他忍着疼痛，飞快地向前奔跑，在战士们的掩护下迅速登上城墙，将红旗牢牢地插在锦州北城墙上。一颗颗炮弹打来，泥土和弹片飞溅；一排排子弹穿过，旗面弹洞斑斑。红旗不能倒下，这是血染的风采，这是正义的呼唤，这是胜利的象征……战后，第三纵队第十九团第一连荣立两大功，并荣获“锦州尖刀连”称号，排长李世贵也荣立两大功。而这面锦州攻坚战第一面登城红旗则一直由李世贵保存着，1957 年 7 月，他将此旗捐赠给了辽沈战役纪念馆。

无独有偶，在锦州城南的战斗中，第九纵队第二十五师第七十六团第五连“四竖红旗”的故事亦让人为之动容。战前，经第九纵队党委讨论，决定以第二十五师第七十五团、第二十六师第七十六团并肩担任主攻任务。第七十五团为左翼，在锦州中兴路地段实施突破；第七十六团为右翼，在太子街、牡丹街之间实施突破。出发前，纵队首长到担任主攻任务的第七十五团、第七十六团进行了战斗动员。通过动员，全体指战员一致表示要坚决完成战斗任务，并自上而下开展了人人动脑筋想办法的群众运动。为了保证顺利完成此次战斗任务，纵队要求各级指挥员提前指挥，攻击部队两个营进入突破口师首长要跟进，两个团进入突破口纵队首长要跟进。14 日总攻开始后，担任“尖刀连”的第七十五团第一连和第七十六团第五连不约而同地发起了冲击，涉过小凌河，不到 10 分钟就占领了突破口。第七十六团第五连第四班战士朱万林首先登城，他刚刚举起红旗，就不幸中弹牺牲。第四班班长赵洪泉在身负重伤的情况下，忍痛爬上突破口，第二次竖起了红旗。但是，一枚炮弹飞来，赵洪泉应声倒下，旗杆也被炮弹炸成了几段。第一排排长刘金冲上前去，接住红旗，用手高高举起红旗，大喊:“同志们，冲啊！”红旗在突破口迎风招展。可是，红旗在战场上分外明显，执旗实际就是敌人的“靶子”。不久，刘金又负伤倒下，战士李玉民又接着举起红旗。英雄的红旗在 3 分钟内 3 次倒下四次竖起。紧接着，第五连在占领突破口后打退了国民党军 7 次反冲击，巩固了突破口，保证了后续部队向纵深发展。战后，第九纵队给予第七十六团通令嘉奖，“四竖红旗”的英雄事迹更是在部队中广为传颂。

经过 31 个小时的激烈战斗，东北野战军活捉了国民党军司令官范汉杰，取得歼敌 10 万、解放锦州的伟大胜利。党中央获悉锦州大捷，立即向东北野战军发来贺电，毛泽东也高度赞扬了攻锦作战的胜利。

锦州攻坚战的胜利，使东北国民党军从陆路撤向关内的“大门”被彻底关闭了。至此，东北国民党军的防御体系被彻底打乱了，人民解放军牢牢控制了北宁线，切断了东北国民党军关外补给的交通线，卡住了国民党军的咽喉，使东北国民党军成了瓮中之鳖。锦州的解放，为辽沈战役的最后胜利创造了极为有利的条件，加速了东北解放的步伐，从而推动了中国革命胜利的进程。烈士用鲜血和生命竖立在锦州城头的红旗，将永远飘扬在人们的心中，永不褪色。

见证生命七秒瞬间的五枚残片

——梁士英炸碉堡的爆破筒残片

在辽沈战役纪念馆里，陈列着五枚锈迹斑斑、形状各异的爆破筒残片，最大的一块长9.99厘米，最小的一块仅有3厘米。通过这些零零散散的残片，人们很难还原出一支爆破筒完整的样子，甚至如果不去看这件文物的文字介绍，根本认不出这几片东西是什么。然而，就是这5枚看似不起眼的爆破筒残片，却将一个年轻的生命永远定格在26岁的花样年华，也正是这5枚爆破筒残片，见证了一名共产党员生命中果敢而坚定的最后7秒。这位顶天立地的英雄就是在锦州攻坚战中被授予“特等功臣”荣誉的烈士——梁士英。

梦碎

1922年11月13日，梁士英出生在吉林省扶余县三岔河镇郊区的一个贫苦家庭。祖父梁继业是位私塾先生，因疼爱孙子，特意为他起了一个充满希望的乳名——梦辰。然而，新生命降生的喜悦是短暂的，一直清贫度日的梁家，因梁士英的到来，生活更是雪上加霜。父亲梁乃东除了终日在贫瘠的土地上劳作外，还要去房东家打工。祖父也不得不常常拖着病弱的身体到私塾教书。即便如此，梁家每年收获的粮食，交税后还是无法满足一家人的温饱。物质生活的匮乏并没有阻挡梁士英渴望知识、追求理想的脚步。因为祖父教书的缘故，梁士英获得了去私塾学习的机会，从此便有了“梁士英”这个学名。在私塾朴素单调的启蒙教育中，梁士英养成了率直的性格。一次，梁士英遇到一个地主的孩子欺负贫苦人家的孩子，就毫不犹豫地冲上前去教训了那个“小霸王”，为这个穷人家的孩子出气。在私塾时，他学习刻苦，从不落后。他在写作、读书和其他方面都做得很好。全家人都把希望寄托在他身上，希望他有出息，为梁家争光。然而，童年的快乐和全家人的期待并没有持续多久。随着祖父的去世，这一切都化为乌有。没有私塾教育，没有先生指导，没有爷爷，家庭生活向苦难的深渊迈进了一步。10岁的梁士英不得不用瘦弱的身体来承担家庭生活的重担，但这丝毫没有改变整个家庭的贫困。更可悲的是，有一次，士英的父亲给地主运粮食。由于饥饿和过度劳累，他从通往粮仓的跳板上摔了下来，吐出鲜血，失去了做重活的能力。祖父的离世、父亲的重病，生活的苦难把梁士英一切美好的梦想彻底击碎。13岁的他，用瘦弱的身躯承担起家庭生活的重担。给地主喂猪，时常挨骂受辱；到鼓乐棚学打钹，只为挣钱养家。艰难的生活磨炼了他吃苦耐劳的精神和坚韧不拔的意志。

17岁时，长成男子汉的梁士英已经不满足于在鼓乐棚里帮工，于是他到东六村又多谋了一份生计。但他从来没有想到，即使自己拼尽全力，也很难让全家过上安逸幸福的生活。幸运的是，梁士英成年后娶到了一位性情温和、勤劳能干的妻子，妻子的到来给这个贫困的家庭带来了些许生机和活力。然而，好景不长，第二年，新生儿的死亡和妻子的去世让刚有起色的家庭再次跌入谷底。

1942年的寒冬，大雪纷飞，家里的粮食没了。梁母带孩子出去讨饭，北风凛冽，饥寒交迫的梁母晕倒在荒野中，后来虽然获救，但却患上了重疾，连乞讨能力都丧失了。梁士英独自支撑起整个家庭。家破人亡的困境，地主、伪警察的欺辱，使梁士英几乎走投无路，还好有亲戚和乡

★ 梁士英炸碉堡的爆破筒残片

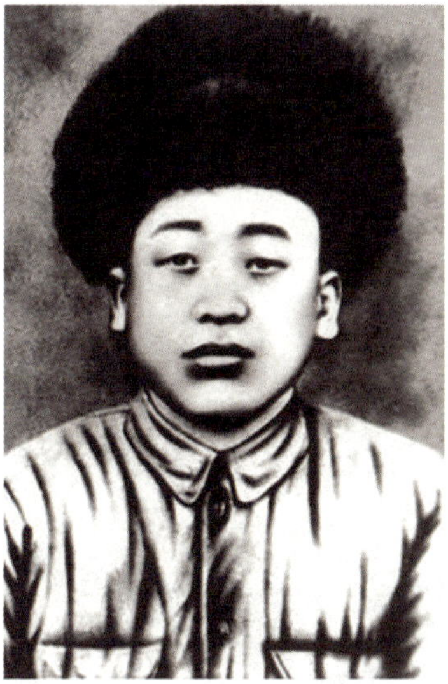

★ 梁士英

亲的帮助，才勉强得以维持生计。

新生

1946年1月，八路军从梁士英家门前经过，梁士英看到部队军纪严明，战士善待百姓，跟以往接触过的军队大不一样。他认定，这是一支好部队，是一支为穷人做主的部队。于是，梁士英找到一个“长官”模样的人，愣愣地开口就问：“我想当兵，行不行？”那位“长官”打量他半天，说：“你想参军？行。但你得找个保人。”梁士英很是激动，马上回答：“好，我去找保人。”说完，撒腿就往大舅家跑。大舅却死活不同意他参军，理由是：你妈有病，弟弟妹妹还小，你走了家里咋办？梁士英见说不通，便在夜里趁大舅熟睡之际自己写了张保条，拿出舅舅的印章悄悄盖上……就这样，以纸为“保”加入了部队。从此以后，他开始了人生新的征程。

入伍后，梁士英自觉接受军事教育，从文化课程到政治理论，从队列训练到枪械演习，他都认真学习、刻苦训练。其中，他最感兴趣的课程就是射击。白天，梁士英认真训练，到了晚上，还仔细思考动作要领。

经过不懈努力，梁士英很快成长为一名优秀的射击手。

1946年12月，参军不到一年的梁士英就光荣地加入了中国共产党。在党的教育下，他的思想认识不断提高，在战斗中英勇顽强。他常说:“我是共产党员，我的行为应该配得上这个光荣称号。”1947年6月，在攻打昌图的战斗中，他冒着敌人的炮火，用一挺机枪打退了几十个敌人的抵抗，为部队打开了突破口。1947年冬，在攻打彰武的战斗中，梁士英所在的机枪连负责突破任务，敌人几次进攻失败后，组织了一个连的兵力，在强火力掩护下，疯狂发动新的进攻。一时间，阵地上硝烟滚滚，敌人趁机压住了我军火力，阵地上的战士伤亡增加。正在这紧要关头，敌军的左侧响起了急促的枪声，敌军的机枪顿时哑了，进攻的敌军倒的倒、退的退，我军趁势反攻，攻克了彰武县城。直到总结会上，指导员才找到打侧翼的战士，他就是梁士英。这次战斗，梁士英又立了两次战功。

经历过战斗的洗礼，梁士英成长得更加迅速。他平时沉默寡言，但连队开会发言时，却总是那么简洁有力。他常说:“共产党人要起带头作用,要不然就配不上这个光荣称号。”生活中,他经常激励战友的战斗热情，帮助战友调解矛盾，促进全班团结；训练中，他严格刻苦，是机枪连的特级射手、全连的模范标兵；战斗时，只要他的机枪一响，就会有敌人应声倒下，同志们都称他为“神枪手”。梁士英常说，“打仗要勇敢，要冷静，不要惊慌”，“我们要正视敌人火力的输出，战场不像射击场，你一定要稳住，如果你担心害怕，枪不会听你的”。战士们都对他的教导心悦诚服。

瞬间

1948年秋，人民解放战争进入夺取全国胜利的决定性阶段。9月7日，毛泽东为中共中央军委起草给东北野战军的电报，明确地阐述了辽沈战役的作战方针,提出“攻锦打援”的战略部署,把第一战放到了锦州。锦州是连通东北、华北的交通咽喉，只有攻克锦州，切断东北与华北的联系，国民党在东北的军队才能全被封闭，就地歼灭。同样，锦州也是国民党军重点设防的战略要地。早在日伪时期，这里就修筑了大量的工事和设施，国民党军占领后再次加修，设置了层层障碍，形成了以外围据点为依托、城防工事为重点的防御体系，易守难攻。

团里进行了攻打锦州的战前动员后，梁士英和所在连队的5位同志一起向团首长请战，请求把突破锦州的尖刀任务交给他们。团首长见他们意志坚定、积极性很高，就同意了他们的请求，梁士英和战友们十分高兴。

为了较好地完成任务，不辜负组织的信任，各单位召开了党小组会，梁士英提出："轻伤不下火线，重伤不哭叫，爬也要爬到突破口去，死也要死在突破口里。"还当场咬破手指，用鲜血写了一份保证书："不辜负党的培养教育，为完成任务，牺牲我的一切。"他还从一个布包里拿出两

★ 梁士英塑像

块银元，交给排长说："我要是牺牲了，这钱作为我的最后一次党费！"

10月14日，东北野战军集中25万优势兵力、数百门火炮向锦州城发起总攻。梁士英所在的连队承担突破锦州的"尖刀连"任务，他们要在双方炮战之后，率先冲上阵地扫清国民党军布置的重重障碍，为大部队的总攻打开突破口。一个小时的炮火急袭过后，战士们如猛虎一般跃出战壕，从城西北方向杀向国民党军阵地。通过一连串的连续爆破，战士们清除了敌人阵地周围的铁丝网、梅花桩、地雷网等障碍物，很快突破了锦州城外第一道防线。当冲到第二道防线时，铁路桥路基下的地堡突然开火。敌人借助地堡所形成的扇面式火网，一分钟能打出近千发子弹，突击部队被笼罩在火网之下，战士们硬冲了几次都被压了回来，伤亡很大。要想成功冲破防御工事，就必须炸掉地堡。可是，地堡的外壁十分坚硬且光滑，手榴弹炸不毁，唯一的方法就是用爆破筒，而且要近距离地从机枪口推进去。但是，这样做不仅接近难度大，而且长长的爆破筒极有可能还没完全推进地堡，就被敌人推出来。爆破筒如果不在内部爆炸，就无法完全摧毁地堡。排长连续组织了几次爆破都没有成功。此时，大部队的冲锋号已经吹响，主力部队已像潮水般冲了过来，每拖延一分钟，都意味着后续部队更多的牺牲，不炸毁地堡，将影响整个战斗进程。

在万分危急的时刻，梁士英主动请战："排长，我是共产党员，把炸掉敌人堡垒的任务交给我！"说完，便甩掉棉衣，别上两颗手榴弹，抓起一根2米多长的爆破筒，边匍匐边仔细观察，然后便冲入枪林弹雨中。敌人的火力很猛，梁士英一边向前冲，一边眼观六路，寻找合适的路线。突然，一阵机枪扫射，梁士英马上卧倒隐蔽。趁着敌人短暂的火力间隙，他又一个翻滚，滚出路基。接着，他躲避着雨点般的子弹，在敌人的枪口下匍匐前进，距离地堡越来越近。地堡里的敌人很快发现了他，一挺机枪马上掉转枪口，梁士英发觉不妙，顺势又一个翻滚躲到了地堡前一处土坎后面，此时距敌堡仅仅10米。但是敌人已经把他牢牢看住，不可能再给他机会继续前进。梁士英尝试了几次，想从土坎冲向地堡，但是敌人的火力压制得他连头都露不出来。危急关头，机智的梁士英想出了一个办法，他将两颗手榴弹朝着地堡的方向丢出，“轰”“轰”两声，手榴弹在地堡前面爆炸，趁着烟幕，梁士英已经提着爆破筒从爆炸扬起的烟尘中冲到了地堡旁的火力盲区，躲到了地堡眼皮子底下。到了地堡近前，梁士英立刻拉响爆破筒，顺着机枪口，将爆破筒扔进地堡。正当梁士英转身想隐蔽时，吱吱冒着白烟的爆破筒又被地堡里的守敌推了出来。情急之下，梁士英顾不得许多，捡起马上就要爆炸的爆破筒再次塞进了机枪口，可爆破筒马上又被敌人推出来半截。情况紧急，为了不让敌人再将爆破筒推出来，梁士英坚定地用自己的身体堵在了机枪口前面。不远处看到这一幕的排长大喊着:“梁士英，快回来！”但是梁士英回答:“不能回去……”他的声音还没落下，就传来了山崩地裂般的一声巨响，坚不可破的地堡被炸得粉碎。从拉燃导火索，到爆破筒爆炸，只有大概 7 秒钟的时间。没有迟疑，没有退缩，有的只是视死如归的决心和人民必胜的信念。梁士英将他 26 岁的花样年华永远定格在这 7 秒的瞬间里。

部队进攻的通道打开了，战友们高呼“为梁士英报仇”，争先恐后地冲进市区。经过 31 小时激战，全歼 10 万守敌，俘虏国民党军 8 万人，解放了锦州城，缴获大量的武器和军用物资。

怀念

1948 年 10 月 16 日早晨，就在锦州解放的第二天，部队在广场上召开追悼会。全体指战员眼含热泪沉痛悼念在这场战役中英勇牺牲的战士。会上，团政委宣读了师党委追记梁士英烈士为“特等功臣”的褒奖令，并建议政府将锦州西北门改名为“士英门”，以作纪念。1948 年 11 月，梁士英的家乡——吉林省扶余县三岔河区，为梁士英烈士举行了隆重的追悼会。1949 年 9 月 14 日，锦州市人民代表会议决定把梁士英所在部队进攻的道路命名为“士英路”，以示纪念。1948 年 12 月 10 日，《东北日报》用显著的版面，刊登了在攻占锦州的战斗中，东北人民解放军第一纵队第五师特等功臣梁士英“以伟大的自我牺牲精神，炸毁了挡住部

★ 梁士英烈士墓

★ 梁士英舍身炸地堡遗址

队前进道路上的敌地堡，使部队得以迅速插向纵深，完成歼敌任务”的报道，向全国人民宣传了梁士英烈士的英勇事迹。1950年，锦州人民在辽沈战役革命烈士纪念塔的西北角，修了一座高大肃穆的梁士英烈士纪念塔，塔的正面铭镌着烈士悲壮的英雄事迹。1986年8月20日，为修建辽沈战役纪念馆，经报辽宁省人民政府批准，将梁士英烈士墓从纪念塔的西北侧移到纪念塔东侧。锦州市委、市人大、市政府、市纪委等单位领导，驻锦部队有关领导，锦州市直机关干部及各界代表出席了迁墓仪式。每逢清明及梁士英烈士殉难日——10月14日，人们都怀着崇敬的心情，从四面八方聚集到这里，悼念这位用自己生命换来锦州解放的伟大战士。1995年，由时任中央军委副主席、国务委员兼国防部部长迟浩田题写片名，中央电视台影视部，松原市委、市政府，扶余区委、区政府，中国人民解放军八一〇四三部队，八一电影制片厂电视部联合摄制了电视剧《梁士英》。此外，在北京中国人民革命军事博物馆中，在锦州辽沈战役纪念馆中，在吉林省革命博物馆党史文物资料中，在哈尔滨东北烈士纪念馆中，都记载和展示着梁士英的英雄事迹。

1964年7月21日，梁士英的战友靳文清、王佩贤重回故地锦州。当年曾经硝烟弥漫、鲜血横流的战场，早已不见战争的痕迹，但老人们却清楚地记得战友梁士英炸地堡牺牲的地点。在那里，挖出了7枚爆破筒残片，其中5枚收藏在辽沈战役纪念馆中，另外2枚被中国人民革命军事博物馆收藏。共产党员、革命烈士梁士英没有照片、没有遗体，爆破筒的残片成为他留下的最后的战斗痕迹。梁士英用短暂的26个春秋，为中国人民的解放事业增添了光辉，他的英雄事迹将永远成为人们心中不朽的丰碑。

指引战斗的方向　踏上光辉的征程

——赵兴元使用过的罗盘仪

在硝烟弥漫的战场上，由于环境多变、条件复杂，往往会让人迷失方向；在伸手不见五指的黑夜里，在没有什么参照物的情况下，常常会让人无法清楚地分辨方向。这时，一只小小的罗盘仪便能起到无法估量的重要作用。在辽沈战役纪念馆里，陈列着辽沈战役锦州攻坚战中指挥配水池战斗并取得胜利的东北野战军第三纵队第七十师第二十团第一营营长赵兴元使用过的罗盘仪。这枚小小的罗盘仪见证了赵兴元将军一生9次负伤、7次带伤指挥战斗，立特等功2次、大功6次，被授予“模范班长”“模范指导员”“全面功臣”“文武双全的全面英雄”“一面永不褪色的光辉战旗”等称号的光荣经历。这枚罗盘仪承载的一组组数字和一串串荣誉，也将赵兴元将军的英雄形象清晰地展现在人们面前。

一战“成名”配水池

赵兴元，1925年1月生于山东省历城县（今山东省济南市历城区）。在半个多世纪的军旅生涯中，他骁勇机智、身经百战，其中，辽沈战役锦州攻坚战的配水池战斗可谓是他的“成名”之战。

1948 年 10 月 9 日，东北野战军各攻城部队经过充分准备，打响了扫清锦州外围据点的战斗，城北高地配水池作为锦州外围一个非常重要的敌人据点，是一块最难啃的“硬骨头”。

配水池是 1937 年日本侵略者在锦州修建的一个供水站，修筑的时候，用了大量的钢筋水泥，非常坚固。辽沈战役打响之前，国民党军又用了半年左右的时间，将这个地方进一步加固、翻修，新建了 4 座红房子、14 个碉堡暗堡、10 余个明暗火力点，工事十分坚固。国民党军将这里自诩为“第二凡尔登”。配水池的守敌是国民党第九十三军暂编第二十二师第一团第二连，全是 8 年以上的老兵，经验丰富，战斗力极强。他们嚣张地声称“守配水池的都是铁打的汉”。

面对顽敌，以赵兴元为营长的东北野战军第三纵队第七师第二十团第一营抢先接下了攻打配水池的艰巨任务。那一年，赵兴元才 23 岁，却是一个已经入伍 9 年的老兵了。

1948 年 10 月 12 日拂晓，赵兴元看了看手中的罗盘仪，确认了一下方位，指示第一营的战士们向配水池发起了进攻。第三连的战士接到命令，率先冲进壕沟，不料，国民党军引爆了事先在沟内埋好的大量炸弹，剧烈的爆炸后，第三连只有指导员一人生还。面对第三连的惨痛牺牲，第二连的战士们毫不退缩，他们迅速冲锋，占领了东北角的 4 座红房子，为后续部队打开了一个缺口。丢失红房子的国民党军疯狂地进行反扑，企图夺回失守的阵地。敌我双方在红房子展开了激烈的争夺战，一直持续了 7 个小时。最终，我军连续打退了国民党军 27 次冲锋，坚守住了阵地。

下午 3 时许，国民党军增调了 1 个营的兵力，在 5 辆装甲车、2 架飞机的掩护下，从城内沿侧路向配水池开来，企图作最后争夺。我军第一营的战士一个个倒下去，到最后，能坚持战斗的仅剩下 20 多人。可随着赵兴元的一句“只要还有一口气就一定要拿下配水池”的命令，所有的伤员都爬了起来，他们有的继续向敌人射击，有的握着手中仅有的手榴弹只身冲入敌群……下午 5 时 30 分，我军增援的第二十团第三营在西南侧投入了战斗，配合第一营迅速对配水池形成围攻。傍晚 6 时，战

★ 赵兴元使用过的罗盘仪

★ 佩戴多个荣誉勋章的赵兴元

士们攻下核心工事，胜利攻占了配水池据点。此次战斗，毙敌 200 余人，俘敌 150 余人，缴获大炮 4 门、机枪 10 挺。当然，第一营为此也付出了惨烈的代价，全营 800 人打到最后只剩下了 5 名战士和 1 名随军记者。战后，赵兴元说："他们是铁打的汉，而我们则是打铁的汉！"

配水池战斗的胜利，为东北野战军攻打锦州打开了城北的门户，为锦州攻坚战的胜利创造了有利条件。战后，我军第一营第二连荣获"攻克凡尔登战场建奇功"锦旗一面，第七连荣获"锦州连"光荣称号，第七连第一排荣获"打铁汉排"光荣称号，第一营荣立集体大功一次，营长赵兴元被授予"文武双全的全面英雄"光荣称号，后被选为"全国战斗英雄"。然而，面对诸多的荣誉，当赵兴元将军晚年回忆起战争岁月时，配水池一战却是令他最难以忘记，也是他最不愿回顾的一战。他深知，这些军功章都是战友们用献血和生命换来的，必须倍加珍视。

★ 配水池战斗遗址

★ 配水池战斗遗址专题展览

奇兵鏖战海南岛

作为营长，在一次战斗中几乎失去了所有的士兵，心理上受到的创伤是难以用语言表达的。但赵兴元没有被打倒，带着对逝去战友的怀念和对新中国的热爱，伤愈后的他又随第四野战军南征，参与了解放海南岛的战役。

海南岛位于南海，面积3.3万平方公里，是我国的第二大岛。1950年，当全国大部分地区都已解放时，国民党负责海南防卫的总司令薛岳携5个军、50余艘战舰、40多架作战飞机、10万余国民党军把守海南岛，伺机全力反扑，妄图实现他们转败为胜的黄粱美梦。为了解放海南岛，中国人民解放军第十五兵团司令员邓华、政治委员赖传珠、副司令员韩先楚率第四十军、第四十三军等将士组成渡海登陆兵团，发起了海南岛战役。

海南岛战役，是人民解放军以木船为主要航渡工具，突破敌人海空封锁的一次成功的岛屿作战。自1950年3月5日第一批加强营航渡开始，至31日，中国人民解放军先后两次航渡成功，为我军主力部队渡海作战创造了有利条件。4月16日晚，中国人民解放军主力部队发起大规模的渡海登陆作战。翌日凌晨，在琼崖纵队、海南岛人民和我先遣部队的接应下，主力部队成功登上海南岛。国民党军垂死挣扎，迅速纠集四五万人的队伍，包围了我第四十三军登陆部队。危急时刻，赵兴元所在的第四十军第一一八师接到命令，沿海澄公路（海口—澄迈）向白莲市以南挺进，解救被围困的兄弟部队。

接到任务后，赵兴元率领第一营指战员连续急行军100多华里，在天亮之前终于赶到白莲地区。当赵兴元爬到一个地势较高的地方观察敌情时，眼前的情景让他大吃一惊——蚁群般的敌人从四面八方出动，把我军一支部队团团围住，形势万分危急！赵兴元手心握出了汗，但他依然沉稳地观察着周围的一切，大脑同时在飞快地运转。借着晨晖的光亮，赵兴元隐约看到一处地形险峻的山顶上，横七竖八地架着好多根天线，心头不由得掠过一阵激动和惊喜。凭着多年指挥作战的经验判断，那里应该是敌人的指挥中心。“擒贼先擒王”，如果能集中兵力先摧毁敌人的指挥中心，无疑会将敌人置于群龙无首的境地，再强大的敌人也会不堪一击。想到这里，赵兴元当即命令第二连第一排从正面攻上去，吸引敌人的主要兵力，掩护主力从侧翼突破。第一排将士不负重托，与敌人展开了生死搏斗，吸引了敌人大量火力。与此同时，西南山头上的国民党指挥中心四周突然响起了漫山遍野的厮杀声、喊叫声和冲锋号角声。原来，赵兴元提前安插的精锐部队在周边制造了“四面楚歌”的假象。

面对突如其来的“神兵”，国民党指挥中心误以为是我军主力部队攻入，纷纷抱头鼠窜。原本指挥4个半师的指挥中心瞬间瓦解，敌人丢盔卸甲，开始向海口方向仓皇逃命。到了嘴边的肥肉岂能轻易让它溜掉？赵兴元迅速命令全营：堵截海口方向的公路，要像闸门一样把敌人卡住。此时，从敌人手里缴来的重机枪正好派上了用场。赵兴元调来2个机枪手，把守在公路两侧，向只顾逃命、无心恋战的国民党军猛烈扫射，敌人应声而倒……最终，赵兴元带领战士们取得海南岛战役中白莲地区战斗以少胜多的伟大胜利。

战后，师长兴奋地捶着赵兴元的胸脯：“好样的，小伙子，你们打得太漂亮了。我给你们全营记一大功！”被缚的国民党军官们摇着脑袋从赵兴元身边走过时还不断念叨：“怎么可能呢，区区一小营兵力就能端了我们统领4个半师的指挥重地，莫非他们长了三头六臂——简直是天方夜谭……”这次战斗是我军在解放战争中创造的一个奇迹。战后，赵兴元所率的第一营在这次战役中荣立集体一等功，赵兴元本人立大功一次。

抗美援朝再出征

1950年9月，全国战斗英雄代表会议在北京召开，赵兴元被授予“文武双全的全面英雄”和“一面永不褪色的光辉战旗”两个荣誉称号，并受到毛泽东主席的亲切接见。

★ 1950 年全国战斗英雄代表大会前，第四野战军英模代表队队长赵兴元（右）与指导员刘梅村合影

★ 1950 年出席全国战斗英雄代表会议的赵兴元

朝鲜战争爆发后，9 次负伤的赵兴元本没有被安排赴朝作战，但他曾战斗过的第四十军第一一八师却成为中国人民志愿军首批入朝作战的部队之一。看到昔日的战友雄赳赳气昂昂地跨过鸭绿江，奔赴新战场，赵兴元的内心久久无法平静。错过了这场战争，或许会成为他一生的遗憾。思考再三，他向组织请战，表示希望能够成为一名志愿军战士，抗美援朝、保家卫国，最终他被批准奔赴前线。

赵兴元的新婚妻子名叫陈灼，是名医生，她被丈夫坚定的态度所感染，也强烈要求奔赴朝鲜前线，在战场上救死扶伤。1952 年春节前一个漆黑的夜晚，赵兴元和妻子陈灼坐着向前线运送补给的卡车渡过了鸭绿江。到前线后，赵兴元被任命为第一一八师第三五二团团长，直接率领第三五二团进入前沿阵地。陈灼被分配到第一一八师卫生所。新婚夫妻在抗美援朝战场上并肩作战、共同进步。

赵兴元入朝时，第一一八师已经完成了第五次战役第一阶段的战斗任务，转入阵地防御阶段。防御阵地左起梧荫岭，中经大德山，右止后川洞。赵兴元率第三五二团进入的大德山阵地是全师最重要的前沿防御主阵地，而面对的敌人就是号称从未打过败仗的美军陆战第一师。接防之初，敌人十分骄横，根本没有把赵兴元这个团放在眼里。虽然双方阵地相距的最近点只有几十米，但敌人却敢在地面上随意活动，有时甚至三五成群地在阵地上聊天或闲逛。在双方紧张对峙的情况下竟然还用推土机在阵地上建起一个篮球场，经常大呼小叫地打篮球。敌军的坦克也大摇大摆地开到我方阵地前沿挑衅，我方打一枪，敌人立刻还一炮，战士们看在眼里，气在心头。赵兴元暗想：“决不能让敌人在自己的眼皮底下如此嚣张！”他用两天的时间走遍了阵地的每一条坑道和战壕的每一处角落，认真观察对面阵地的情况，一边巡视一边琢磨杀敌制胜的办法。最后，赵兴元制定出了积极防御的战略方针，即广泛开展群众性的“冷枪冷炮”杀敌立功运动，积小胜为大胜，歼灭敌人的有生力量。赵兴元在全团挑选了一批思想好、作风硬、技术精的神枪手，把他们隐蔽地分配在靠敌人最近的工事里。在前沿的不同位置还安置了一些观察员，一

★ 赵兴元

旦对面阵地上出现目标，我们的神枪手就立刻瞄准将其打倒。神枪手的威力震慑了敌人，他们白天不敢再出来活动了。随即，赵兴元也改变了策略，他让战士带上干粮、水壶，借夜色埋伏在敌人火力死角处，抓住一切机会杀伤敌人。同时，赵兴元还把第一营和第二营的所有炮火部署在阵地侧面，抽出几门迫击炮采取简易射击法专门对付敌人的小集团、侦察小队和运输部队，每天至少消灭十几个敌人。后来，小口径的高射炮也被赵兴元放到敌机经常出没的地方打游击。起初，敌机飞得很高，赵兴元命令不要打草惊蛇，过了几天，1 架放松警惕的敌机降低了飞行高度，逐渐进入我军炮火射程之内。只听赵兴元一声令下，炮声过后，敌机拉着长烟一头栽到树丛中爆炸了……不久，观察哨又向赵兴元报告，说有 1 架敌机正朝我方阵地飞来。赵兴元立刻命令高射炮做好准备，一定要把它打下来！飞机飞到阵地上空高高地盘旋了几圈，向阵地后方飞去。凭经验，赵兴元判断它一定会原路返回，命令炮手严阵以待。果然，敌机折返时，被我军一阵炮火打了下来，飞行员只好跳伞逃命。赵兴元立即派出 1 个连，活捉了敌军飞行员。为了救回这名飞行员，敌方派出 8 架轰炸机狂轰滥炸我军阵地。各阵地上的高射炮、机枪、步枪同时朝敌机开火，很快，又有 2 架飞机被打中，栽进树丛，其余 6 架飞机见势不妙，匆忙逃走。此役，赵兴元指挥部队打落了 3 架敌机，俘虏了 1 名美国飞行员。“冷枪冷炮”的杀敌立功运动打得敌军终日惶恐不安，敌人躲在地堡里白天晚上都不敢露头，更别说出来打篮球和散步聊天了。以前耀武扬威的坦克也躲进工事里只露出一截炮筒，后来干脆都躲到山后去了，敌机也再不敢猖狂乱飞了。

在赵兴元的正确指挥下，第三五二团在大德山前线不断改进、加强和完善了防御阵地，形成了三层立体式的坑道防御体系。赵兴元以坚固的坑道工事为依托，不断主动出击，挤占前沿阵地。敌人不甘心坐以待毙，也凭借着他们的坑道工事向前挤占，因此，双方小股部队战斗频繁、寸土必争，形成了强攻硬守的激烈战斗场面。

在朝鲜战场上，赵兴元策划和指挥的最漂亮的一仗是“小 5 号”阵地反击战。第三五二团的阵地前面有一块军事缓冲区，宽约 600 米，因为靠近我军 5 号阵地，大家便叫它“小 5 号”阵地。美军野蛮地占领了这个缓冲区，并在山上构筑了掩体工事，架设了环形铁丝网，埋设了大量地雷。赵兴元和全团战士都愤愤不平。8 月初的一天，赵兴元从第一营到第二营途经缓冲区，突然，对面飞来一颗炸弹，落在赵兴元脚下不远处爆炸了，赵兴元的腿部多处被炸伤，满腿是血。赵兴元十分气愤，他想：如果不把缓冲区内的敌人消灭掉，必然会对我方阵地构成威胁，后患无穷，必须要把这个缓冲区掌握在我们手中。于是，赵兴元立即找到团政委，很快研究出一套作战方案。首先，赵兴元派侦察股长付玉栋等 4 名同志抵近侦察。接着，集中 12 门迫击炮，突然向敌人发起炮击，敌军大乱，目标暴露无遗。入夜后，我军炮弹突然暴雨般倾泻在敌人阵地上，战士们随后发起冲击，敌人凭借坚固工事拼死顽抗。经过 40 分钟激战，我军最终攻占了“小 5 号”阵地。赵兴元命令战士们迅速进入阵地和坑道，防范敌人反扑。果然，攻占阵地不到 1 小时，敌人开始炮火反击，天刚亮，4 架敌军轰炸机也开始轰炸……战前，赵兴元曾要求战士运用“快打、快歼、快藏”战术。占领“小 5 号”阵地后，战士们立即按照预先部署，下到坑道里。这条坑道还是第三五二团在双方对峙期间赵兴元派人偷偷在夜间挖成的，虽然狭小，但却很管用。12 个小时内，敌军向“小 5 号”阵地发射了 2 万余发炮弹，投掷炸弹近万枚，还投下了大量烟幕弹，阵地上 8 公里长的阔叶林带顷刻间变成了黑色，焦土地面上掀起 1 米多高的厚土。由于我军运用了“快藏”战术，迅速进入坑道，所以战士们伤亡并不大。狂轰滥炸之后，敌人开始了步兵冲击，下到坑道里的战士此时才如神兵出现，与敌人展开激战。经过 4 昼夜的浴血奋战，第三五二团击退了美军 12 次反扑，缴获了大量武器、装备，牢牢控制了“小 5 号”阵地，我军阵地因此向前推进了 300 余米。

1953 年 7 月，《朝鲜停战协定》签订，抗美援朝胜利结束。不久，赵兴元随部队回到国内。

1963 年 9 月，赵兴元将他在锦州战斗中用过的那枚罗盘仪捐赠给辽沈战役纪念馆。1988 年，赵兴元被授予中国人民解放军陆军中将军衔。从农村娃到共和国将军，这枚小小的罗盘仪指引着赵兴元从沂蒙山区走到辽河岸边，从天涯海角奔赴鸭绿江畔，用青春和热血谱写了人生一曲曲金戈铁马的辉煌乐章。如今，这枚罗盘仪静静地陈列在辽沈战役纪念馆中，向来参观的人们讲述着英雄的光辉事迹和伟大精神……

血染黑山变红土　英雄连队万古青

——东北野战军第十纵队授予第八十二团第一连“战斗模范连”的奖旗

在辽沈战役纪念馆的展厅里，有一面略有缺损、有些褪色的奖旗格外引人注目。这面奖旗为吊旗，整体呈长方形，上、左、右三边为直线，底边为倒V字形折线，且带有黄色的穗绦，旗面主体为红色，上印有“奖给八二团一连战斗模范连　1948.10　十纵队司令部、政治部”的黄字。这面奖旗是1948年10月东北野战军第十纵队颁给第二十八师第八十二团第一营第一连，以表彰其在辽沈战役黑山阻击战中两次承担对占领“101高地”的国民党军实施反冲击任务，并最终夺回阵地的英雄事迹和卓越战功的。如今，这面奖旗虽已破旧泛黄，但当年我人民军队在黑山地区阻击消灭国民党军、为辽沈战役乃至全国解放战争的胜利做出突出贡献的往事仍历历在目，不断激励无数中华儿女在新的历史征程中拼搏奋进、砥砺前行……

临危受命

1948年9月，辽沈战役打响后，蒋介石为解锦州之围，飞抵沈阳，命令以沈阳之国民党军11个师及3个骑兵团组成“西进兵团”，由第九兵团司令长官廖耀湘指挥，从新民进至彰武、新立屯一带，妄图先切断我军锦州前线的补给线，继而与锦西援锦的“东进兵团”合围我军攻锦部队于锦州地区。不料，我人民军队以强大攻势和神速动作，仅用 31 个小时就全歼锦州守敌，于 9 月 15 日解放锦州，9 月 19 日和平解放长春，令敌军计划完全破产。蒋介石不甘失败，第二次飞到沈阳，确定了“东进兵团”与“西进兵团”继续向锦州夹击、重夺锦州的战略部署，并令第五十二军主力夺取营口，以备危难之时东北国民党军可经海上撤离。不久，廖耀湘即率“西进兵团”迅速向黑山、大虎山一线进发。

黑山及大虎山以西至绕阳河一带是沈阳通往锦州的交通要道，更是“西进兵团”撤往营口的重要通道。其西北面是近千米高的医巫闾山山脉，东南是沿海沼泽地，中间为一条 20 公里至 25 公里宽的丘陵地带。为了保证东北野战军在攻占锦州后迅速东进，围歼国民党军“西进兵团”，东北野战军总部电令第十纵队司令员梁兴初率领纵队主力，与第一纵队第三师及内蒙古骑兵第一师立即向黑山、大虎山地区挺进，完成阻击“西进兵团”任务。

当时，敌我双方兵力与装备差距悬殊。我军仅有第十纵队 1 个纵队，外加临时配属的第一纵队第三师和内蒙古骑兵师，总人数仅有 2 万余人。且第十纵队是 1947 年 8 月 18 日才正式组建的，装备较差，纵队炮兵团虽有 3 个山炮营，但弹药不充足，其他装备就只有轻武器和手榴弹了。而国民党“西进兵团”以廖耀湘率领的第九兵团为主体，第九兵团下辖的新一军、新六军是国民党军主力中的主力。特别是新编第三十师、第二十二师，曾在兰姆伽军事基地接受过美式训练，配备全美式装备，是能正面击溃数倍于己日军王牌的部队。新三军由驻印军扩编，其中，青年第二〇七师号称国民党党卫军，一个旅实际上有一个师的编制。第七十一军、第四十九军虽然相对弱一些，但也不容小觑。整体而言，我军面对的敌军共有 5 个军 12 个师，10 余万人，敌我力量对比是 5：1。

1948 年 10 月下旬，我军深入分析了战场形势后，在北起水泉、大小白台子，南至大虎山五台子，全长约 25 公里的弧形防线上严密部署：

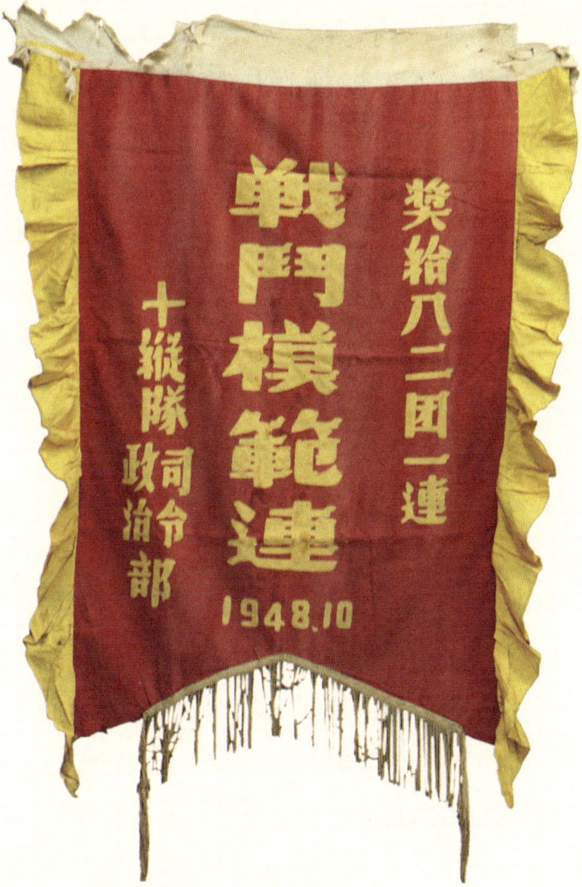

★ 第十纵队司令部、政治部授予第八十二团第一连的“战斗模范连”奖旗

第十纵队第二十九师在八道壕以南“186高地”、小白台子、拉拉屯一线进行防御；第十纵队第三十师在大虎山、五台子、青苔泡子一线抗击东北及东南来犯之敌；内蒙古骑兵第一师为纵队预备队，置于胡家窝棚地区；最为艰苦的任务交给了第十纵队第二十八师，由他们重点防守黑山县城以东、以北诸高地。

战前，第十纵队司令员梁兴初带领作战科长和第二十八师师长贺庆积等一起到阵地视察，发现第二十八师守卫的黑山防区是一个长达3000米的丘陵地带，西侧是大白台子，东侧是高家屯，整个防守地区突出部位是形势险要的“101高地”。因为“101高地”控制着黑山县城和黑山与大虎山之间约9公里的开阔地，是一个重要的制高点。很明显，是否能守住“101高地”是打好黑山阻击战的关键。贺庆积考虑再三，令第八十四团第二营担负守卫“101高地”任务，令第八十二团第一营作预备队，机动处理突发事件，负责啃“硬骨头”。

纠缠苦斗

1948年10月22日，第十纵队各师进入指定阵地，在当地百姓的帮助下构筑工事。黑山地区的山都是石头山，没有树也没有草，特别是“101高地”，山上全部是岩石，根本没法挖掩体，战士们费尽九牛二虎之力，仍是一镐一个白点。部队在向当地百姓了解了土质情况后，经反复商议，决定用大量土袋、铁轨，首先修成地面火力点，然后再尽可能多地挖凿散兵坑，加强阵地副防御。时间紧迫，说干就干，“101高地”很快就沸腾了。除了部队的战士，当地的百姓扛着自家门板、木料和麻袋全家出动来帮助第十纵队修工事。很快，在当地百姓的帮助下，我军硬是在“101高地”这座石头山上垒出了一座泥土山。

1948年10月23日，在胡家窝棚一带，国民党新六军第二〇七师第三旅的2个营，率先向我内蒙古骑兵第一师防御阵地发起了疯狂的进攻。同时，国民党第七十一军第九十一师第二七二团的2个营向我黑山县城北部的尖山子防御阵地发起攻击，由此拉开了黑山阻击战的序幕。

负责守卫尖山子阵地的是第二十八师第八十二团第七连。第十纵队首长对第二十八师下达命令：对进犯尖山子之敌，定要狠狠纠缠，能死守一天即算完成任务。上午 9 时，随着一阵激烈的炮响，尖山子阵地顿时隐没在滚滚烟尘之中。继而，敌人以 2 个整营的兵力向我军阵地发起了 5 次冲锋，第七连官兵死守硬拼，与敌缠斗，在子弹、手榴弹全部打光之后，用石头、枪托打击敌人，牢牢守住了阵地。他们的顽强固守，迷惑并牵制了敌人，为整个纵队争取了一整天的准备时间，为黑山阻击战立下了旗开得胜的第一功。

10 月 24 日晨 6 时，敌 4 架野马式战斗机飞到黑山县城上空，野蛮地狂轰滥炸，县城顿时被撕裂开了。紧接着，架设在张家窝棚方向的敌重炮群向我军高家屯一线阵地猛轰，随即，廖耀湘以 5 个师的兵力，向我军从北到南 25 公里的马蹄形阵地水泉、大小白台子、高家屯、大虎山、四台子等进行全线攻击，妄图以兵力和火力的优势，一举突破我军的阻击，占领黑山、大虎山一线咽喉要道。

主攻的敌人分三路向我军阵地发起进攻，主攻的方向是黑山县城东北的“101 高地”。为了拿下“101 高地”，廖耀湘派出了党化部队青年军第二〇七师第三旅。上午，国民党军向我“101 高地”连续发起 3 次进攻，均被我第二十八师第八十四团第二营击退。下午 3 时 30 分左右，国民党军向我“101 高地”发起了第 4 次进攻。在疯狂的炮火掩护下，2 个营的敌人向山头攻进。此前，“101 高地”在敌人飞机和大炮的猛轰滥炸之下早已弹坑累累、碎石成堆，防御工事损毁大半，几乎所有的土木火力点都坍塌不能使用了。我军坚守阵地的第四连、第六连余部在无任何依托的山头上，利用弹坑滚进跃出，与敌人周旋缠斗。后来，子弹和手榴弹都打光了，仅剩的 5 名战士便与敌人展开了勇猛的肉搏战，终因寡不敌众，全部壮烈牺牲。下午 4 时左右，“101 高地”失守。

两夺高地

“101 高地”的失守，意味着敌人将很快直逼黑山城下，并将趁机突破我整个黑山防线，我军所有的努力将付诸东流。在这千钧一发的危急时刻，师长贺庆积果断命令所有山炮向“101 高地”发起狂风暴雨般的轰击，并令执行机动任务的第八十二团第一营与 2 个兄弟营迅速向“101 高地”发起反击，主攻的任务则交给了第八十二团第一营第一连。

第八十二团第一营第一连是一支战功卓著的英雄连队，被称为“红一连”，其历史可以追溯到第一次国内革命战争时期。这支连队曾跟随毛泽东参加了湘赣根据地的创立和井冈山的斗争，后被编入红二方面军参加了长征。抗日战争时期，曾开赴华北前线对日作战，后奉命返回陕北参加南泥湾大生产运动，是著名的第三五九旅一部。抗战胜利后，在东北参加了北满剿匪、四平保卫战、三下江南等许多战役战斗。黑山阻击战打响后，“红一连”担任预备队，任务是随时组织反击突入阵地之敌。

下午 5 时 20 分左右，反击开始了。第十纵队炮营和第二十八师山炮营集中火力向“101 高地”猛烈轰击，一发发炮弹准确地打在“101 高地”上，敌人刚刚占领高地，还没来得及部署，就被我军的炮火打得晕头转向、号啕声四起。随即，第八十二团第一营第一连分三路向“101 高地”发起冲锋，副连长倪恩善身先士卒、一跃而起，带领战士们冲到前沿，勇

★ “101 高地”纪念碑

★ 战斗英雄倪恩善

猛地消灭敌人。突然，一颗子弹打中了他的左臂，他整个身体猛然向左倾倒，通信员立即跑上去扶住他，他推开通信员的搀扶，奋力喊道："同志们，夺回阵地，坚决完成任务！"随即带伤继续冲锋。在他的带领下，仅用了 20 多分钟，我军就冲上了"101 高地"，高地上的国民党军还没站稳脚跟，就被打了下去，我军收复了"101 高地"。到晚 7 时左右，黑山城东一线高地全部被我军夺回。

夜幕降临后，国民党军的大举进攻停了下来，但东北野战军第十纵队司令部的工作并没有停止，第十纵队的指挥员们正在讨论分析敌情，研究第二天的作战方案；前线的战士也没有停下，他们继续修复被毁工事、构筑新的防御工事，为第二天的战斗做着准备。晚 8 时，倪恩善在包扎所听到消息：第一连的连长、指导员都身负重伤被送到后方医院，前线的战士们伤亡也较大。倪恩善不顾医生劝阻，迅速赶到前沿阵地。他的出现，极大地鼓舞了士气，战士们高呼："副连长回来了，我们更要死守阵地！"当枪炮声逐渐沉寂，敌人已彻底停止进攻后，第八十二师第一营第一连将"101 高地"交给了兄弟部队坚守，倪恩善率部休整，补充给养。清点人数时才发现，150 人的连队只剩下 60 多人，干部也只剩下副连长倪恩善和第二排排长石忠富。

10月25日，一阵天崩地裂的炮声撕破了黎明的帷幕，敌人又开始进攻了。昨天遭到惨重打击的敌人，今天显然恼羞成怒了。天刚亮，敌人即调集重炮，向我高家屯阵地扩展轰击幅度，我“101高地”、“92高地”、石头山及高家屯最南端的下湾子阵地都淹没在一片炮火硝烟之中。紧接着，廖耀湘集中了5个师的兵力，发动了新一轮的进攻，进攻的焦点仍在“101高地”。为了加强力量，廖耀湘派国民党新六军第一六九师代替了24日伤亡惨重的青年军第二〇七师第三旅。我军则派第十纵队第二十八师第八十二团第二营负责坚守高家屯一线阵地特别是“101高地”，第八十二团第一营和减员严重的第八十四团作为随时反攻的预备队。

上午8时，炮声刚停，10架敌机立即对我高家屯一线阵地轮番低空轰炸。接着，步兵向我“101高地”“92高地”等发起疯狂进攻。廖耀湘急切想拿下黑山，令第一六九师在一个小时之内向高家屯阵地发起三次猛烈冲锋。我军以“人在阵地在”的坚强作风和英雄气概，一次次地打退了敌人的冲锋，坚守住了阵地。敌人狗急跳墙，用1个连的兵力冲锋在前，与我军混战甚至肉搏于石头山高地。接着，敌人以那个连的士兵为牺牲品，残忍地向我石头山高地发起炮击，我阵地守军与敌人同归于尽。紧接着，敌人再派一队人马冲上石头山，占领了阵地。就这样，敌人不计代价地向我军阵地猛攻，又攻占了“92高地”，直逼“101高地”。我“101高地”守军则以弹坑为工事，以敌人尸体为遮挡，每次都把敌人放得很近，然后突然以密集火力杀伤敌人。就这样，敌我双方反复争夺了20余次，相持至下午2时，我军“101高地”前敌尸堆积如山，但敌人仍未能前进一步。无奈之下，敌人又搬出了“老法宝”——重赏之下组织起了“敢死队”“效忠党国先锋队”，他们疯了一样向“101高地”发起连续冲击。第八十二团第二营的官兵经过近一天的战斗，伤亡极大，子弹也快打光了，战士们同国民党军展开了肉搏战、白刃战，有的拉响手榴弹同国民党军同归于尽……下午4时左右，阵地上防守的我军战士全部牺牲，“101高地”再次被敌人占领。

东北野战军第十纵队司令员梁兴初立即命令：黄昏之前必须向敌人

反击，夺回阵地！第二十八师师长贺庆积再次把反击“101 高地”的主攻任务交给了第八十二团第一营第一连。副连长倪恩善紧急作了战前动员，全连战士们埋下了奖章、钢笔，撕毁了文件，做好了决死的准备。下午 6 时，反击开始。我军所有山炮、迫击炮和步兵炮火，都朝着“101 高地”猛打，由于敌我反复争夺，炮火不断轰炸，原本 101 米高的小山丘，已经被炸掉了 2 米多，只剩下 99 米。接着，第八十二团第一连开始冲锋，倪恩善把战士们分成了两个突击队，他自己带着第一突击队迂回到敌人左侧，第二排排长石忠富带着第二突击队掩护，在纵队调来的第三十师 1 个营的配合下，第一连的指战员们灵活巧妙地避开了敌人的机枪火力，飞登“101 高地”山腰，随即展开连续爆破，与敌短兵相接、白刃格斗。经过反复冲杀，倪恩善率第一突击队终于冲上了山顶，将红旗插上了“101 高地”，并发出了占领山顶的信号。其他反击部队在第一连的掩护下也冲上了“101 高地”，全歼守敌，夺回了阵地。到当夜 9 时，黑山城东高地全部被我军夺回。此刻，倪恩善率领的第一连只剩下 20 多人，倪恩善的腿部和腹部也都负了伤。望着再度夺回的“101 高地”，倪恩善发自内心地喊道：“我们胜利了！”随后就昏倒在了阵地上……

从 10 月 23 日至 10 月 25 日，我第十纵队在兄弟部队的配合下，顽强阻击五倍于我之国民党军，杀得敌人尸横遍野，令廖耀湘率领的“西进兵团”寸土未进。

光耀千秋

10 月 25 日晚 6 时，廖耀湘见从黑山、大虎山“西进”已不可能，便停止了对黑山的进攻。25 日当晚，“西进兵团”改向营口撤退，其前卫部队在台安以北遭我军独立第二师的拦击，又改向沈阳撤退。26 日，解放军 6 个纵队 30 万人完成了对“西进兵团”的合围，当晚发起攻击，进行分割围歼，激战至 28 日晨，全歼国民党军第九兵团及 6 个军部、18 个师共 20 万余人，俘东北“剿总”中将副总司令兼第九兵团司令廖耀湘等多名高级将领。

黑山阻击战，创造了我军历史上光辉的阻击战例。我军以伤亡4100多人的代价取得了歼敌8000余人、俘敌近6300人的辉煌战绩，完成了阻止廖耀湘兵团“西进”的任务，为东北野战军主力合围该兵团创造了有利条件，对辽沈战役的最后胜利起到了重要作用。

战后，东北野战军第十纵队授予第二十八师第八十二团第一营第一连黑山阻击战“战斗模范连”的光荣称号，并颁发奖旗一面，第一连副连长倪恩善被授予“战斗英雄”荣誉称号。中华人民共和国成立后，倪恩善光荣地出席了1950年在北京举行的全国战斗英雄代表大会。

光阴似箭，岁月如梭，几十年转瞬即过，老“红一连”——第八十二团第一连番号虽然经历几次调整，但这面“战斗模范连”的奖旗一直被团政治处珍藏着。改革开放后，1979年8月，该团政治处将此旗捐赠给了辽沈战役纪念馆。如今，这面奖旗作为国家一级文物，在辽沈战役纪念馆中永久陈列。常有参观者在这面有些褶皱破损、颜色变暗褪色的奖旗前驻足，回味那场气壮山河的经典战斗，缅怀那些永载史册的革命英烈，倾听那段惊险惨烈的动人故事……

★ 在黑山“101高地”附近修建的黑山阻击战纪念馆

★ 1950年，倪恩善（右）和郝忠云合影

★ 全国战斗英雄代表会议代表证

★ 中南军区、第四野战军出席全国战斗英雄代表会议全体代表与朱德总司令合影，中排右六为倪恩善

东北解放战争统战工作伟大胜利的历史见证

——国民党第一八四师海城起义时用的红旗

在辽沈战役纪念馆中，陈列着一件特殊的文物——国民党第一八四师在海城起义时用过的红旗。这面红旗的特殊之处，在于它见证了东北解放战争中我党统战工作伟大胜利的历史。在艰苦卓绝的东北解放战争中，我党领导下的人民军队除了与国民党反动派展开正面的战略决战之外，还通过隐蔽战线的斗争，利用国民党内部的矛盾，积极争取、策动国民党爱国将领率部起义投诚，从根本上瓦解了国民党军的战略部署，动摇了国民党的党心军心，壮大了人民军队的力量，对东北解放战争的胜利起到了极其重要的作用。在我人民军队解放东北的战争中，我党策动的国民党军队较大规模的起义共有五次，分别是潘朔端海城起义、韩梅村凌源起义、王家善营口起义、曾泽生长春起义和许庚扬沈阳起义。

潘朔端海城起义

抗日战争胜利后，国际国内形势都发生了巨大变化，共产党和国民党把焦点集中到东北这块富饶辽阔的土地上。1945 年 10 月至 11 月，以美械装备的国民党 2 个军 7 万余人由美国军舰运送到达秦皇岛，在攻占山海关以后进入辽西。此后，在美国的帮助下，国民党又先后向东北增兵5个军20余万人，占领城市及铁路沿线。我党则派出2万干部和11万人的部队挺进东北，建立巩固的东北根据地。双方形成了对峙局面。

为了打击国民党发动内战的嚣张气焰，打乱敌人的战略部署，我党领导东北民主联军先后实施了山海关保卫战、秀水河子战斗和本溪保卫战，并在苏军撤出后从伪军手中解放了四平。在正面战场打击敌人的同时，我党也积极争取国民党爱国人士起义投诚，全面内战爆发前，最有影响的就是海城地区国民党第一八四师起义。

第一八四师属国民党第六十军，原是滇军中赫赫有名的一支部队，抗日战争期间曾参加台儿庄、鄂北、湘北等多次战役，沉重打击了日本侵略者。抗战胜利后，被蒋介石派往东北，布防在鞍山、海城、大石桥、营口一带的铁路沿线上，师部设在海城。蒋介石对这些非嫡系部队并不“待见”，国民党东北“剿总”派来一批谍报特务进入第一八四师各团部，2名少将参军驻在师部，都带有电台，监视、控制第一八四师，第一八四师师长潘朔端对此极为不满。

1946年5月，东北局势日趋紧张。蒋介石于5月23日飞抵沈阳，亲自督战，向辽南解放区大举进攻。我民主联军先发制人，于5月25日收复鞍山，27日南下海城，28日向海城发起攻势。具有爱国情怀、对“中国人打中国人”深恶痛绝的国民党第一八四师师长潘朔端深感内忧外患，进退两难。正在这时，参谋长马逸飞送来两封电报：一封是杜聿明电令第一八四师“死守待援”，另一封则说“明日将从辽阳派出援军四个团”。潘朔端估算了一下，援军至少也要三天才能到达海城，“死守待援”已不可能，突围又违背“死守”的命令。怎么办？恰在此时，我党抓住有利时机策动潘朔端起义投诚，潘朔端反复思忖后，欣然同意，他对副师长郑祖志说：“这个仗我们不打了。是时候了，起义，找共产党干革命去。”郑祖志出于对老领导曾泽生的感情，提出：“这样怕对不起老长官曾军长吧！”潘朔端说：“我想只要稍有爱国良心的人，都会扪心自问，内战再扩大下去，国家会成什么样子，曾军长对老蒋也是很不满的。过了此山无鸟叫，绝不能坐失良机，我们先干，慢慢也可争取他走这条路。”商议

★ 国民党第一八四师海城起义时使用的红旗

好后，两人又争取了一些副手和部下的支持，大家认真研究制定了起义的行动步骤和措施。接着，由他们联名写信，向我民主联军表达起义的决心，派直属机关连长高如松、运输连长陈正富两人，携信前往民主联军第四纵队前沿指挥部联系。黄昏时，联系成功。潘朔端当即把“剿总”派来的两名少将参军扣了起来，然后又以城防司令部名义，召集驻海城校级以上军官、谍报组特务和交警总队骨干分子共50余人到指挥所开会，把他们也都扣了起来，缴了械，没收了电台，切断了对外一切联系。

5月29日深夜11时，高如松和陈正富陪同我民主联军第四纵队特派代表邓东参谋和一位通信员回来了，邓东代表纵队首长向第一八四师毅然起义表示热烈欢迎和慰问，并带来民主联军提出的三个条件：一、驻海城的第一八四师部队，一律放下武器，撤出城外，到指定地点集中；二、下令驻大石桥、营口的第五五〇团前来海城会合，驻地由民主联军接防；三、国民党安插在第一八四师的特务一律逮捕。潘朔端代表第一八四师官兵完全接受上述条件，当即派马逸飞随邓东去见民主联军第四纵队司令员韩先楚，进一步商定了起义的具体部署：一、起义部队径自集合，开赴东距海城20公里的解放区析木城，民主联军派人负责接应；二、民主联军负责起义部队安全，沿途监视、阻击国民党军的拦截、追击，武装保护起义部队安全撤离敌占区；三、行动时间相机而定，并交代了联络信号等有关事宜。

5月30日凌晨，马逸飞和邓东回到第一八四师驻地。拂晓，各部按照师部命令，准时在海城南门外集合后，打起一面红旗，井然有序地离开了海城，向析木城进发……5月31日，我辽东军区派莫文骅同志到析木城，与潘朔端等人共同商定，用潘朔端、郑祖志、马逸飞、魏瑛4人名义通电全国，宣布起义。中共中央和中央军委对第一八四师海城起义非常重视。朱德总司令从延安发来贺电，并亲自写信给潘朔端。刘伯承、邓小平等10余位各野战军首长也相继发来贺电表示祝贺。

海城起义是解放战争时期东北战场上国民党军首次较大规模的起义，对国民党军影响很大，对整个东北解放战争的胜利也具有极大的历史意义。第一八四师到达析木城后，潘朔端将起义时部队打的那面红旗仔细收好，珍藏起来，1983 年 4 月，由其夫人宋平捐赠给了辽沈战役纪念馆，成为永久的留念。

韩梅村凌源起义

1946 年 6 月，国民党不顾全国人民的强烈反对，以进攻中原解放区为起点，向解放区展开大规模的进攻，全面内战爆发。

1947 年 3 月，国民党东北保安第三支队少将司令韩梅村奉时任国民党东北保安司令长官杜聿明之命，从阜新移师到凌源驻防。韩梅村是黄埔军校第三期毕业生，在国民党军队中先后担任过连长、营长、团长、少将旅长、师参谋长等职，为人正直，极具爱国情怀。在抗日战争中，韩梅村就曾和中共地下党员有过接触，他十分赞赏共产党八路军的方针、政策。所以，党先后派邓洪钧、周太暄到韩梅村的部队，动员韩梅村率部起义。韩梅村在阜新时就下决心弃暗投明，率部起义，参加到革命队伍中来。

此次，韩梅村率部移师凌源，同其一起移师驻防的中共地下党员邓洪钧、周太暄便秘密来到冀察热辽军区热中解放区，找到当时在热中驻扎的冀察热辽军区第十六旅旅长张德发、政委黄志勇。张德发和黄志勇了解情况后，一方面就此事请示冀察热辽军区司令员兼政委程子华，一方面派通信科长戴平随周太暄到凌源，面见韩梅村。4 月中旬，戴平回到热中解放区向中共冀察热辽分局和冀察热辽军区汇报情况后，又重返凌源,与韩梅村详细商议起义的具体时间与方案,并回到热中向组织报告。27 日，戴平从热中地区再回凌源，向韩梅村传达了程子华的指示。

5 月 1 日，在冀察热辽军区第十六旅的接应下，韩梅村在凌源正式率部起义。随后，韩梅村率起义部队同第十六旅旅长张德发、副政委曹德连所率部队一起离开凌源城向赤峰八里罕解放区转移。几天后，冀察热辽军区首长在八里罕召开大会，欢迎韩梅村所部起义官兵，并宣布把这支起义部队改编为热河民主救国军独立第一旅，由韩梅村任旅长。7月15日，经中共冀察热辽中央分局批准，韩梅村被吸收为中国共产党党员。后来，韩梅村担任了解放军冀察热辽军区独立第六师师长，率部参加了解放隆化的战斗，为创建新中国再建功勋。

王家善营口起义

1947年，人民解放军发起强大的冬季攻势，北宁线以北的国民党军大部被歼，沈阳以南的辽阳、鞍山、海城、大石桥相继解放。守在营口的国民党军如困守海上孤岛般无路可走，只能坐以待毙。

此时，驻守营口的国民党军主要有第五十二军暂编第五十八师和交通警察第三总队。第五十二军暂编第五十八师属地方武装改编的杂牌军，而交通警察第三总队则是戴笠所属的特务机构改编而成的部队，号称国民党军嫡系中的嫡系。交通警察第三总队队长与国民党东北行辕任命的营口市市长沆瀣一气，第五十八师师长王家善不愿与之同流合污。因此，国民党交警总队队长和营口市市长就想借共产党之手铲除异己，对第五十八师排挤、打压。

面对这种形势，中共中央东北局社会情报部认为，争取王家善起义极有可能，遂由此展开一系列工作。一方面，我军加紧对营口地区的军事包围，以战逼降；另一方面，从国民党军内部开展工作，对王家善及其所属部队施加政治影响，促使其尽快下定起义决心。

1948年2月25日拂晓，我辽南独立师对营口防区发起佯攻，枪炮声显得格外激烈。王家善借机向第五十二军副军长郑明新建议，召开紧急城防会议，请各机关首脑共同研究守城方案。郑明新同意了王家善的意见，并商定会址定在第五十八师师部，时间定在下午2时。上午11时，王家善召集部队营以上军官开会，经过讨论国共两党政治、军事形势和营口当时的处境，90%以上的军官同意起义。于是，王家善正式宣布起义命令，全体官兵表示坚决执行命令。下午2时，营口市国民党军政首

★ 王家善

★ 曾泽生

★ 潘朔端

脑准时到第五十八师师部出席城防会议。王家善主持会议。第五十二军副军长郑明新、国民党营口市市长袁鸿逵先后发言。下午3时，全城戒严。3时30分，突然一声号响，机枪、冲锋枪一齐伸入会议室窗口，国民党营口市党部书记王惠久、国民党营口市市长袁鸿逵、营口市“三青团”主任陈修实、国民党第五十二军副军长郑明新、国民党营口市交通警察第三总队队长李安、国民党政权营口市警察局局长曹起林等军政首脑及随行人员38人（其中司机和卫兵21人）全部束手就擒。

晚7时整，三颗照明弹从第五十八师师部大楼凌空而起，王家善正式宣布率部起义。顿时，枪声、杀声四起，营口全城笼罩在战火硝烟之中。我辽南独立师一部在第五十八师第三团配合下，从老爷阁向西发起攻击；另一部从扬武门至德胜门一线向西包抄，战斗异常激烈。国民党交警总队困兽犹斗，垂死挣扎，凭借着“瑞昌城”“兴亚银行”（郑明新公馆）等几幢坚固建筑物负隅顽抗。我辽南独立师和第五十八师突击队步步紧逼，将敌人分割包围，经过9个小时的激战，至次日凌晨，歼灭国民党城防司令部及交警总队2000余人，营口获得第三次解放。

1948 年 5 月 16 日，王家善的起义部队被命名为东北人民解放军独立第五师（后改编为中国人民解放军第一六七师），王家善任师长。此后不久，王家善率部参加了平津战役、鄂西战役等战役，战功卓著，1955 年被授予中将军衔。

曾泽生长春起义

在王家善营口起义后不久，1948 年 9 月 12 日，辽沈战役打响。10 月 15 日，我军攻克锦州。蒋介石深感东北形势危急，亲自飞抵沈阳督战，部署沈阳和长春的攻势。但令蒋介石没有想到的是，就在他飞抵沈阳的第三天，驻守长春的国民党第六十军军长曾泽生率部起义，长春和平解放。

曾泽生，早年入滇军，是国民党军第一八四师师长、海城起义的领导者潘朔端的老首长。1945 年 8 月，曾泽生率部赴越南接受日军投降。

★ 1948 年 10 月 14 日，东北人民解放军向锦州城发起攻击

★ 长春起义后，曾泽生（右二）与中共地下党员合影

1946 年 4 月，曾泽生率部从越南的海防港直接开拔来到东北，任国民党东北第四“绥靖”区副司令、吉林守备军司令兼第六十军军长，驻守长春。

辽沈战役打响之前，长春已被我军包围。辽沈战役开始后，我军采取先攻锦州，再图长春、沈阳的策略，并决定对长春采取“长围久困，展开政治攻势、经济斗争，使其粮弹俱困，人心动摇时再攻”的方针。由于我军对国民党守军实施严密封锁、长围久困，更由于孤城长春给养奇缺，国民党守军内部嫡系与杂牌之间的严重矛盾，军心涣散，反蒋厌战的情绪与逃亡投诚的想法与日俱增。当人民解放军集中兵力攻取锦州城垣时，长春守敌认为有机可乘，在蒋介石的命令下，曾妄图突围南逃。不料却遭到人民解放军围城部队的迎头痛击，只好仓皇退入城垣。至此，长春国民党守军突围之谋已成为泡影。

10 月 15 日，人民解放军一举攻克锦州。这一消息进一步震动了已被长困久围、陷入绝望状态的长春守军。此时，蒋介石仓皇飞抵沈阳督战，并派飞机向长春空投其“手令”,命令郑洞国和曾泽生率部立即突围南逃，否则即以违抗命令论罪，而此时的长春已处于人民解放军的重重包围之中，国民党插翅难逃。在我党地下工作人员的多方努力下，第六十军军长曾泽生已下定了起义的决心。

1948 年 10 月 16 日晚 10 时，在部队起义的各项事宜部署就绪以后，曾泽生分别给同在长春驻守的郑洞国和李鸿写信，通知他们第六十军已决定反蒋起义，奉劝他们认清形势，与第六十军一起行动，警告他们如果制造事端，阻挠起义，后果自负，然后把军指挥所从火车站附近的中长理事会大楼转移到由中共地下党组织控制的第一八二师第五四五团团部。第二天晚上 8 时，解放军部队从东门进入长春，接管第六十军阵地，第六十军则开出长春到九台休整。

受到国民党第六十军起义的影响，国民党郑洞国兵团部和国民党新七军最后也决定放下武器投诚，长春获得和平解放。

1949 年 1 月 2 日，中央军委正式发布命令，将第六十军起义部队改编为中国人民解放军陆军第五十军，任命曾泽生为军长。在解放战争后期，第五十军入关南下，参加了鄂西战役，进军大西南，随后回师湖北参加生产。1950 年 10 月，第五十军跨过鸭绿江，参加了抗美援朝战争，威震敌胆，为抗美援朝战争的胜利做出了贡献。

许庚扬沈阳起义

在曾泽生率部长春起义后不久，驻守沈阳的国民党新一军暂编第五十三师师长许庚扬也率部起义，为沈阳的解放做出了贡献。

许庚扬的暂编第五十三师是一支历史较短的部队。1946 年 9 月，时任国民党东北行辕主任熊式辉为了扩充反共力量，在东北成立了 9 个“保安区”，其中第五“保安区”下辖 4 个保安团，司令就是少将许庚扬。1947 年 8 月，陈诚接替熊式辉后，将“保安区”编制改为暂编师，第五“保安区”改编为“暂编第五十三师”，原有的 4 个团编为 3 个步兵团和师直属分队，许庚扬任师长。这支具有先进美式武器装备的部队，拥有 7000 多人的兵力，负责驻守沈阳东部。

随着东北解放战争的不断深入，敌我双方形势发生了极大转变，双方的焦点集中到了沈阳这座历史名城和军事重地。早在 1948 年 4 月，中共中央东北局就派人与许庚扬取得了联系，向其宣传党的政策，力劝其率部起义。

10 月 30 日，许庚扬指派特务连连长张建业找到解放军辽北军区管松涛师长和军区政治部主任王振乾，表明了要率第五十三师起义的意愿，并与解放军建立了联系。我辽北军区司令员聂鹤亭、政委陶铸、副司令员赵杰以及政治部主任王振乾等人开会研究，同意了第五十三师的起义要求。10 月 31 日，张建业再次到辽北军区机关驻地，拜见了军区首长，带回了辽北军区提出的为解放军进入沈阳市中心让开通路的要求。下午，

★ 起义后的国民党第六十军撤出长春市，源源开进解放区

许庚扬派第五十三师作战科科长张社民为正式代表，来到辽北军区，与赵杰、管松涛等人正式会谈。辽北军区提出承认第五十三师起义、占领机场、控制战车团、逮捕国民党军政要员及特务头子、维护市内秩序等条件和确定起义时间及人员标记两项规定。张社民表示接受,并交出了《沈阳城防兵力部署详图》，还提出了要保证全师官兵生命财产安全和保留原建制的要求。随后，张社民返回第五十三师向许庚扬汇报，许庚扬非常高兴。晚8时，许庚扬召开了军官紧急会议，宣布暂编第五十三师起义。紧接着，许庚扬命令下属做好防范，排除干扰，为解放军让开进入沈阳市中心的通道，派参谋人员控制了战车团。在许庚扬起义的影响下，驻守沈阳的部分国民党军和沈阳市第二守备总队先后放下武器投诚。

11月1日，国民党军起义官兵全副武装在沈阳郊区毛君屯附近集结，我辽北军区副司令员赵杰代表军区表示热烈欢迎。许庚扬和两位副师长向党中央发了电报，向毛主席、朱总司令致敬。暂编第五十三师被改编为东北人民解放军第五十三师，加入了人民军队的战斗序列。11月2日，沈阳解放。

东北解放战争中国民党军的“五大起义”，极大地加速了解放战争的进程，动摇了国民党的军心，瓦解了国民党的统治，也为此后全国的解放战争提供了很好的借鉴，为全国隐蔽战线的斗争提供了经验教训，对壮大人民军队的力量、加速国民党军的最终失败、夺取全国解放战争的胜利起到了重要作用。如今，这面见证东北解放战争中国民党军首次较大规模起义的红旗静静地陈列在辽沈战役纪念馆中，从一个侧面向前来参观的人们讲述着东北解放战争的历史细节和动人故事……

★ 东北人民解放军进入沈阳城

记录珍贵瞬间的“特种武器”

——张绍柯使用过的照相机

当看到《解放东北的最后战役》这部反映辽沈战役的珍贵纪录片时，人们可曾想到，这些硝烟弥漫的战斗场面、这些枪林弹雨的珍贵镜头，是东北电影制片厂的摄影师们用鲜血和生命换来的？在战火纷飞的前线阵地，他们没有武器，却永远冲锋在队伍的最前面；在千里奔袭的作战途中，他们紧随队伍，用镜头记录下许多生动的场面。战场上，他们曾被称作带着“特种武器”的“敢死队”。在这支队伍中，摄影师张绍柯就是最勇敢的“敢死队员”之一。如今，在辽沈战役纪念馆里，展览着张绍柯烈士生前用过的“特种武器”——一架柯达牌照相机。这架经过岁月洗礼的照相机，保存了张绍柯烈士用自己年轻的生命守护住的珍贵瞬间，见证了他感人至深的英雄事迹和壮美绚烂的无悔青春。

握紧绘画笔，展现抗战胜利曙光

张绍柯，1918 年 2 月出生在河北省邯郸市峰峰矿区彭城镇一个贫苦家庭。他自幼聪明伶俐，刻苦好学，对绘画有很大兴趣。12 岁时，张绍柯在乡里就颇有名气。当时，只要乡里亲友求画，他总是有求必应，“小画家”的美名一时远近皆知。

1937年卢沟桥事变后，华北人民在《中国共产党抗日救国十大纲领》的指引下，纷纷组织起来，轰轰烈烈地开展游击战争。当时只有19岁的张绍柯也毅然参加了磁县抗日救亡工作。1938年，张绍柯被介绍到延安抗日军政大学学习，同年10月加入中国共产党。1939年夏，张绍柯到晋察冀平西挺进军政治部工作，负责编辑《挺进画报》。虽然没有系统学习过专业的绘画技巧，但凭着一股埋头苦干的拼劲和勤学苦练的韧劲，张绍柯熟练地掌握了绘画技能。在艰苦异常的战争岁月里，他把画笔当武器，为平西根据地绘制了许多反映抗日军民斗争的壁画，出版了大量的画报，平西人民称赞他“绍柯到哪里，宣传画就到哪里”。他的作品极大地激发和鼓舞了平西军民的抗日热忱，让平西人民看到了抗战胜利的曙光，为平西根据地的军民输送了精神食粮。由于工作成绩显著，1941年冬，张绍柯被评为挺进军政治部的模范干部，成为当时具有广泛影响力的战地摄影记者。

★ 张绍柯

★ 张绍柯使用过的照相机

端起照相机，拍摄民族自治成就

抗日战争胜利后，张绍柯随军北上到张家口，在晋察冀报社任编辑和特派记者。1945 年 10 月，蒙绥政府主席乌兰夫率领内蒙古自治联合会筹备委员会的成员，从山西辗转来到晋察冀华北重镇张家口。11 月，内蒙古自治运动联合会在张家口正式成立。张绍柯受晋察冀军区委派，到内蒙古自治运动联合会进行拍摄工作。他采访了乌兰夫主席，拍摄了内蒙古自治运动联合会成立的整个过程。联合会还组建了内蒙古文工团，大力宣传党的民族政策，广泛发动广大青年学生和各民族爱国青年参加八路军。张绍柯每天都在张家口街头拍摄内蒙古文工团宣传活动的新闻图片，使文工团的工作搞得有声有色。

为了统一东西蒙自治运动，1946 年 3 月底，乌兰夫率领内蒙古自治

★ 内蒙古自治运动统一会议列席代表和部分参会人员合影，前排坐着的是乌兰夫（右）和博彦满都（左）

运动联合会代表离开张家口到达承德，与东蒙古自治政府代表博彦满都、哈丰阿等在承德举行会议，双方代表经过充分协商，取得了内蒙古必须在中国共产党领导下实行统一的区域自治的共识。4 月 3 日，内蒙古自治运动统一会议正式举行，双方代表通过了《内蒙古自治运动统一会议的主要决议》。张绍柯作为特邀记者，随乌兰夫等内蒙古自治运动联合会代表一同到了承德，拍下了乌兰夫、博彦满都等与参会代表合影的历史镜头。

1947 年 2 月，张绍柯随内蒙古自治联合会工作团，从北部千里草原路经赤峰到达内蒙古东部王爷庙（乌兰浩特）筹备成立自治政府。1947 年 4 月 23 日至 5 月 1 日，内蒙古自治政府成立大会如期在王爷庙隆重开幕，张绍柯作为唯一的电影摄影、新闻摄影师，身扛几十斤重的摄影器材，每天从清晨就开始拍摄参会代表入场等镜头，直到会议结束。在没有摄影灯，摄影器材也比较简陋的条件下，张绍柯以高度的责任感和精湛的摄影技术，圆满地完成了拍摄任务，为具有历史意义的内蒙古自治政府成立大会留下了珍贵的历史图片。

为了更广泛地宣传中国共产党建立的第一个少数民族自治政府所取得的成就，张绍柯策划、拍摄、编辑、出版了《内蒙古剪影》一书。《内蒙古剪影》以高超的摄影技术和精美的印刷，记录了内蒙古自治政府初创时期各族人民的革命斗争历程和草原牧民的生活风情，成为我国第一本反映内蒙古自治区政府成立前后政治、经济、军事、文化等方面成就的大型画册。

在内蒙古工作期间，张绍柯足迹遍布草原，他将内蒙古人民热烈要求自治的呼声、英勇善战的内蒙古骑兵的身影、轰轰烈烈的内蒙古人民翻身获得解放等场景都摄入镜头。在两年多的时间里，他披星戴月，千里跋涉，走遍了内蒙古察（察哈尔盟）、锡（锡林郭勒盟）、昭（昭乌达盟）、兴（兴安盟）的每一个角落，用手中的相机拍摄出党领导下民族区域自治的伟大成就。

扛上摄影机，记录辽沈战役瞬间

1946 年，东北电影制片厂成立。初创时期的电影制片厂，懂摄影的人非常稀缺，急需一批专业人才开展工作。于是，厂领导开始在全国革命队伍中召集人才。1947 年 11 月，新婚不久的张绍柯接到东北电影制片厂的调令，高超的拍照和绘画能力使他成为厂里急需的人才之一。然而，此时的东北电影制片厂已搬到兴山（今黑龙江鹤岗市），从张家口的晋察冀画报社到兴山不仅有上千公里的遥远路途，更有国民党军队布下的层层封锁线，张绍柯的妻子杨云正怀着 7 个月的身孕，夫妻二人克服重重困难，化装成农民、冲破国民党军队的重重封锁，艰苦跋涉了几个月，终于抵达了兴山。不久，张绍柯的女儿张文琳就出生了。刚刚当上父亲的张绍柯本想好好陪陪还在住院的妻子，照顾刚出生的女儿，可是辽沈战役很快就打响了，还有重要的任务需要他去完成。

1948 年 9 月，东北电影制片厂为了真实记录辽沈战役进程，派遣了 17 支新闻摄影队赴前线跟随部队一起行动，拍摄纪录片《解放东北的最后战役》。张绍柯作为资深摄影师主动请缨，奔赴前线战场。此时，妻子杨云即将进行腹部手术，1 岁的女儿也需要照顾。带着对妻女的愧疚和更为强烈的历史责任感、职业使命感，张绍柯扛起 30 多斤重的摄影机，与战友们义无反顾地奔向战争最前线。

9 月 12 日，义县攻坚战打响。义县，是锦州西北的门户和屏障，距离锦州 50 多公里，是连接锦州周边区域的重要枢纽之一。解放义县关系到攻锦战斗的顺利进行，而夺取锦州则会影响到解放东北的决定性战局。为了留下珍贵的战地资料，张绍柯扛起摄影机，深入义县解放军的炮兵阵地，同步记录指战员们的战斗和生活画面。为了拍摄第一手的战斗情况，张绍柯经常冒着生命危险冲在队伍的最前面。29 日，扫清义县外围的战斗打响了，张绍柯为了抢拍激烈的炮战场面，连夜深入到城西炮兵某团，不顾休息立即投入到紧张的拍摄工作中。战士们听说来了一名摄影师，个个兴高采烈，更起劲、更精准地猛烈射击，压制敌人的火力，保证了部队迅速突入城内。

我军将士的英勇拼杀同时也感动着张绍柯和他的同事们，这些“敢死队员”们扛着“特种武器”不断地跟着将士们一次次冲锋，张绍柯的身影常常出现在战场上最危险的角落。在炮弹横飞的战场上，他拍下了攻城墙、拼刺刀、冲锋陷阵等很多镜头，甚至连炸药包导火线被点燃的瞬间都拍了下来。战场的拍摄地点常常离敌人只有几米远的距离，而身边不到一米的地方，更是常有乱飞的流弹，但张绍柯毫不畏惧，他和其他摄影师凭着精湛的技术，不仅记录下战场上我军官兵英勇顽强的战斗面貌，拍摄到珍贵的战场资料，而且摄影师们勇往直前的身影也极大地鼓舞了前线将士们的杀敌士气。

1948 年 10 月 1 日 15 时，我军步兵和炮兵配合，一举攻下了义县县城，活捉了敌师长王世高，歼敌万余人。在拍完解放义县的战斗后，张绍柯马不停蹄赶往下一个拍摄地点。

1948 年 10 月 5 日，张绍柯和他的战友们带着摄影器材乘车准备返

★ 1948 年 10 月 1 日，东北人民军队解放义县。图为尖刀班向城防纵深大佛寺宝塔一带运动

回炮兵司令部。行进途中，突然遇到了4架敌机袭击。张绍柯临危不乱、坚定沉着，不顾个人安危，组织其他同志分散隐蔽。然而，除了保证同志们的生命安全，也要保证战场上拍摄的素材胶片和摄影器材的安全。作为一名战地记者，张绍柯深知，这些胶片和器材一旦被毁，所有的工作将前功尽弃。危急关头，他用自己的身体掩护住了摄影器材，保住了珍贵的胶片资料，而他的胳膊却不幸中弹，最终因失血过多，壮烈牺牲。

年仅30岁的张绍柯，在生死时刻做出了令人惊叹、震撼心灵的无悔抉择，用鲜血和生命为记录辽沈战役的精彩瞬间做出了重要贡献，为人民的电影事业立下了卓著功勋，他的事迹和英名载入了新中国电影发展的史册。

永继英烈志，传承感动后世精神

1948年10月，随着锦州会战、辽西会战的结束，国民党军节节败退，大势渐去，人民解放军越战越勇，乘胜追击，迎来了一个又一个胜利，东北解放在即。

家住河北省邯郸市峰峰矿区的张老伯，每天都会站在自家门口张望，希望参加革命的儿子早些回家。他的儿子就是张绍柯。早在十年前，刚满20岁的张绍柯，就奔赴延安投身革命。眼看革命就要胜利了，儿子也该回来了。张老伯每天都想象着而立之年的儿子经过了革命的洗礼，看上去应该更成熟了吧？他盼望着儿子背着行囊，带着自己的媳妇和孩子归来的身影。然而，张老伯等来的，却是一场敲锣打鼓的慰问和抚恤的小米……

而此时，身在东北兴山的张绍柯的妻子杨云刚刚做完腹部手术，独自带着1岁的女儿，缓缓展开刚刚收到的丈夫写给自己的家书，含泪阅读：

云：

别有两月如数秋，随炮行军数千里，我们十月一日解放义县，我在阵地数日，可惜我带的机器不能用，虽然场面生动伟大，但是这次用电影机器是表现不出来了，只好将来用图笔把它描绘吧……你开刀后怎样，身体是否完全恢复健康？我这次出来，真是“工作未成，私人无情”，你切不要不高兴。颖儿怎样，是否还像以前那样黄瘦？如有人来将你的近况告我，我也不久即回厂。

信未读完，杨云已经泣不成声……

谁能想到，这封饱含着对妻子、孩子深深思念和牵挂的战地家书，却成为张绍柯对妻子和女儿最后的嘱托，也成为他永远无法兑现的承诺。

张绍柯的女儿张文琳，也就是信中的颖儿，直到多年以后才真正明白发生了什么。1948 年，张绍柯上战场前，给 1 岁的女儿拍摄了一张张开双臂呼唤父亲的照片。遗憾的是，她永远也不能得到父亲的回应，父亲出发前为她拍下的伸手求抱的瞬间，成了她一生呼唤父亲、渴求父爱的唯一信物。虽然，张绍柯牺牲时仅 1 岁的张文琳对父亲的印象并不深刻，但父亲在张文琳心目中崇高的地位，成为她选择事业的方向。受父亲影响，张文琳长大后也投身祖国的电影事业，她的下一代也已成长为出色的电影人。

张绍柯不幸牺牲的消息给家人带去无尽的伤痛，也给曾经并肩战斗的战友、同事带去无尽的思念。东北电影制片厂的工作人员，在剪辑胶片时，拿起剪刀的手迟迟无法落下，面对烈士用生命换回的珍贵胶片，他们舍不得减去其中任何一幕。但怀着同烈士一样崇高的情怀和责任感，他们互相鼓励，抑制住内心的伤感，擦干难过的泪水，最终拍摄、剪辑出真实反映辽沈战役进程的纪录片《解放东北的最后战役》。1948 年 12 月，影片播出时，片头中打出一行字幕：“为摄取本片而光荣殉职的摄影师永垂不朽！”并将张绍柯等 3 位烈士的遗像放在后面，以此致敬为拍摄影片而献出宝贵生命的烈士们。

时任东北电影制片厂厂长袁牧之在悼词中写道：“中共党员张绍柯、

王静安、杨荫萱三同志，为了用摄影机忠实地记录下解放战争的伟大胜利，他们在最前线深入到尖刀排，甚至尖刀班，和战士们并肩工作，以至于贡献了自己的生命。他们的牺牲是光荣的。这种对革命事业的忠诚是共产党员的高贵品质，足为人民电影工作者的模范。他们的英名将在中国人民电影史上，永垂不朽！”

乌兰夫同志曾评价张绍柯：“自参加革命后，长期致力于我军画报摄影宣传工作，贡献殊多。”

1959 年 8 月，张绍柯烈士的夫人杨云女士将一架张绍柯生前用过的柯达牌照相机捐赠给了辽沈战役纪念馆。如今，这架照相机静静地陈列在展柜中，向前来参观的人们讲述着张绍柯烈士牺牲小我、成就革命事业的英雄事迹和共产党人舍生忘死、无私奉献的伟大精神。

★ 张绍柯塑像

英雄战歌永流传

——《中国人民志愿军战歌》谱曲手稿

在丹东抗美援朝纪念馆战争厅的一面红墙上，有一个小小的壁龛，里面陈列着一页谱曲手稿。一张泛黄的信笺上，有 12 条竖排的红道，名头印着“中央人民政府文化部艺术事业管理局公用笺”的红字，蓝黑色墨水的钢笔字跃然纸上。很明显，创作者是灵感突然涌出，便随手拿了一页纸，也没有按照纸的格式，而是很随性地记录着音符和节拍。从信笺上的字迹可以清晰地看出，这是一首名为《打败美帝野心狼》的歌谱。往手稿的左上角看，曲作者将这首歌的情绪定性为“稍快，雄壮有力，充满信心”，简洁的曲谱下，5 行汉字气势磅礴：“雄赳赳，气昂昂，跨过鸭绿江！保和平，卫祖国，就是保家乡！中国好儿女，齐心团结紧，抗美援朝鲜，打败美帝野心狼。”这首歌后来的名字就是人们耳熟能详的《中国人民志愿军战歌》。这首战歌家喻户晓，经久不衰，流传至今，它气势磅礴的旋律响彻整个朝鲜战场，响彻整个中华大地，唱到了每一个炎黄子孙的心坎里，鼓舞着广大志愿军指战员们浴血疆场、奋勇杀敌，激励着全国人民积极投身于轰轰烈烈的抗美援朝伟大运动中。看着眼前的曲谱，耳中便回响出那经典的旋律。谁都不承想到，这首脍炙人口的《中国人民志愿军战歌》，其词、曲作者竟是在素未谋面、通过隔空“接力”

的方式谱写而成的。

宣传墙报上的“出征誓词”

1950年6月25日，朝鲜战争爆发。美国政府立即做出武装干涉朝鲜内战的决定，并派遣第七舰队侵入台湾海峡，公然干涉中国内政，阻挠中国的统一大业。7月，正在黑龙江省佳木斯市市郊执行垦荒生产任务的中国人民解放军炮兵第一师奉命到安东（今丹东）集结，编入东北边防军，执行镇守边防的任务。时任炮兵第一师第二十六团第五连政治指导员的麻扶摇立即随部队由生产队转为战斗队，来到安东。

麻扶摇，1927年3月生于黑龙江省绥化市，1947年2月参军入伍，翌年加入中国共产党，先后在东北民主联军炮兵第二团、东北野战军炮兵第一师第二十六团等部任政治干事、文化干事等职，他受过教育，文笔较好，在部队主要负责政治思想和宣传工作。

1950年秋，炮兵第一师作为中国人民志愿军的一支预备炮兵部队，在鸭绿江边整装待命，准备入朝作战。根据上级的部署，麻扶摇开始对战士们进行深入的爱国主义、国际主义和革命英雄主义教育。他通过宣讲政治机关编印的《美帝侵华简史》，使战士们认清了美帝国主义以侵略朝鲜为跳板，进而侵略我国，妄图把新生的中华人民共和国扼杀在摇篮里的狼子野心。为了配合教育，连队还请来老工人、老贫农作忆苦报告，揭露日本帝国主义侵略中国的暴行，控诉14年亡国奴的悲惨经历。亲人们的血泪控诉，使战士们义愤填膺，高呼“打倒帝国主义”，从内心深处迸发出“制止侵略，保卫和平”“抗美援朝，保家卫国”的战斗豪情。一时间，决心书、请战书甚至血书如雪片般飞向指挥机关。在第五连的表决心大会上，好几个班战士的决心书上都写着“保卫和平，保卫祖国，保卫家乡”，有的战士发言中写有“横渡鸭绿江”的句子，几乎所有发言中都有“打败美帝野心狼”的口号。战士们个个怒火中烧，群情激愤，充满战斗的热情，作为连队指导员的麻扶摇将战士们的出征誓言认真记

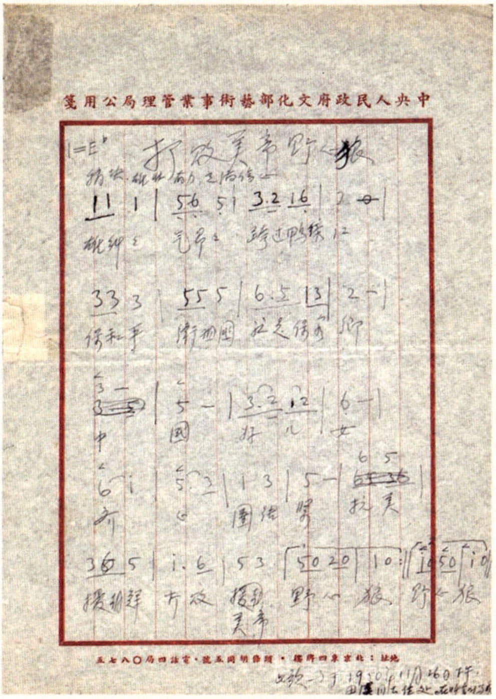

★《中国人民志愿军战歌》谱曲手稿

录了下来……

当天晚上，麻扶摇趴在昏黄的煤油灯下，连夜赶写战前发言稿。写来写去，总是那么几条：听从指挥、严守纪律、不怕牺牲、英勇作战等。他总觉得这样的发言稍显教条，缺乏气势，应该一上台，就先来几句响亮的誓词，把战士们的战斗豪情激发出来。他思前想后，浮想联翩。《黄河大合唱》中“黄河之滨,集合着一群中华民族优秀的子孙”和毛主席“钟山风雨起苍黄，百万雄师过大江”等诗句都给了他灵感，他的脑中一下子定格了“中华儿女”这个整体形象上。麻扶摇想，如今集结在鸭绿江畔的广大志愿军战士,不就是当年历史的延续吗？于是,“雄赳赳,气昂昂，横跨鸭绿江”的诗句便跳出脑海落在了纸上，意在表现中国人民志愿军高举正义和平的旗帜，不畏强暴、赴汤蹈火的英雄气概。紧接着，他又想到战士们高涨的爱国主义热情,写出了“保和平,卫祖国,就是保家乡”这句用三个短促有力的短语连接起来的、很接地气的“大实话”。诗词讲究“起承转合”，第一句以“横渡鸭绿江”起，第二句以“保家卫国”接，第三句他便集中于对战争前途的思考：装备落后的中国人民志愿军与装备现代化的美军交战，战争无疑将是非常残酷的，但战争的胜败，归根结底是由参战官兵的精神状态决定的。麻扶摇想，我英雄的中国人民志愿军，在党中央、毛主席的英明指挥下，在全国人民大力支持下，团结一致，齐心协力，一定能战胜武装到牙齿的美国侵略军！于是，第三个句子便喷涌而出：“中华的好儿郎，齐心团结紧。”第四句立即紧扣主题：“抗美援朝鲜，打败美帝野心狼！”这是号召，是呐喊，更是对中国人民志愿军军魂的歌颂。

第二天，在动员大会上，麻扶摇挥着拳头，慷慨激昂地朗诵了这首自己创编的“出征誓词”。通俗易懂的语言、浑厚高亢的声调表达了战士们的心声,鼓舞了士气,更赢得了战友们雷鸣般的掌声。麻扶摇将这首“出征誓词”写在连队的黑板上，此后，这首诗便在志愿军部队中广为流传。不久，第二十六团政治处编印的《群力报》和炮兵第一师政治部创办的《骨干报》相继刊登了这首诗。连队一位粗通简谱的文化教员为它谱了曲，

★ 年轻时的周巍峙

★ 年轻时的麻扶摇

并在连队里传唱。1950 年 10 月 23 日，麻扶摇的连队就是唱着这首歌跨过鸭绿江，来到朝鲜战场的。让他更为惊讶的是，一支支后续部队，都是唱着这首歌走向了战场。这首歌俨然已经成为中国人民志愿军的“出征誓词”。

1950 年 10 月 2 日，新华社社长兼总编辑陈克寒派军事组的陈伯坚到东北边防部队调研采风。10 月 12 日，陈伯坚从北京启程经沈阳前往安东。在安东，他作为新华社随军记者到麻扶摇所在的炮兵部队采访时，看到连队的墙报上贴满了决心书，并偶然看到了那首在战士中广为传唱的“出征誓言”。陈伯坚觉得“出征誓言”写得好，充满战斗气氛，便抄录了下来。在第一次战役结束后，陈伯坚在撰写《记中国人民志愿军部队几个战士的谈话》的战地通讯中，引用了这首诗作为开头。但是，他将“横渡鸭绿江”改成了“跨过鸭绿江”，把“中华的好儿郎”改成了“中华好儿女”，以增强读音的“脆”度。当时，陈伯坚没有仔细关注这首诗

★ 列车中志愿军高唱“雄赳赳，气昂昂”这首出征战歌

的作者是谁，只是在文章中说“这是记者在前线的中国人民志愿军部队中听到的广为流传的一首诗”。1950年11月26日，《人民日报》刊登了这篇战地通讯，这首诗便醒目地排在了标题下面……就这样，这首诗就从朝鲜前线传回了国内。而日日夜夜关注着朝鲜战局、关心着中国人民志愿军的祖国人民读到这首诗时，立刻发出了强烈的反响。

公用信笺上的“信手”曲谱

《打败美帝野心狼》这首诗歌真正名动神州、经久流传，是在作曲家周巍峙为其谱曲并被广为传唱之后。

周巍峙，原名周良骥，1916年6月生于江苏东台。1934年至1937年，在上海从事左翼文艺活动及进步出版工作。1937年参加八路军。1939年，他首次指挥演出了《黄河大合唱》。中华人民共和国成立后，他一直从事文艺工作，曾担任文化部代部长、中国文联主席。1964年，他组织了大型音乐舞蹈史诗《东方红》的创作排练工作。1982 年，他领导和组织创作、演出了大型音乐舞蹈史诗《中国革命之歌》。他本人曾获文化部第一届文化艺术科学成果特别奖、突出贡献老一辈音乐家奖等殊荣。好多人对周巍峙这个名字可能并不是很熟悉，但提到他的妻子就无人不晓了。他的妻子是著名的女高音歌唱家、党领导下创作的第一部歌剧《白毛女》中女主角喜儿的扮演者王昆。

1950 年 10 月，中国人民志愿军出国作战以后，时任文化部艺术事业管理局副局长的周巍峙持续关注着抗美援朝战争，并积极准备抗美援朝的文艺宣传工作。11 月 26 日下午，正在艺术事业管理局局长田汉家开会的周巍峙看到了当天的《人民日报》，在陈伯坚撰写的战地通讯《记中国人民志愿军部队几个战士的谈话》开头，一段大气磅礴的志愿军出征誓词映入眼帘：“雄赳赳，气昂昂，跨过鸭绿江……”他的心为之一振，立刻被诗中的豪迈气概和志愿军战士的爱国主义精神所感动，仿佛眼前就是抗美援朝的前线战场。他立刻迸发出强烈的创作激情，于是轻声哼唱，在腿上敲打拍子，不到半个小时，一首乐曲一气呵成。由于创作灵感突然迸发，他便随手撕下一页带有“中央人民政府文化部艺术事业管理局公用笺”名头的纸，用随身带的蓝黑色墨水钢笔记录在竖排红道的纸上。虽然记录谱曲手稿的纸用得非常随意，但这首歌曲谱得可一点儿也不随意：歌曲前两个乐句每个字对应一个音，干脆利落地唱出了志愿军战士的意气风发、斗志昂扬；第三乐句与第四乐句歌词工整，每句的前三个字都落在重拍，展现出中华儿女的英勇气概；随后的“抗美援朝”四个字，用顿音的方式唱出来，一字一顿地喊出战士们坚定的决心；最后一句“打败美帝野心狼”的“打”字直接上跳至全曲最高音，热血斗志扑面而来，振奋人心。周巍峙将所有的情感都汇聚到了这页小小的乐谱之上，每一个音符都紧凑灵动，每一个乐句都铿锵有力，使整首歌曲迸发出慷慨激昂的动人乐章。周巍峙还特别在手稿下面注明：“此歌写于 1950 年 11 月 26 日下午，田汉同志住处。在听会时写成。”

后来，周巍峙接受了中国音乐家协会主席吕骥的建议，对原来的歌词略作改动，把“抗美援朝鲜”改成了“抗美援朝”，把“打败美帝野心狼”改成了“打败美国野心狼”。回到家，周巍峙重新誊写了手稿，并把这首歌曲交给了《人民日报》文艺部主任、诗人袁水拍。他与袁水拍商量，把歌名定为歌词的最后一句“打败美国野心狼”。

1950 年 11 月 30 日，《人民日报》以“志愿军战士词、周巍峙曲”为署名，发表了这首歌。很快，1950 年 12 月初的《时事手册》半月刊也发表了这首歌。歌曲发表后，周巍峙总觉得歌名不够理想。恰在此时，中国新民主主义青年团旅大市委主办的《民主青年》杂志，以《中国人民志愿军部队战歌》为题，在 12 月 1 日出版的第 117 期上，以显著位置刊登了这首歌，并评价其为中国人民志愿军的战斗进行曲。周巍峙看到后很高兴，认为“战歌”一词用得好，受其启发，便将这首歌曲正式定名为《中国人民志愿军战歌》。1951 年 4 月 1 日，这首歌以《中国人民志愿军战歌》之名，发表在《人民日报》上。一时间传遍大江南北、长城内外，而且从国内传到了朝鲜。这首歌就像嘹亮的进军号角，回荡在朝鲜战场的每个角落……

影响深远的时代战歌

1951 年 4 月 21 日，中国人民抗美援朝总会通知规定，以《义勇军进行曲》和《中国人民志愿军战歌》两首歌曲为全国人民五一国际劳动节游行的基本歌曲。能与代国歌并列推出的原因，主要是《中国人民志愿军战歌》中每一个音符都那么紧凑又干脆有力，绝不拖泥带水，将所有的情感都汇聚到一块儿，从而聚焦出一种慷慨激昂的效果，也给中国人民志愿军战士以极强的必胜信念，是典型的用音乐来鼓舞士气的经典战歌。《中国人民志愿军战歌》也是继《义勇军进行曲》之后，又一首激发中国军民斗志的优秀战斗歌曲。《中国人民志愿军战歌》除表现了在侵略者面前必胜的信念之外，还有一种深深的对祖国对家乡的眷恋之情。歌曲也正是在爱与恨这两种极端情绪的呼应之下，进一步增强了艺术效果。而这同时也是毛泽东主席“人不犯我，我不犯人；人若犯我，我必犯人”思想在音乐作品上的一种体现。

1953 年，在中央人民政府文化部和中国文联举办的“三年来全国群众歌曲评奖”中，评委会在万余首歌曲中评出了一等奖歌曲 9 首，《中国人民志愿军战歌》位列其中。为了给作者发奖，有关部门开始查找词作者，周巍峙说是取自新华社记者陈伯坚的报道，陈伯坚说是从志愿军炮兵第一师采访到的。几经周折，评委会终于找到了浑然不知情的词作者麻扶摇。面对荣誉，麻扶摇很谦虚，他坚持说：“至少‘跨过’两个字肯定不是我写的。”首长找出当年刊登动员会消息的小报说：“在大会上宣读这首誓词表决心的，不就是你麻扶摇吗？”麻扶摇微笑点头。

1959 年，音乐出版社出版的大型歌舞《歌唱祖国》中收录了《中国人民志愿军战歌》，第一次正式标明“麻扶摇词”。对此，麻扶摇说：“这首歌不应该属于我个人的私有‘财富’，它应该属于我们伟大的中国人民

★ 战士们唱着《中国人民志愿军战歌》，奔赴朝鲜前线

志愿军、伟大的党和伟大的民族。”尽管他再三谦让，此后，媒体刊登这首作品时，词作者署名一律为麻扶摇。后来，在谈起《中国人民志愿军战歌》的歌词写作时，麻扶摇笑着说：“那时候，我根本不懂写歌词，也不是为唱歌而写词。战歌唱响后，有人说我成了名人，是歌词作家，我一概摇头否认。我只是志愿军的一名普通战士，是人民军队里的一名政治工作者。当年也不是作为歌词而创作的，而是作为大会的发言而写的。我不是搞创作的，以后再没有写过什么。”

《中国人民志愿军战歌》的词作者麻扶摇与曲作者周巍峙虽然并未晤面，却共同谱写了一曲时代战歌。直到 1990 年，麻扶摇拜访周巍峙，两人才正式见面。后来麻扶摇在接受采访时说：“那时我已经 60 多岁了，我们俩以前虽然没有见过面，但一见如故，跟知心的老朋友一样。”

1993 年，周巍峙将《中国人民志愿军战歌》的谱曲手稿捐献给了抗

★ 周巍峙

★ 麻扶摇

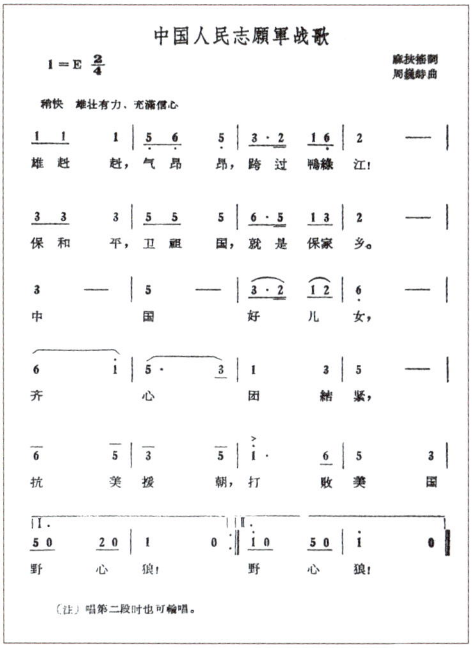

★《中国人民志愿军战歌》歌谱

美援朝纪念馆，现为国家一级文物，在纪念馆中永久陈列。

2000年9月23日，在纪念中国人民志愿军赴朝作战50周年之际，麻扶摇作为志愿军老战士代表参观了抗美援朝纪念馆。当他走到摆放《中国人民志愿军战歌》谱曲手稿的展柜前时，神色凝重，眼含热泪，往事像放电影一样一幕幕地浮现在眼前，但他却激动得说不出话来……

如今，曲作者周巍峙和词作者麻扶摇已先后谢世，唯有抗美援朝纪念馆内陈列的那份红道竖排、蓝黑色墨水钢笔字横写的谱曲手稿依然还在，向前来参观的人们讲述《中国人民志愿军战歌》创作背后的点滴往事。

记录抗美援朝战争精彩瞬间的“宝贝”

——邓华在抗美援朝战争中使用过的美制派克金笔

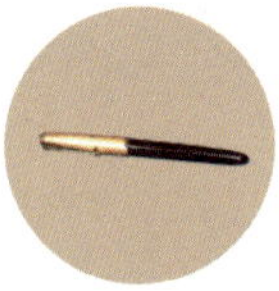

在抗美援朝纪念馆诸多的珍贵文物中，有一支美制派克金笔。它的主人，是曾先后任中国人民志愿军第一副司令员兼副政治委员、代司令员、司令员兼政治委员的开国上将邓华将军。在抗美援朝战争中，这支钢笔伴随他走过了难忘的日日夜夜，成为那些艰苦岁月和精彩瞬间的历史见证，是他为抗美援朝战争胜利做出巨大贡献的基本辅助，更是他总结抗美援朝战争经验、写就多篇战略战术文章的重要工具，是他随身携带、爱不释手的“宝贝”。

最先获任应对朝鲜战争问题的军事指挥员

1950 年 6 月 25 日，朝鲜战争爆发。美国政府立即决定对朝鲜实行武装干涉，并将干涉的范围扩大到朝鲜以外的亚洲地区。6 月 26 日，美国调动其驻日本的空军和海军部队侵入朝鲜，支援南朝鲜军队作战，同时派遣海军第七舰队侵入台湾海峡。7 月 7 日，美国操纵联合国安理会通过决议，成立由美国指挥的“统一司令部”，打着联合国的旗号，组织“联合国军”开入朝鲜半岛作战。中共中央冷静地观察局势的发展，在军事上采取了一系列应变措施，作“未雨绸缪”之计。7月13日，中央军委决定，迅速调集20多万野战军，组成东北边防军，并命令第四野战军第十三兵团开赴辽宁、吉林两省南部地区，以应对随时可能出现的变局。

当时，第十三兵团的司令员是黄永胜，但是毛主席、中央军委及第四野战军领导机关都觉得应对朝鲜战争问题、驻守东北边防甚至将来有可能与以美军为首的“联合国军”对峙、交战等任务交给第十五兵团的司令员邓华更为适合，因为这位从井冈山走出来的卓越军事指挥员身经百战，参加过古田会议、长征、湘南起义、平型关战役、百团大战、辽沈战役、平津战役、湘赣战役、广东战役等。他沉稳持重、善于思考，能够拍板、敢于拍板，特别是他刚刚指挥完几万大军，跨海南征，以木船打军舰，在海南岛战役中取得大胜，士气正盛，锐不可当。因此，中央军委决定：邓华与黄永胜对调，黄永胜任第十五兵团司令员，邓华任第十三兵团司令员，率领第十三兵团驻守东北边防，以应对瞬息万变的

★ 邓华

★ 邓华在抗美援朝时期使用的美制派克金笔

朝鲜战争形势。7 月 25 日，邓华从广州奔赴北京受命，成为最先被确定下来应对朝鲜战争的军事指挥员。

邓华到任后，迅速整顿了各军，在短短两个月的时间内，完成了各军由和平转入战争、由打国民党军转到打世界上第一流的美军的思想大转变。首先，邓华调整了第十三兵团的领导班子。为了迅速展开工作，邓华向中央军委提出，不仅第十五兵团司令员与第十三兵团司令员对调，这两个兵团的机关也需要对调。中央军委很快批准了他的请求。与此同时，邓华又先后请求将原第十五兵团副司令员洪学智、政委赖传珠调入第十三兵团，还将第十二兵团参谋长解方也调来。事实证明，邓华调整的第十三兵团领导班子是卓有成效的。经过调整，第十三兵团形成了一个坚强有力的领导体系，这个体系为后来组建中国人民志愿军总部奠定了坚实基础。中国人民志愿军成立后，彭德怀即决定以第十三兵团机关为基础组建志愿军司令部，邓华、洪学智分别被任命为志愿军第一、第二副司令员，解方被任命为志愿军参谋长。其次，邓华全面解决了部队的物资短缺问题。1950 年 8 月 11 日至 14 日，邓华在沈阳主持召开第十三兵团第一次军事会议。会上，除了听取各军的思想动员情况外，还着重了解了部队的物资短缺问题，涉及武器、弹药、车辆、马匹及各种生活保障等。他把这些问题提升到整个东北局、东北军区的层面上来一揽子解决，并确保了在 8 月底前完成全部后勤装备的任务。再次，邓华组织司令部人员研究制订了部队的入朝开进计划。入朝开进计划繁杂，但在邓华的组织领导下，在有限的时间里，精干的第十三兵团领导机关做得相当周密细致，包括部队番号、着装、通信、开进路线图、与友军的协同联络、医务人员、司机、翻译等各项事务，无不提前想到。特别是针对夜渡鸭绿江，他们不仅考虑到如何隐蔽伪装浮桥，还考虑到如何在一到两个小时内架通浮桥和拆卸浮桥。后来渡江，志愿军只用了 3 个晚上，就渡过了 25 万人马，而敌军竟然没有丝毫察觉。这种速度，可谓现代战争史上的一个奇迹。

8 月 26 日，中央军委决定，东北边防军部队以第十三兵团为统一

★ 邓华（右）与彭德怀（中）、陈赓（左）在朝鲜战场合影

训练机构。这样，整个东北边防军的整训工作都是由邓华任司令员的第十三兵团领导机关负责完成的。

看透麦克阿瑟秘密的优秀军事家

朝鲜战争爆发后，邓华密切关注朝鲜局势。战争初期，朝鲜人民军势如破竹，从“三八线”打到洛东江边。1950 年 6 月 28 日夺取汉城，7 月 20 日占领大田，7 月 24 日占领木浦，7 月 31 日占领晋州……南朝鲜国防军和美军被一直逼退到釜山。8 月初，朝鲜人民军已经解放了朝鲜南部 90% 以上的土地。然而，战争形势瞬息万变，头脑清醒的邓华没有被眼前的假象所蒙蔽，他关注更多的是朝鲜人民军是否歼灭敌方的重兵集团。他注意到，具有重大意义的汉城战役虽然歼灭南朝鲜军 1.1 万余人，但其基本兵力未遭到合围，觉得有点儿不对劲儿。8 月 31 日，邓华与洪学智、解方联名，就东北边防军出国作战准备和需要解决的问题给第四野战军领导机关、中央军委等作了书面报告。报告对东北边防军出国作战可能遇到的困难和我们应做的准备做了深入的分析，对边防军自身无法解决的问题向中央军委提出了建议。这个报告实际上就是东北边防军进行作战准备的指导性文件。在第四个问题，即“关于敌人的企图”中，报告明确指出“美帝的企图是要侵占朝鲜全境，作为将来进攻中苏的前进基地”。鉴于当时朝鲜战争双方在大邱、釜山地区处于僵持状态，邓华在报告中分析了美军下一步的可能企图，指出：“估计敌人将来反攻的意图可能为：以一部兵力在北朝鲜沿海侧后几处登陆扰乱牵制，其主力则于现地由南而北沿主要铁道公路逐步推进；一为以小部兵力与我周旋，抓住人民军，其主力则在我侧后（平壤或汉城地区）大举登陆，前后夹击，如此人民军的处境会很困难的。”邓华等人对边防军出动后敌我双方的优势和劣势，我军作战可能会出现的各种困难，以及美军为扭转不利战局形势而可能发动大举登陆进攻、登陆地区可能在平壤或汉城的预见，在接下来的朝鲜战局发展和志愿军入朝后前期的作战中，全部得到了应验。

1950 年 8 月底，朝鲜战争双方仍在南部洛东江地区激战，南朝鲜最后一道防线“釜山环形防御圈”始终未能打破。恰在此时，麦克阿瑟的冒险计划——仁川登陆计划获得美国最高当局批准。9 月 15 日，在麦克阿瑟指挥下，“联合国军”果然在汉城附近的仁川登陆。朝鲜人民军主力被截断在南朝鲜，处于十分困难的境地，朝鲜战争局势发生了巨大变化。28 日，“联合国军”占领汉城，10 月 1 日，南朝鲜军首先越过“三八线”，10 月 7 日，美军开始越过“三八线”。10 月 17 日，美军和南朝鲜军会攻平壤。10 月 19 日，平壤陷落。麦克阿瑟在实施仁川登陆计划过程中，不止一次担心过登陆计划的保密问题。但他没有想到的是，远在中国的军事家邓华等人通过战场形势早已看透他的秘密，准确地判断了麦克阿瑟的登陆计划。

美军在仁川登陆、越过“三八线”后，10 月 8 日，中央军委发布命令，将东北边防军组成中国人民志愿军，任命彭德怀为中国人民志愿军司令员兼政治委员。10 月 19 日，中国人民志愿军出国作战，开始了伟大的抗美援朝战争。其实，早在井冈山时期，邓华就认识彭德怀了，但在此前 20 多年的征战岁月里，他俩并没有直接共事过。直到抗美援朝战争爆发，他们才成为真正的搭档。邓华在志愿军中的职务是第一副司令员兼副政治委员，也就是彭德怀的第一助手。志愿军出国作战前夕，邓华向彭德怀提出了两个关键性建议，对打好入朝初战产生了重要影响。本来，志愿军决定先派 2 个军过江，两个军不过 10 多万人，而随着战争形势迅猛发展，此时“联合国军”的总兵力已达到 42 万人，越过“三八线”的敌方兵力已多达 13 万余人，而且装备精良。除地面部队外，敌人还掌握着制空权和制海权。邓华找到彭德怀，建议第十三兵团的 4 个军连同 3 个炮兵师同时入朝。这个建议得到了彭德怀的认可。彭德怀致电中央军委和毛主席，得到同意。后来，邓华再次向彭德怀提出，即使先头 4 个军一起入朝，兵力也还是不够，必须再调一个军来维护后方。彭德怀采纳了这个意见并立刻向中央报告，中央军委接受了彭德怀的建议，迅速增调了部队。实践证明，主力全部出动形成了有力的“拳头”，对扭转朝鲜战场局势至关重要，为抗美援朝第一、第二次战役的胜利奠定了基础。彭德怀事后评价邓华，说他知识丰富，很有头脑，考虑问题有眼光，也比较周到。金日成对邓华也赞誉有加。1950 年 11 月 5 日，金日成来到志愿军总部大榆洞，同彭德怀、邓华等志愿军领导共同商谈战事。时处隆冬季节，天气寒冷，大榆洞的取暖设备又很简陋，金日成见邓华衣着单薄，担心他受冻，便立即脱下自己的呢子大衣，送给邓华，并给他穿在身上。金日成这一举动，不仅表达了对中国人民志愿军的深厚情谊，也表达了对邓华本人的敬意。如今，这件大衣作为国家一级文物，也在抗美援朝纪念馆中陈列展出。

叱咤风云的志愿军代理司令

1951 年 2 月 20 日至 3 月 9 日，彭德怀回北京向中共中央汇报抗美援朝各项工作情况。在此期间，由邓华全权指挥志愿军和人民军作战。

这段时间，“联合国军”发动了代号为“屠夫行动”的军事进攻，目的是将战线从“三七线”附近的原州、平昌、旌善一线向北推进到汉江南岸、杨平、横城至东海岸的江陵一线，并消灭汉江南岸的志愿军和人民军部队。2 月 21 日，“屠夫行动”开始，邓华指挥志愿军和人民军部队顽强灵活地阻击“联合国军”进攻，“联合国军”在飞机、坦克、大炮火力的猛烈支援下，连续攻击 15 天，至 3 月 6 日才到达这一线，并且在彭德怀动身回京前就将汉江南岸的志愿军和人民军部队撤至汉江以北，因此，“联合国军”并未达到消灭汉江南岸志愿军和人民军部队的目的。3 月 7 日，“联合国军”又发动了代号为“撕裂者行动”的进攻，目的是夺取汉城和向“三八线”推进。为使志愿军和人民军部队既能有效阻击敌人进攻，又能减少自身伤亡并更多杀伤敌军，3 月 8 日，邓华以志愿军和人民军联合

★ 金日成赠送给邓华的呢子大衣

司令部的名义致电一线志愿军和人民军各部，发出了战术指示，提出了阻击的具体战术原则和要求。至 3 月 9 日彭德怀返回志愿军总部时，志愿军和人民军已按预定计划在第一防御地带坚持阻击了 20 天，实现了预定的以空间换取时间的目的。

1952 年上半年，彭德怀因病回国治疗，病愈后留在国内主持中央军委日常工作。6 月，邓华被任命为志愿军代司令员兼政治委员，全面主持志愿军工作。7 月 22 日，邓华为贯彻中央军委轮换志愿军部队的指示，在致彭德怀并请呈毛主席关于全部轮换在朝部队的请示中提出："志司任务繁重，且关系全局，个人德才资体均很不够，实在费力挑不动。目前虽无大的战斗，但工作上是有损失的，为加强志司领导，彭总不能回时，粟裕同志来此很好，副总长职陈赓同志很可胜任。工程学院可另选人，我则到兵团去再锻炼一下能取得一点前线的经验是有益的，如仍需我留志司则只能搞一部分工作，请另派一人任党委书记，负责全面领导才不致贻误。"毛泽东、彭德怀和中央军委十分肯定邓华的成绩和指挥才能，坚持仍由他代理志愿军司令员和政治委员，主持志愿军全面工作，直到抗美援朝战争结束。邓华代理志愿军司令员和政治委员期间，志愿军越战越强，越战越主动，"联合国军"的地面部队则一直处于被动挨打状态。

1952 年 10 月 14 日至 11 月 25 日，中国人民志愿军与以美军为首的"联合国军"在上甘岭及其附近地区展开了一场著名战役，即上甘岭战役，美方则称为三角山战役。战斗之初，"联合国军"调集兵力 6 万余人，大炮 300 余门，坦克 170 多辆，出动飞机 3000 多架次，对志愿军 2 个连防守的约 3.7 平方公里的上甘岭阵地发起猛攻，志愿军防守部队进行了顽强抵抗，阵地多次失而复得。双方随后不断向上甘岭地区增加兵力和重武器，使上甘岭发展为局部战役规模。在持续 43 天的战斗中，志愿军与"联合国军"反复争夺阵地达 59 次，志愿军共击退"联合国军"900 多次冲锋。作为志愿军代司令员的邓华，直接部署指挥了这场战役的全过程，带领数万将士取得了上甘岭战役的胜利。

上甘岭战役是美军向我军发动"金化攻势"的开始，而美军之所以

★ 在朝鲜民主主义人民共和国纪念抗美战争三周年暨授勋典礼大会上，邓华（左）代表彭德怀接受一级国旗勋章

要发动“金化攻势”，是美国民主党在任总统杜鲁门为了配合 1952 年 11 月即将到来的总统选举，企图以取得朝鲜战争的胜利，进而换来选民对他连任的支持。上甘岭战役的失利，让杜鲁门黯然落选。反之，共和党总统候选人艾森豪威尔向选民许诺，如果他当选，他“将亲自去朝鲜，并结束这场战争”，艾森豪威尔的许诺给他带来了雪片般的选票，他取代杜鲁门登上了美国总统的宝座。

1952 年 12 月 2 日至 5 日，刚刚当选美国总统的艾森豪威尔便来到朝鲜前线视察，扬言“如果在一定时间内谈判还不成功，我们唯一的办法最后只能是不顾一切危险，全力发动一场进攻”。这位“诺曼底登陆”的英雄其实并没有什么新意，只是把他的看家法宝——“登陆作战”移花接木到朝鲜战场上来，企图通过一次更大规模的登陆作战，来迅速击垮中朝军队。根据敌军意在切断我方交通运输线以扼住我方咽喉的企图，毛主席判断出敌军将会在朝鲜半岛西海岸清川江至汉川间登陆，于是立即召见邓华，对他说：“西海岸应当加强和扩大。最好你亲自去。你去了，我放心！”很快，我军成立了西海岸指挥部，由邓华兼任西海岸指挥部司令员兼政治委员。当时，我军没有进行过反登陆作战，更不具有大规模反登陆作战的经验，邓华以毛主席“三个肯定”的战略判断为依据，深刻分析朝鲜战场的客观形势，认真研究如何加强反登陆作战准备问题，在志愿军党委会上提出了“持久作战、积极防御”的作战方针和具体作战部署，要求坚决不让敌人登陆，敌人登上来坚决消灭之，绝对不准敌人在我侧后建立一条战线。在邓华周密的组织和指挥下，志愿军用4个月的时间成功完成了巨大的反登陆防御作战准备。由于准备周密充分，迫使美军不得不放弃登陆进攻的企图，恢复停战谈判，从而为后来实现朝鲜停战铺平了道路，同时也为志愿军随后发起的夏季反击战役创造了有利条件。此次，由邓华指挥的反登陆作战准备工作，取得了“不战而屈人之兵”的胜利，这在我军战史上是少见的。

1953年，邓华指挥了夏季反击战役。这是抗美援朝战争中军事服从政治、作战与谈判紧密配合、以打促谈的典型杰作。夏季反击战役分为三个阶段：5月13日至26日，中国人民志愿军第二十兵团、第九兵团发起第一次进攻，先后攻击“联合国军”连以下兵力防守的阵地20处。5月27日起，第二十兵团、第十九兵团及第九兵团先后发起第二次进攻，至6月15日，先后攻击“联合国军”团以下兵力防守的阵地51处。7月13日至27日，中国人民志愿军发起第三次进攻，主要实施金城战役，重创南朝鲜军4个师。此役历时两个半月，中国人民志愿军和朝鲜人民军共进行139次战斗，毙伤俘“联合国军”12.3万余人，促进了朝鲜停战的实现。

1953年7月，在著名的金城反击战胜利后，邓华正式出任志愿军司令员兼政治委员。

在邓华代理志愿军司令员及正式出任志愿军司令员兼政治委员期间，他用一支美制派克金笔，写了大量文章，系统总结了同美军作战经验，包括《关于积极防御作战的若干战术问题》（1952年11月30日）、《反登陆作战战术问题的研究》（1953 年 2 月 9 日）、《中国人民志愿军抗美援朝三年来的胜利》（1953 年 10 月 31 日）、《抗美援朝战争经验的介绍》（1954 年 1 月）等。1954 年至 1956 年志愿军抽调人员编写的《抗美援朝战争的经验总结》也是由邓华主持完成的。此外，在他代理志愿军司令员和政治委员期间，关于进行 1952 年秋季战术反击作战、1953 年反登陆作战准备和 1953 年夏季反击战役的决定和指示中，也有许多作战经验总结。邓华总结的抗美援朝战争及作战经验，既有运动战的经验，也有阵地战的经验，特别是依托以坑道为骨干的坚固阵地进行攻防作战的经验，既有战略层次的，也有战役和战术层次的。这些经验实际、深刻、具体，便于操作运用，为志愿军各级指挥员在战场上指挥作战发挥了重要指导作用，也为加强国防和军队建设、为后来边境自卫反击作战提供了重要的历史借鉴。

★ 朝鲜停战谈判时，邓华（左二）与解方（左一）、南日（中）、张平山（右二）、李相朝（右一）合影

后来，邓华将他总结经验、挥洒文墨的这支钢笔捐赠给了抗美援朝纪念馆。如今，每当参观的人们看到这支美制派克金笔时，便会怀念起抗美援朝为国牺牲的那些英烈们，也会想起这唯一一位参加抗美援朝战争全过程的志愿军首长——邓华将军。

★ 中国人民第三届赴朝鲜慰问团总团长贺龙（前排左二）向中国人民志愿军司令部赠旗，并与邓华（前排右二）亲切握手

最温暖的陪伴

——韩先楚使用过的行李袋

在抗美援朝纪念馆中，珍藏着一个军绿色的帆布袋子，整体呈圆柱形，开口处有 8 个小洞，金属扣压边，将绳子穿进小洞即可收紧开口。袋子非常简朴，已有部分磨毛或破损。这个袋子是中国人民志愿军副司令员、人称“旋风司令”的韩先楚将军使用过的行李袋。在艰苦卓绝的抗美援朝战争中，正是这个经过战火洗礼的、饱经沧桑的行李袋伴随着韩先楚将军度过了那段艰苦而难忘的岁月。这个破旧的行李袋也成为“常胜将军”韩先楚立下赫赫战功的历史见证，是将军一身“钢筋铁骨”最温暖的陪伴……

指挥“揭幕战”

韩先楚，1913 年 2 月生于湖北红安一个贫苦农民家庭。1930 年加入中国共产党。在长期的革命生涯中，历任连长、营长、团长、师长、纵队司令、军长、兵团副司令等职。中华人民共和国成立后，韩先楚率部参加了海南岛战役，解放海南岛后不久即调任中国人民志愿军副司令员，率部抗美援朝出国作战。

1950年10月19日，中国人民志愿军肩负着祖国人民的重托，在夜幕的掩护下，按照预定计划，从安东（今丹东）、长甸河口、辑安（今集安）等口岸，跨过鸭绿江，秘密进入朝鲜战场，开始了伟大的抗美援朝战争。作为第四十军的首任军长、此时已任志愿军副司令的韩先楚随第四十军行动，计划先到达球场、德川、宁远一线，与敌人打个防御战。由于“联合国军”并未发现志愿军已经入朝，仍长驱直入、放胆前进，而且兵力分散，东西线部队之间已经敞开了80余公里的缺口，西线的南朝鲜军第二军团态势突出，提供了志愿军在运动中各个歼敌的有利战机。据此，21日，毛主席电示志愿军改变原定计划，采取在运动中歼敌的方针。志愿军司令员兼政治委员彭德怀随即调整部署：西线集中第四十军、第三十九军、第三十八军等在温井、云山、熙川以北地区与南朝鲜军第六师、第一师、第八师等作战；第四十二军（第一二五师）在东线黄草岭、赴战岭及其

★ 韩先楚（前排右二）与参加海南岛战役的部分战友合影

★ 韩先楚使用过的行李袋

★ 第一次战役中，中国人民志愿军某部迅速向熙川方向进发

以南地区阻击美军第十军及南朝鲜第一军团，保障西线主力的翼侧安全。

根据彭德怀的指示，韩先楚立即来到第四十军军部，指挥西线作战。1950年10月25日7时，第四十军第一二〇师第三六〇团在云山以北与南朝鲜军第一师先头部队接触，将其击退。10时许，第四十军第一一八师在温井西北的两水洞地区与南朝鲜军第六师第二团第三营和1个炮兵中队遭遇，韩先楚指挥第一一八师采取拦头、截尾、斩腰的战法将其全歼，从而揭开了抗美援朝战争的序幕。当夜，第一一八师、第一二〇师乘胜前进，占领温井。26日，彭德怀根据战场形势，命令以军或师为作战单位，分别歼灭冒进之敌。在韩先楚的指挥下，10月28日，第四十军第一二〇师出温井以东龟头洞地区，扑向南朝鲜军第六师第十九团2个营，并成功吸引南朝鲜军第八师第十团2个营西援。29日0时，韩先楚发现敌人主力出援消极，马上令第四十军主力集中全力消灭这4个营。至29日晨，经过紧张战斗，第四十军主力部队将南朝鲜军4个营大部歼灭于龟头洞地区，缴获榴弹炮20余门、汽车60余辆。与此同时，第四十军第一一八师北上，奔袭到中朝边境的楚山、古场两地。10月28日下午，毛主席致电志愿军首长，特别指出第一一八师奔袭行动乃是战役枢

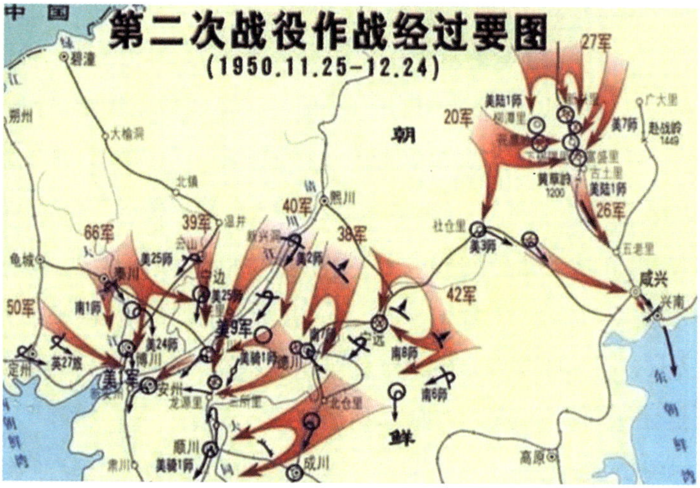

★ 第二次战役作战经过要图

★ 在第二次战役中，威震天下的“万岁军”——中国人民志愿军第三十八军一部在龙源里追歼美军

纽："目前全战役的关键有两点：一是确实抓住古场、楚山之伪七团不使逃脱，如此则伪一、六、八师非增援不可，有仗可打。"接到命令后，韩先楚立即电令第一一八师，必须牢牢抓住南朝鲜军第六师第七团，将其全歼。29 日，南朝鲜军第六师第七团见势不妙，企图南撤，第四十军第一一八师在龙谷洞以南坚决阻击。29 日晚，在诱敌增援部队到达指定位置后，第一一八师乘南朝鲜军第七团动摇之机，向敌人发起总攻，经激战，很快将敌人全歼。至此，南朝鲜军第六师已经基本覆灭。

同时，韩先楚还指挥西线志愿军其他各军按照原定计划向云山、宁边、熙川之敌猛烈攻击。11 月 1 日 17 时，志愿军第三十九军主力开始总攻云山，至 11 月 2 日攻克云山，重创美军骑兵第一师，歼灭南朝鲜军第一师第十五团大部。此役，志愿军毙伤俘敌 1.5 万余人，粉碎了"联合国军"在感恩节（11 月 23 日）前占领全朝鲜的计划，初步稳定了朝鲜战局，为以后作战创造了有利条件。

成就"万岁军"

第一次战役胜利后，彭德怀判断"联合国军"可能重新组织进攻，提出了巩固胜利、克服当前困难、准备再战的方针。不出所料，"联合国军"总司令麦克阿瑟很快提出要在朝鲜战场发动"总攻势"，计划在圣诞节（12 月 25 日）前结束朝鲜战争。针对敌军的计划，1950 年 11 月 9 日，毛主席指出："志愿军应争取在一个月内，东西两线各打一两个仗，歼敌七八个团，将战线推进至平壤、元山一线，以利于长期作战。"11 月 13 日，在大榆洞山腰间的一幢木屋里，召开了志愿军入朝后的第一次党委会。会议总结了第一次战役的经验教训，确定了第二次战役的作战方针。彭德怀指着墙上的地图说："我们用第三十八军一个师节节抵抗，故意示弱，将敌引至妙香山地区后，坚决顶住布防。等东线宋时轮兵团到达后，再把第四十军主力拉到西线，和第一二五师一起放在德川东北的德岘、校馆里地区。敌人进至定州、泰山、云山一线后，第三十九军、第四十军由北向南出击，第五十军、第六十六军从西北向东南进攻，第三十八军、第四十二军从德川、宁远打开缺口，断敌退路。”根据这一部署，韩先楚主动请缨到担负突破任务的第三十八军、第四十二军前线指挥作战。彭德怀知道韩先楚是一位善打仗、敢负责、谨言慎行的指挥员，由他到前线指挥，彭德怀自然十分放心，遂欣然同意。于是，韩先楚率领前线指挥所工作人员迅速赶到战斗一线，召开作战会议，认真研究如何打好这场战役。为了坚定信心，韩先楚给大家作了动员报告，讲述了第三十八军的光荣历史，把第三十八军这些经过长期革命战争考验的指战员当作生死与共的兄弟，令第三十八军全体同志备受鼓舞，决心全力以赴，打好这一仗。

为了探明敌人的兵力部署，韩先楚派出侦察分队深入敌人纵深了解情况，在摸清敌情的同时，炸毁了由德川通往顺川、平壤的公路大桥，为战役进攻提供了条件。11 月 24 日，为了在圣诞节前结束战争，“联合国军”发起全线总攻势。按照预定计划，第三十八军派一个师诱敌深入，打打退退。“联合国军”本来就轻视我军战斗力，误以为我军不堪一击，于是大举进攻，被我军牵着鼻子一步步地走入志愿军早已张开的“布袋”里。此时彭德怀电令：第三十八军主力今晚进到德川西戛日岭、兴德里一带，准备消灭东援南逃之敌。收到电报的韩先楚陷入沉思，我们的两条腿怎么能跑过敌人的汽车轮子呢？他在作战地图前徘徊，最终在价川、戛日岭和三所里三个地名上，画了三个粗重的红圈。韩先楚找来第三十八军军长梁兴初和政委刘兴元，郑重地说，第三十八军下一步的任务异常艰巨：一是第一一三师要在今夜明晨插向三所里，这是重中之重；二是第一一二师要火速抢占戛日岭，阻敌前进。

三所里位于清川江以南，地理位置十分重要，南边有大同江，是阻敌北援的天堑，北边有兄弟山卡住公路，是阻敌南逃的屏障。韩先楚严肃地向第一一三师下达命令说：“你们都是老兵了，对肩上担子的分量，自然是清楚的。但我还是要跟你们讲几句，因为这个任务太重要，也太艰巨了。你们可能四面受敌，面对几倍的敌人和几十倍的火力攻击，必须有充分的思想准备。你们一定要以党性保证，不打折扣坚决做到。”听到指战员们坚定、响亮地回答“是，坚决执行命令，保证完成任务”后，韩先楚五味杂陈，悬着的心依旧忐忑……

给第一一三师下达命令之后，韩先楚立即驱车赶到戛日岭山口督战。戛日岭只有一道仅 10 多米宽的险峻垭口，确实是一道天然屏障，如果被敌人抢先占领，后果不堪设想。韩先楚下令：“立即跑步抢占大山口！”第一一二师的勇士们立刻朝山口飞奔前进，并迅速抢占山口，继而将土耳其旅 1 个加强连全部歼灭。战后，韩先楚特意步测了敌人先头汽车距垭口的距离，仅有 38 米。正是这 38 米的领先，为我们的勇士们赢得了先机。

另一方面，第一一三师不负众望，克服了一切困难，经过 14 个小时的急行军，在 28 日早 8 时占领了三所里这个关键要隘。仅仅过了 5 分钟，美军骑兵师也赶到了三所里。一场突围与反突围的恶战在三所里打响，美骑兵第五团在大批飞机、坦克、火炮的掩护下，向三所里发起猛攻。第一一三师与美军展开了一场生死鏖战，勇士们像钢钉一般钉在阵地上，岿然不动，异常壮烈，最终守住了阵地。

接着，韩先楚又火速前往新立里，指挥龙源里方向的会战。就在韩先楚的汽车刚刚到达新立里附近时，敌机便开始轰炸。韩先楚刚从吉普车下来，他的车就被敌机炸毁了。大家还没缓过神儿来，敌机又一次俯冲下来轰炸……韩先楚不顾个人安危立即奔赴指挥部了解情况，指挥战斗。此时，志愿军第四十军已进至院里地区，第三十九军进至宁边东南地区，第六十六军进至宁边以南地区，第五十军进至博川以西地区，对敌人形成了三面夹击之势。12 月 1 日，美军眼见南面突围无望，不得不丢下漫山遍野的尸体和武器装备转向安州方向突围。由于“联合国军”在东西两线都遭到志愿军沉重的打击，12 月 3 日，麦克阿瑟非常无奈地下令向“三八线”以南实行总退却。4 日，志愿军乘胜追击，6 日，在朝鲜人民军的配合下，志愿军收复了平壤。

第二次战役胜利结束后，韩先楚将第三十八军的战绩向志愿军司令部作了报告。彭德怀看过之后，亲自起草了给第三十八军的嘉奖令并通报全军。电文写完后，他又在文稿后加上了“三十八军万岁”几个字。战后，《人民日报》记者满怀深情地撰写了《被人们欢呼“万岁”的部队》的战地通讯，向全国人民报道了第三十八军英勇的作战事迹。此后，第三十八军“万岁军”的美名便传遍中国。但是，很少有人知道，韩先楚是成就“万岁军”美名的功臣之一。

西线“顶”得起

1950年12月26日，美国陆军助理参谋长李奇微出任美国第八集团军司令。西点军校优秀的毕业生李奇微虽然没有麦克阿瑟名气大，但他锋芒初露，富有活力，是最难对付的角色。韩先楚知道，李奇微当时正处于军事生涯的上升期，急需一个展示自己的机会，他刚上任几个月，就摸清了志愿军的规律，第三次战役，李奇微被迫撤离汉城，一路后撤，但每天只撤离30公里，恰好在我军一夜的行程和远程大炮的射程之外。韩先楚深感这个对手不好对付。志愿军虽接连取得了三次战役的胜利，占领汉城，越过汉江，但极其疲惫，急需休整。而此时，李奇微却掉头杀了个回马枪，妄图夺回汉城，将中国人民志愿军和朝鲜人民军压回到“三八线”以北。1951年1月25日，韩先楚正在平壤以东的成川参加中朝两军召开的高级干部会议，研究部队休整和春季攻势的问题，突然听说李奇微发起了攻势，他心头猛然一震：来得好快呀！于是立即根据志司的要求，组织第四次战役。

经志愿军司令部研究，确定第四次战役的作战方针是“西顶东放”，即以一部分兵力在西线顶住敌军主力，待东线敌人深入、突出后，以我军主力进行反击，并向西线敌人侧后迂回，从而粉碎李奇微组织的这场大规模进攻。按照部署，韩先楚就是那个在西线负责“顶”的人。他立即组织第三十八军、第五十军和朝鲜人民军第一军团发起了一场规模空前的防御战。

在汉城北山的防空洞里，韩先楚连续几日无法入睡。他披着大衣，

★ 韩先楚

来回踱步，时而走到作战地图前面凝神思考，时而走到桌前用笔写着、画着……蜡烛火焰闪动，不时发出“噼啪”的刺耳响声，煎熬着防空洞中的每一个人。行李袋整齐地堆放在床边，没有一丝用过的痕迹。这几天，他一直在思考：“世界上本来就没有突不破的防线，更何况在劣势装备的固定阵地上与敌对垒，往往是伤亡大，阵地却守不住，该怎样破解这一难题呢？”经过反复思考，与大家讨论、研究，韩先楚最终定下了作战策略。

首先，防御守备、阵地选择、工事挖掘是十分重要的。作为西线最高指挥官，韩先楚在成川高级干部会议结束后就直接去了前线。所到之处，他要求部队选择有利地形设立阵地和观察所，并一再强调搞好伪装隐蔽。阵地前沿和两翼多埋设地雷，或以炸药、手榴弹代替，注意破坏敌人必经道路。冰天雪地中构筑工事非常困难，一镐下去只有一个白点，又不舍得用炸药，他就根据经验指示大家把积雪堆积起来，浇上水，筑成冰墙。作为一名经验丰富的前线指挥员，韩先楚深知这是一场硬仗，只有把工事做好，才能减少伤亡。

战斗很快打响了。美军一开始便展开空地立体进攻，对我军一个团的防御阵地倾泻数万发炮弹，并以数十架飞机轮番轰炸，攻击我军纵深目标。我军火力强度只有敌人的十分之一，防御难度是历史上从未有过的。起初，我军依照传统战法，在前沿配置较多兵力，结果在敌炮火准备阶段即伤亡过半。韩先楚当即指出，兵力配置要前轻后重，前沿兵力要疏散配置，火炮也要分散隐蔽，待敌人步兵接近时突然开火，较大的反击必须在夜间进行。并指出，不宜死守一地，在争取到一定时间或无力防守时，应主动转移阵地。部队遵照执行后，伤亡明显减少，对抗击敌人的进攻也更有信心、更有效力了。

随着战斗的发展，韩先楚针对敌人的攻击特点，结合各部队一些行之有效的打法，不断提出新的战术要求，如：依托山地制高点构筑工事时，要选择两侧凹凸部和溪谷构筑隐蔽工事，步兵要多挖单人的洞穴式掩体，重火器要在发扬火力的前提下尽量深入地下；各级指挥所应构筑坚固、隐蔽的观察所，与阵地、反击部队和炮兵部队多方联络，保证指挥、通信畅通；每个连队要组织若干个反坦克三人小组，多带手雷、燃烧瓶，

★ 中国人民志愿军和朝鲜人民军共同庆祝胜利

埋伏在阵地前沿及路边，专门对付敌人坦克。这些做法，不但在西线防御战中起到了重要作用，而且初步摸索出现代战争条件下进行运动防御的新战术，为我军后来的防御作战提供了有益的经验。最终，韩先楚指挥的第三十八军、第五十军和朝鲜人民军第一军团顶住了巨大的压力，用鲜血与生命筑起了一道钢铁屏障，把西线的敌人牢牢地锁在汉江以南，为东线的反击战创造出有利的战机。

在伟大的抗美援朝战争中，从第一次战役到第五次战役，韩先楚始终在前线指挥作战。他曾对战争的前景作过判断，认为一方是钢少气多，一方是钢多气少，到头来最大的可能就是双方的决策人都明白难以打下去了，就坐到谈判桌前去讨价还价，打嘴巴子官司。韩先楚渴望与强者对话，但他更渴望拥有一支与对手同等装备的军队。他常常这样说：我们的“钢”不用多，哪怕只有敌人的十分之一，也早把他们赶到大海里去了。韩先楚深刻地意识到一个国家的国防和军队现代化水平是国家实力的象征，是国家力量的重要组成部分，他对建立一个繁荣富强的中国充满信心。

1951 年 9 月，根据战局变化，志愿军总部决定成立西海岸防御指挥所，韩先楚兼任西海岸指挥所司令员。1952 年 8 月，韩先楚调任第十九兵团司令员，指挥了秋季反击战。1953 年初，韩先楚因病情加重，回国治疗，离开了战斗两年多的朝鲜战场。为了表彰他在抗美援朝战争中的杰出贡献，朝鲜民主主义人民共和国最高人民会议常任委员会授予他“一级国旗勋章”和“一级自由独立勋章”。

后来，抗美援朝纪念馆筹建时，征集到了韩先楚将军使用过的一个行李袋，经评审鉴定为国家一级文物，在纪念馆中永久展出。这个简朴而破旧的行李袋绝不是一件普通的文物，它见证了韩先楚将军在抗美援朝战争中做出的历史性贡献，激励无数中华儿女沿着将军毕生为之奋斗的伟大事业，不断砥砺前行……

志愿军“大管家”的无上荣誉

——朝鲜最高人民会议常任委员会颁赠给洪学智的“一级自由独立勋章”

在伟大的抗美援朝战争中，面对武装到牙齿的敌人，兵力和装备都不占优势的中国人民志愿军之所以能够取得胜利，除了党中央和中央军委的正确领导、前线官兵的英勇奋战之外，坚强有力的后勤保障也是克敌制胜的重要法宝。在抗美援朝纪念馆中，陈列着 1953 年朝鲜最高人民会议常任委员会颁赠给志愿军“大管家”、负责后勤工作的副司令员洪学智的“一级自由独立勋章”，以表彰他为抗美援朝战争后勤保障工作做出的卓越贡献。在这场异常艰苦的斗争中，兼任志愿军后勤司令部司令员的洪学智领导志愿军后勤指战员浴血奋战，在没有制空权和频繁遭受洪水袭击的情况下，建立起了“打不断、炸不烂、冲不垮”的钢铁运输线，粉碎了美军策划的“绞杀战”，保障了前线作战的物资供应，为夺取战争胜利发挥了重要作用。他在战争中积累的现代战争后勤保障经验，也成为我军后勤工作的宝贵财富。

“洪大个子，我看你这个人是个好人哪”

洪学智，1913 年 2 月 2 日生于安徽金寨，1929 年 3 月参加革命，同年 5 月加入中国共产党。在革命生涯中，历任班长、排长、连长、团政

★ 洪学智

治处主任、师政治部主任、军政治部主任、副师长、军区副司令、军区司令、纵队司令、军长、兵团副司令等职，参加了长征、辽沈战役、平津战役、渡江战役等。1950年7月，洪学智调任东北边防军第十三兵团副司令员，10月，任中国人民志愿军副司令员，协助彭德怀指挥志愿军入朝作战。

抗美援朝战场上危险无处不在。志愿军的防空力量极其薄弱，可以说基本没有制空权。美军战机极为嚣张，整天都在空中盘旋并伺机轰炸。不仅志愿军的阵地全部暴露在美军战机下，就连司令部都时刻受到美军战机的轰炸威胁。毛主席虽然没有亲赴抗美援朝战场前线，但是对于前线同志的安危却十分挂念，志愿军刚出国作战不久，毛主席就几次发电报嘱咐彭德怀要注意司令部的安全。身为负责后勤保障的副司令员，洪学智切实担负起了保护彭德怀和司令部安全的任务。

刚入朝作战时，志愿军司令部被安排在普通民房里。洪学智通过观察，发现敌机经常四处侦察，一发现我军目标便立即投弹轰炸，志司安全问题必须高度重视。经与几位同志反复研究，他决定在彭德怀住处的附近挖一个防空洞。没想到，他这个决定刚提出来就遭到了彭德怀的反

★ 洪学智荣获的朝鲜颁赠的“一级自由独立勋章”

对，而且彭德怀还把准备施工的工兵都轰走，他认为工兵应该在战场上发挥更好的作用。洪学智十分清楚彭德怀的脾气，他告诉工兵，不管彭总说什么，你们只管施工。洪学智还特意找到彭德怀解释，并找借口说，挖防空洞只是在执行“上边”的命令。彭德怀当然知道,洪学智口中的“上边”，就是毛主席与中央军委。中央领导同志极度关心司令部的安危，彭德怀也无话可说，只能任由工兵们挖防空洞了。

很快，防空洞挖好了，但是脾气倔强的彭德怀却说什么也不肯进防空洞办公，大家没办法，又来找洪学智，洪学智微笑着对这几个同志嘀咕了几句，让大家依计而行。

1950 年 11 月 24 日，彭德怀在熟悉的地图前作出了战役部署，一场扭转战局的大战即将上演。25 日凌晨 5 时，大规模的反攻就要开始了，彭德怀挤出时间睡了 2 个小时。他知道非睡一觉不可，以后的六七天恐怕都睡不成了。醒来后，他手举蜡烛在自己的小房间里踱步，然后习惯性地走到亲手勾画了无数遍的那张军用地图前，结果，他吃了一惊——地图不见了！彭德怀火气顿时就冲上来了，他唯一的心爱之物就是这张已经非常熟悉的地图，谁的胆子这么大，竟敢拿走他的地图？“警卫员，我的图呢？”彭德怀吼起来。洪学智立即跑过来，微笑着说：“图拿到上面防空洞里面去了，都挂好了，水也烧好了，大伙都等着你去研究下一步的作战计划呢！”原来，这两天洪学智已经发觉有几架美军侦察机在志愿军司令部上空转来转去，多年的战场直觉让他意识到了危险，他立即与司令部的几位指挥员商量了一下，都觉得第二天必须疏散防空。但是大家都怕彭德怀发脾气，便让常与彭德怀开玩笑的洪学智去拉彭总进防空洞。洪学智灵机一动，想出个歪招儿，先趁彭德怀睡着的时候拿走他心爱的地图,到时候由不得彭德怀不走。彭德怀看出了洪学智的“把戏”，立即发起火来，吼道：“洪大个子（洪学智身高 185 厘米，战友们都亲切地叫他洪大个子），你怕危险你走，我看这里好得很。”洪学智笑着说：“你不去，怎么行呢？出事就晚了，走走走。”说着，就使了个眼色，和跟上来的几个警卫员生拉硬拽把彭德怀拖进了防空洞。

彭德怀刚进洞不久，忽然听到一阵尖啸，赶到洞口一看，几架敌机从南边直飞过来，连圈子都没绕，就对着彭德怀刚离开的房子扔下了好几颗炸弹，眼看着炸弹落地腾起一片火海。不久烟雾散去，志愿军司令部便消失在人们的视线中……彭德怀看看司令部仅剩的残骸，又看看洪学智，不禁一阵愧疚，抓起洪学智的手说："洪大个子，我看你这个人是个好人哪！"洪学智哈哈一笑，说："我本来就是好人，不是坏人。"彭德怀依旧拉着洪学智的手说："今日不是你，老夫休矣！"洪学智开玩笑说："早上我要警卫员把你的被子搬出来，你偏不搬，说没关系。你不搬出来，今天晚上不是没被子盖了吗？"彭德怀说："老夫今天算是捡了一条命！"洪学智赶紧抓住机会说："以后再挖防空洞，你不要骂了。"

"这个想法很好，很重要"

"没有吃，没有穿，自有那敌人送上前；没有枪，没有炮，敌人给我们造……"这首广为传唱的《游击队歌》，是中国人民抗日战争中我党我军采取灵活方式完成军队物资给养供给的生动体现。解放战争中，陈毅元帅说"淮海战役的胜利是人民群众用小车推出来的"，充分表明广大群众就是我们的后勤部队。但是，抗美援朝出国作战与党领导的历次革命斗争都不一样，尤其在后勤保障方面出现了很多新问题，提出了一些新课题，带来了好多难以想象的新挑战：一是由于朝鲜自身条件所限，志愿军作战所需物资难以就地补给，只能依靠国内统筹供应；二是志愿军运输能力相对较弱，在美国空军疯狂封锁破坏下，车辆、物资损失严重；三是现代战争物资需要量大，保障工作组织复杂，而志愿军后勤队伍严重不适应现代战争需要，特别是人员数量少，并缺乏必要经验，后勤体制不健全，后勤指挥不集中、不统一等。正因为如此，志愿军在整个运动战期间后勤保障始终处于被动状态，其核心问题是作战物资的运输和供应问题：国内有物资，但运输远不能满足志愿军在朝鲜作战的需要，即便物资运到朝鲜，也难以随时跟进供应到一线作战部队。后勤保障的

★ 洪学智（右三）与志愿军后勤司令部部分成员合影

这种状况严重制约了志愿军的作战行动，部队作战只能靠自身携带，带几天打几天，一般进攻作战只能维持 7 到 10 天，7 到 10 天后，即便出现有利战机，也只能停止进攻，进行后勤补给，然后再战。因此，美军常说，中共军队作战是“礼拜攻势”。

1951 年 4 月下旬，洪学智回国向党中央汇报工作。在北京，先是毛泽东主席和朱德总司令接见了洪学智。随后，洪学智又向政务院总理、中央军委副主席周恩来作了汇报。洪学智说，志愿军一线部队普遍反映有“三怕”：一怕没饭吃，二怕没子弹用，三怕负伤后抬不下火线。针对这种情况，他向周总理提出了“大后勤战略”思想，建议军队后勤工作实行集中统一指挥，这样能使资源效率最大化。他说，现代战争是立体战争，战争不仅在前方打，也在后方打。后方战争的成败决定了前方战争的规模和胜负，我们只有打赢了后方战争，才能保证前方战争的胜利，军队后勤工作要适应这一特点。希望中央军委增派防空、通信、铁道、工兵等诸多兵种部队，并建议成立后勤司令部，统一指挥后方诸多兵种的联合作战，在战斗中保障，在保障中进行战斗。周总理听后，给予充分肯定，说：“这个想法很好，很重要，军委一定尽快研究，尽快采取措施。”不久，中央军委便采纳了洪学智的建议，5月19日，中央军委作出《关于加强志愿军后方勤务工作的决定》，6月，成立了志愿军后勤司令部，洪学智兼任司令员，负责管理朝鲜境内一切后勤组织与设施。

对于后勤司令员这个职务，刚开始洪学智内心是拒绝的，因为当时负责后勤的李聚奎、周纯全都有丰富的后勤工作经历，而洪学智在这方面经验比较匮乏，他担心自己难以胜任。而且，当时美军轰炸机确实十分厉害，他也担心后勤工作搞不好会拖志愿军的后腿。更重要的是，洪学智原本志不在此，他还是希望自己能在正面战场上率军与美军对战、抗衡。如果自己真的担任了后勤司令员，恐怕就没有机会率军跟美军真刀真枪地正面较量了。作为一名志愿军将领，空有一身本领，却不能率军与号称世界第一的美军正面过招，洪学智实在心有不甘。犹豫再三，洪学智还是跟彭德怀提出了自己不想干后勤的想法，并特意推荐了几个人给彭德怀，可谁知彭德怀心里就认准洪学智能行，最后，甚至生气大骂洪学智：“你不干，我来干，你去指挥部队。共产党员还挑职务！”无奈，

★ 抗美援朝战争时期洪学智使用过的文件箱

洪学智只好乖乖担负起志愿军后勤司令员的责任，为一线的志愿军指战员杀敌立功做好后勤服务保障工作。

“我是美国空军大学毕业的”

抗美援朝战争期间，美国远东空军总部的一位将军曾经说过：战后我要见一个人，这个人就是朝鲜战场上中国军队的后勤部长，我想知道，在“联合国军”这样严密的轰炸封锁下，他是怎样把物资运到前线，保障中国军队作战的。1986年，洪学智应邀率中国人民解放军后勤代表团访问美国，当时美国太平洋舰队司令莱昂斯上将问：“洪将军，你是什么大学毕业的？”洪学智笑笑说：“我是你们美国的大学毕业的。”翻译一惊，直译过去。莱昂斯上将不解地问：“我们哪个军校毕业？”洪学智说：“我是美国空军大学毕业的。”莱昂斯上将这才恍然大悟，大笑起来，说：“那请你到我们这里来办公。”洪学智说：“你们的空军大学还没有给我发毕业证呐！”这时，谁都知道洪将军说的是20世纪50年代的那场战争。正是那场战争，使洪学智将军的军事才华得到了充分的发挥，成为我军一名耀眼的将星。

让我们把目光再次聚焦到20世纪50年代的朝鲜战场。1951年7月，朝鲜北部发生特大洪水，不仅冲走了志愿军大量的物资，而且所有的公路几乎全被冲毁，205座桥梁无一幸免，铁路多次修复，又多次被冲毁。面对洪水造成的巨大损失，洪学智日夜不安，心急如焚。仅靠志愿军后勤部队抢修，根本无法保证前线物资的供应，他与志愿军副司令员陈赓紧急商议，决定除一线部队外，二线备战的11个军、9个工兵团和志愿军后勤3个工程大队，以及所有的机关勤务人员全部投入抢修工作。数十万志愿军部队，冒着敌机轰炸扫射的危险，连续奋战25个昼夜，恢复了全部交通。

正当志愿军部队与洪水搏斗时，美军发挥其空中优势，派大量轰炸机对我军后方发起了一场大规模的空中“绞杀战”，企图用全面控制和重点破坏等方法，炸毁铁路、公路、桥梁和仓库，摧毁我方运输线和运输工具及武器、粮食等储备。敌机昼夜不停地超低空搜索扫射，不放过一人一车、一缕炊烟、一点亮光……为了粉碎敌人的“绞杀战”，洪学智指示后勤部队对各种物资紧急隐蔽、疏散、伪装，并千方百计恢复交通，抢运物资，不让敌人的阴谋得逞。公路系统的后勤部队创造了许多有效的方法和措施。在隐蔽物资时，他们除利用矿洞、隧道、树林囤积物资外，还采取了设置假目标的方法，以假乱真，迷惑敌人。为了防止敌人空袭，后勤部队在运输线上每隔 1 至 2 公里就设置一个防空哨，昼夜监视敌机，及时报警，使运输车辆迅速隐蔽。此外，后勤部队还创造性地使用了修便桥、浮桥、水下桥、虚假桥和避开主线修建迂回线的方法，昼夜抢运物资，并利用雨、雪、雾等自然天气不好、敌机难飞等条件加紧抢运。同时，在运输部队中还实施了“分段包运制”和“吨公里制”等方式，开展运输竞赛，极大地提高了运输效率。在反“绞杀战”中，洪学智率领志愿军后勤部队共抢修公路 2425 公里、桥梁涵洞 1200 多座，构筑汽

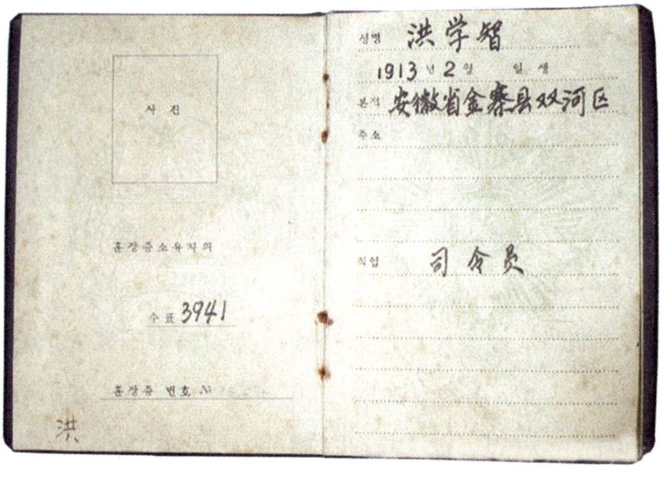

★ 洪学智荣获的朝鲜颁发的“一级自由独立勋章”证书

★ 1955年国庆节，洪学智（左一）与粟裕（右二）、陈赓（右一）、萧华（左二）在天安门城楼上

车隐蔽部8000多处，修建各类仓库9000多个，可储备近6000车皮物资。

在整个"绞杀战"中，美军共出动飞机8.7万多架次，平均每天300多架次，对志愿军后方运输线实施了空前的破坏和封锁。但是，在洪学智的正确指挥下，志愿军后方诸兵种协同配合，团结奋战，不仅后方运输线没有中断，反而在1952年5月提前一个半月超额完成了上半年的运输任务。同年6月，敌人的空中"绞杀战"终以失败告终。1952年5月31日，美军第八集团军司令范弗里特在汉城的记者招待会上承认："虽然联军的空军和海军尽了一切力量，企图阻断共产党的供应，然而共产党仍然以令人难以置信的顽强毅力把物资运到前线，创造了惊人的奇迹。"

1953年，朝鲜最高人民会议常任委员会颁赠中国人民志愿军副司令员洪学智一枚"一级自由独立勋章"，并颁发了"一级自由独立勋章"证书（证号：3941），以表彰他为抗美援朝战争所做出的突出贡献。这枚勋章为纯银质，通径为71毫米，为单凸厚圆环，形制为一颗珐琅红星镶铸在向外闪着光束的十边形，珐琅红星中间的圆环中是一名拿着手枪和一名手持长枪的军人在飞机、坦克的掩护下冲锋。后来，抗美援朝纪念馆筹建时，洪学智将这枚“一级自由独立勋章”和勋章证书一并捐赠给了抗美援朝纪念馆。如今，当人们看到这枚勋章和这本证书时，便想起了洪学智为抗美援朝后勤工作做出的卓越贡献和抗美援朝战争中那条“打不断、炸不烂、冲不垮”的钢铁运输线……

抗美援朝战场上的珍贵纪念

——解方使用过的基辅照相机

在抗美援朝纪念馆中，珍藏着一台中国人民志愿军参谋长解方曾经使用过的基辅照相机。这架颇具年代感的照相机是金属质地，做工精细，虽然饱经沧桑却仍可使用，相机皮套古朴精致，虽有磨损但依旧保存完好。在中国人民志愿军出国作战期间，解方用这架照相机记录下了朝鲜的风土人情、山川河流、道路桥梁……在工作中，这架照相机记录了志愿军官兵工作和生活的场景；在战场上，这架小小的照相机记录了志愿军指战员英勇的战斗瞬间，让生命中最辉煌的时刻永存于世。

从兵团参谋长到志愿军参谋长

解方，原名解如川，字沛然，1908 年生于吉林。1930 年毕业于日本陆军士官学校，后加入东北军，曾任副旅长、师参谋长等职。1936 年 4 月，解方加入中国共产党，在东北军中开展统战工作。1941 年到延安，先后任中央军委情报部第三局局长，中共中央党校军事训练班秘书长，八路军第一二〇师第三五八旅参谋长。抗战胜利后到东北工作，先后任东北人民自治军副参谋长、辽宁军区副司令员、第四野战军第十二兵团参谋长、第四十军副军长等职，曾率部参加四保临江、辽沈、平津、衡宝、广西、海南岛等战役，立下赫赫战功。

1950 年 6 月，时任中国人民解放军第十二兵团参谋长的解方刚刚抖落解放海南岛的征尘，正在武汉休养，突然听到朝鲜战争爆发的消息，出于军人的敏感，他立刻意识到，这场战争绝对不像表面看上去那么简单，极有可能是美帝国主义想利用朝鲜作为跳板，妄图把新生的中华人民共和国扼杀在摇篮里。形势紧迫，他忧心如焚，连夜给首长写信，请缨北上，准备参战。不久，解方的请示被批准，调任第十三兵团参谋长。很快，中央军委作出《关于保卫东北边防的决定》，抽调第十三兵团和部分炮兵、工兵部队组成东北边防军，向鸭绿江边集结，解方随部队到达指定地点后，便马不停蹄地开始战前准备工作。他详尽地考察了鸭绿江沿岸的地形、水势、桥梁等，同时很快熟悉了第十三兵团所属部队的人员编制和装备情况，并搜集了有关朝鲜战争态势的大量情报。由于常年征战，经验丰富的解方深知尽可能多地掌握资料对于战斗胜利的重要意义，只有做到知己知彼，才能百战不殆。

★ 解方

★ 志愿军参谋长解方使用过的照相机

在掌握了大量资料之后，解方找到兵团司令员邓华和副司令员洪学智，把对朝鲜战争局势的分析、对敌人军情的判断和自己对这场战争的想法作了详细的汇报。他认为，从当时的战争态势来看，朝鲜人民军的攻势很猛，自6月25日以来，他们一路南下，连连克敌，战斗到8月中旬，已经解放了90%的地区，将美国第八集团军和南朝鲜的残兵败将压缩到洛东江以东一万平方公里的狭小区域。然而，形势并不十分乐观，吃了败仗的美军不会善罢甘休，会更加穷凶极恶地发动进攻。一方面，他们会利用海空优势，沿着大邱、马山、釜山、庆州的四边地区建立环形防御圈，负隅顽抗，阻滞朝鲜人民军的攻势；另一方面，他们会在釜山港继续调兵遣将，准备伺机反扑。朝鲜人民军一路南下，补给线延长、后方兵力不足的战略弱点已经暴露出来了，如果美军大举反攻，以部分兵力在现在的战场与朝鲜人民军周旋，主力在平壤或汉城地区大举登陆，前后夹击，那么，朝鲜人民军将会腹背受敌，陷入十分危险的境地。在这种情况下，与其等到美军打下朝鲜，直接威胁我国东北，我们再作反击，不如尽快出兵，配合朝鲜人民军消灭敌人，争取主动，粉碎敌人的侵略阴谋。邓华和洪学智听完解方的汇报，相视而笑。洪学智赞许解方分析得很透彻，判断也很正确，与邓华和洪学智的意见不谋而合。稍后，政治部主任杜平、作战科长杨迪也来商谈，他们就朝鲜半岛的战争态势、敌人可能登陆的地点、海空优势、陆军装备以及我军的战前准备工作等情况，进一步作了详细的分析和充分的估计。最后，大家决定由解方执笔，给中央军委起草一份报告。

第二天一早，解方便拿着连夜赶写的报告敲响了邓华的房门，用布满血丝的眼睛坚定地看着邓华，邓华捧着报告一字一句仔细阅读，眼睛渐渐散发出赞叹的光芒。“好，写得言简意赅。”接着，邓华与解方研究，在报告上再作相应的补充，如：让空军参战，增加参战部队，并给部队增配高射炮、反坦克武器，加强后勤保障，派得力干部进入朝鲜侦察敌情，了解朝鲜人民军的情况等。随后，解方修改了报告，与邓华、洪学智、杜平、杨迪进一步讨论通过后，将报告发往北京。

朝鲜半岛局势的发展果然不出解方等人所料。1950年9月中旬，大批美军在朝鲜半岛西海岸仁川登陆，截断朝鲜人民军南进部队的后路，战局急骤逆转。9月28日，美军占领汉城；30日，又全线进抵“三八线”。朝鲜人民军被迫转入战略退却，形势十分危急。10月8日，在美军越过“三八线”的第二天，中国人民革命军事委员会主席毛泽东发布命令，将东北边防军改为中国人民志愿军，任命彭德怀为中国人民志愿军司令员兼政治委员。不久，根据彭德怀的建议，党中央和中央军委决定，第十三兵团司令部、政治部及其他机构，改编为中国人民志愿军司令部、政治部及其他机构，任命邓华、洪学智、韩先楚为副司令员，解方为参谋长，杜平为政治部主任。10月19日，志愿军雄赳赳、气昂昂跨过鸭绿江，开始了伟大的抗美援朝战争。

从组建志愿军司令部到向毛主席汇报工作

进入朝鲜后，根据分工，解方除了要参与指挥作战外，还要负责组建志愿军司令部的工作。志愿军司令部的人员组成比较复杂，既有第十三兵团司令部的原班人马，又有彭德怀从北京带过去的工作人员，还有入朝前从东北军区抽调的干部。面对这样一个复杂、陌生的大摊子，解方认为，核心问题是团结。在志愿军司令部召开的第一次大会上，解方除了部署工作、明确任务、提出要求外，着重对大家强调了司令部的团结问题。他说：“我们司令部是整个志愿军的首脑机关，是彭老总的参谋部，任务完成得好坏，直接关系到战场上的胜败，每个人必须清醒地认识到自己的重大责任。完成任务靠什么呢？首先是团结，靠我们全体同志的互相支持、互相关心和互相协作。大家虽然来自各个地方，许多人没有在一起共过事，这会给我们开始的工作带来一些不便，但只要紧密地团结在一起，我们就没有克服不了的困难！”讲到这里，解方停顿了一下，然后提高了嗓门儿，“我先把丑话说在前头，大敌当前，如果有人不顾大局，闹意见，搞纠纷，破坏团结，影响工作，我解方决不轻饶。

如果我解方这样，我就请求彭总拿我开刀！”

彭德怀从北京带过去的工作班子与第十三兵团司令部合并后，司令部的作战、侦察、通信、机要、军务等主要职能大都有两套领导班子，而且两方面的主要干部也大都是作战经验丰富、业务能力较强的同志。究竟让谁来担当重任？既要考虑人员的能力水平，更要从团结的大局出发，经过认真考虑，解方决定让彭德怀从北京带来的同志任正职，让自己比较熟悉的第十三兵团的同志任副职。第十三兵团有些任副职的同志不服气，为了稳定大家的情绪，解方常利用作战间隙，一个一个地找第十三兵团的同志谈话。他说：“我们是四野的主力，过去作战有功，但思想也要过硬。有本事要在工作上争高低，不能在职务上争高低。斤斤计较职务高低，就不是真正的共产党员。”三言两语就把思想工作做通了。后来，有位志愿军同志说：“解参谋长把各方面人员合在一起，也把大家的心合在一块儿了。”

解方组建志愿军司令部的原则：不求人多，但求精干。志愿军兵力最多时曾经超过100万人，而指挥这支百万大军的司令部却不过100多人。

★ 解方（左）与邓华合影

为了充分、有效发挥司令部的作用，解方要求司令部所有同志要精通自己的业务，“读、记、算、写、画、传”样样都要过硬。他还为司令部制定了“严、细、快、准”的四字工作标准，规范包括自己在内的司令部全体同志。他向大家解释四字工作标准的含义：“严”，就是要服从命令听指挥，严格遵守志愿军的各项纪律规定；“细”，就是要细致地完成首长交给的每一项任务，不能有半点粗枝大叶；“快”，就是要迅速、及时，否则会贻误战机；“准”，就是要准确地上呈下达，否则会影响指挥员的正确判断和作战指挥。他是这样说，也是带头这样做的。他向彭德怀汇报情况，总是以精练、简明、扼要的语言，把问题讲得清清楚楚，时间、地点、数量、方位等都准确无误。

作为志愿军的参谋长，解方在抗美援朝战争中出谋划策、协助指挥战斗，深受彭德怀的赏识。第五次战役结束后，彭德怀决定派解方到北京向毛主席详尽汇报战场情况。1951 年 5 月 27 日，毛主席在中南海听取了解方两个小时的汇报后，肯定了彭德怀的想法，同时指示：志愿军的作战任务是消灭美、英军九个师，才能解决朝鲜问题。打法上要用不断轮番作战、各个歼灭敌人的方针，好比是“零敲牛皮糖”，每一次以彻底干净地歼灭敌一个营为目标。一次使用三四个军，其他部队整补待机，有机会就打。如此轮番作战，在夏、秋、冬三季内将敌人削弱，明春则可组织大规模攻势。应加强政治工作，将朝鲜战争的长期性、艰苦性向全体干部战士讲清楚，让他们有充分的认识和思想准备，同时应指出胜利的条件，克服困难，战胜困难。组织上完全同意“统一集中，减少层次，精干组织，提高效率”的原则，兵团最好取消，以加强志愿军司令部与各军的力量。除注意加强空军建设、加速空军出动外，目前重点是加强反战车武器，部队应提倡打战车、打飞机。解方将毛主席的指示内容写成电报，签批后立即发给彭德怀。这封电报，对志愿军在第五次战役后制定正确的作战方针起到了极为关键的作用，特别是“零敲牛皮糖”的战术，使志愿军在敌我装备悬殊的情况下，积小胜为大胜，不断向大的歼灭战过渡，直至取得最后的胜利。

从金戈铁马到唇枪舌剑

从1950年10月到1951年6月，中国人民志愿军与朝鲜人民军密切配合，历时7个多月，连续进行五次战役，把敌人从鸭绿江边赶到“三八线”以南，迫使敌人不得不从战场转到停战谈判桌上。

一天，彭德怀找到解方，对他说：“我建议让邓华和你代表志愿军参加停战谈判，中央已经同意了。听说你懂点外语，谈判也不外行，相信你能完成这个光荣而艰巨的任务。别的就不多说了，我只有一句话：敌人在战场上得不到的，也休想在谈判桌上得到！”解方精通日语，粗通英语，也参加过军事谈判，早在解放战争时期，促成国民党高级将领曾泽生、傅作义、陈明仁起义的谈判，都有过解方的身影。让他去参加朝鲜停战谈判，最合适不过了。

1951年7月10日上午10时，朝鲜停战谈判在开城来凤庄举行。按照计划，双方拟完成5项议程：一是通过议程；二是作为在朝鲜停止敌对行为的基本条件，确定双方分界线以建立非军事区；三是讨论在朝鲜境内实现停火与休战的具体安排，包括监督停火休战条款实施机构的组成、权力与职司；四是研究战俘的安排问题；五是确定向双方有关各国政府建议事项。谈判开始后，经过唇枪舌剑、你来我往的争论，双方就第一项议程达成了协议。进入第二项议程后，谈判便陷入僵局。我方代表提出的以“三八线”为军事分界线的方案本来在停战谈判前美方也持相同主张，但此时他们却横生枝节，加以拒绝，说他们是海、陆、空三军参战，且空中、海上他们仍有绝对的优势，因此，划分军事分界线时，“海、空军优势必须在地面上得到补偿”，要求我方向后退出1.2万平方公里。这一强盗逻辑立即遭到我方严厉的驳斥。由于美方胡搅蛮缠，双方代表团会议谈了十几次仍毫无结果。为了打破僵局，从8月15日开始，谈判以小组方式进行，双方各派2名代表，我方的代表是解方和朝鲜人民军李相朝，美方的代表是副参谋长霍治和勃克。小组会议上，美方代表仍

★ 朝鲜停战谈判双方代表就军事分界线问题（第二项议程）进行谈判

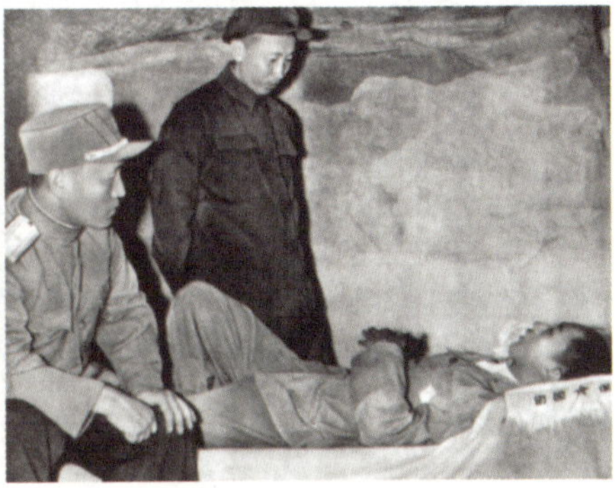

★ 解方（站立者）与李相朝（左一）携带慰问品赴医疗所慰问伤员

为他们的“海、空军优势补偿论”寻找依据，妄图不战而侵吞朝鲜的大片土地。面对这样的无赖，解方回敬说：“我承认你们的海空优势，你们是陆海空三军参战，但是你们不要忘了，我们一军对三军就把你们从鸭绿江边赶到三八线，如果是三军对三军，早把你们赶下大海了，还有什么谈的余地呢！”对方张口结舌，无言以对。在另一次小组会上，解方又幽默地说：“既然你方说你海、空军强，我方说我陆军强，我们是否可以作这样的设想：在停战时，只让双方数目相等的陆军停火，而我方多余的陆军不停火，你们的海、空军也不停止行动，这样好不好？”一席话戳穿了美方荒谬的“海空优势论”，也把在场的人员逗笑了。美方在谈判桌上负隅顽抗，狂妄地叫嚷：“让炸弹、大炮和机关枪去辩论吧！”对于这种威胁和恫吓，解方针锋相对：“你们在谈判桌上得不到的，也休想在战场上得到！”

1951 年 8 月中旬，以美军为首的“联合国军”采取“逐段进攻，逐步推进”的战法，连续发动夏、秋攻势，早已做好战斗准备的志愿军沉着应战，给敌人以迎头痛击。伤亡惨重的美军不得不再次回到谈判桌前，因美方破坏而中断了 63 天的停战谈判于 10 月 25 日在板门店复会。通过这个“插曲”，志愿军认清了美军的真面目，开始以战场上的胜利作为停战谈判的后盾。在震惊世界的上甘岭战役中，志愿军战士用钢铁般的意志狠狠打了美军的耳光，使其颜面扫地。即便如此，美军依旧不甘心，直到金城战役，“联合国军”被志愿军打得落花流水，损失惨重，才彻底清醒过来。

战场上的胜利为我军赢得了谈判桌上的话语权，1953 年 7 月 27 日，以美军为首的“联合国军”终于在《朝鲜停战协议》上签字，历时 3 年多的朝鲜战争宣告结束。后来，美方首席代表乔埃在自己的回忆录中写道：“我们谈判的主要对手就是解方。”彭德怀也不止一次说：“等到回国之后，我一定要将解方推荐给周总理，让他去干外交，这样的军事外交人才不

★ 解方（左一）与朝鲜停战谈判的朝中代表团代表南日（中）、邓华（左二）、李相朝（右二）、张平山（右一）合影

多得啊！”为了表彰解方在抗美援朝战争中的贡献，朝鲜民主主义人民共和国最高人民会议常任委员会授予他“一级国旗勋章”和“一级自由独立勋章”。

后来，抗美援朝纪念馆筹建时，征集到了解方与抗美援朝战争有关的一些文物，其中最具代表性的是他使用过的一架基辅照相机。这架照相机经过评审，被鉴定为国家一级文物。如今，志愿军参谋长解方使用过的这架基辅照相机静静地陈列在抗美援朝纪念馆中，也许它银色的“皮肤”已没有当年那么闪耀，快门声也不再响亮，但它却能将参观者的思绪带回到那个战火纷飞的年代，定格在志愿军指战员舍生忘死、奋勇杀敌的瞬间。那些最可爱的人，那一张张最可爱的脸，永远激励着一代代中华儿女自强不息、奋勇向前……

★ 1953 年 7 月 27 日，《朝鲜停战协定》及其临时补充协议在板门店签字

“一身荣耀”见证伟大功勋

——杜平在朝鲜停战谈判期间穿过的军装

在抗美援朝纪念馆中，展出了一套早已泛黄褪色的志愿军军官服装，它的主人是中国人民志愿军政治部主任杜平。在伟大的抗美援朝战争中，作为首批入朝、最后一批撤离的指挥员，杜平不但参与了这场战争，而且作为志愿军政治部主任，毅然扛起了领导全军政治工作的艰巨任务。他撰写了志愿军入朝首战的动员令，参加了释放和交换战俘的工作，创办了《志愿军》报，不断激励战士们保持旺盛的斗志。他全程参与了停战谈判，用代表军人荣耀的一身庄重而朴素的军装，见证了抗美援朝战争中多个伟大的历史时刻，为战争的最后胜利立下了不可磨灭的历史功勋。

政治动员　激发斗志

杜平，1908 年生于江西省万载县一个贫困农民家庭。1930 年 4 月参加中国工农红军，同年 6 月加入中国共产党，先后任红军第三十军政治部主任、政治委员等职。抗日战争时期，历任八路军第一二九师留守处副主任，八路军后方留守兵团警备第三团政治委员，警备第一旅政治部

★ 杜平

主任、副政治委员，陕甘宁晋绥联防军政治部秘书长。解放战争前夕，由延安赴东北工作，任中共旅大市委组织部部长，后调回军队任东北民主联军政治部秘书长兼组织部副部长，东北野战军、第四野战军政治部组织部部长。中华人民共和国成立后，任第四野战军第十三兵团政治部主任。

1950 年 6 月 25 日，朝鲜战争爆发。6 月 26 日，美国总统杜鲁门命令驻日本的美国远东空军和海军部队协助南朝鲜军作战。同时命令美国第七舰队驶入基隆、高雄两个港口，在台湾海峡巡逻，阻止中国人民解放军渡海进入台湾。美国政府还在联合国积极活动，于 27 日操纵联合国安全理事会通过决议，组织“联合国军”开入朝鲜半岛作战。6 月 28 日，毛泽东发表讲话，号召“全国和全世界的人民团结起来，进行充分的准备，打败美帝国主义的任何挑衅”。不久，中央军委在第十三兵团的基础上组建了东北边防军，又以东北边防军为基础组建了中国人民志愿军。中央军委将领导志愿军政治工作的艰巨任务交给了杜平，任命他为中国人民志愿军政治部主任。

接到任务后，杜平立刻开展工作。他认为，在当时的形势下，政治

★ 杜平在朝鲜停战谈判期间穿过的军装

★ 抗美援朝誓师大会

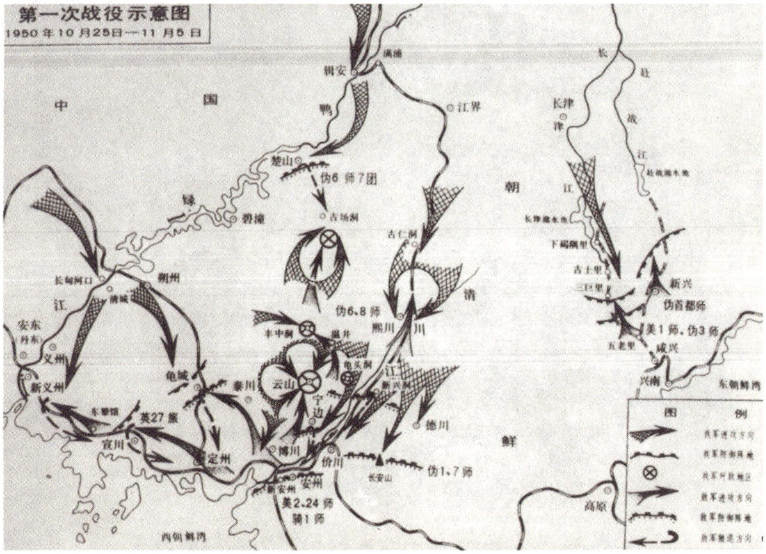

★ 第一次战役示意图

工作的主要任务是做好部队入朝作战前的思想教育工作，做到知彼知己，激励士气，坚定信心。从8月中旬到10月中旬，杜平组织各部队对广大指战员开展了全面深入的革命英雄主义、爱国主义、国际主义的思想教育工作，重点解决部队“该不该打”和“能不能打”的重大思想问题，使广大指战员理解抗美援朝的必要性和正义性，了解美军的弱点和我军的优势，树立了敢打必胜的信心。杜平要求广大指战员严格遵守部队纪律，团结朝鲜人民，团结友军；要求广大指战员必须处处关心和维护朝鲜人民的利益，爱护朝鲜的一山一水、一草一木。同时，杜平没有回避出国作战可能遇到的困难，把存在的困难向广大指战员讲清楚，例如语言不通、敌机袭扰、天气寒冷、物资短缺、风俗习惯不同等，要求广大指战员要有充分的思想准备，要有战胜一切艰难险阻的决心。杜平的战前动员取得了很好的效果，部队官兵随之出现了普遍报名参加志愿军的活动，要求支援友邻出国作战。

10 月下旬，杜平随部队进入朝鲜。10 月 24 日上午，杜平参加了由彭德怀主持召开的作战会议，研究和决定第一次战役的部署。当晚，杜平将由他亲笔撰写的第一次战役政治动员令送请彭德怀审定。彭德怀审阅时，仅删去了几句口号，并将落款处的“司令员兼政治委员彭德怀”划掉，改为“政治部主任杜平”。彭德怀对杜平说：“你任志愿军政治部主任，我已报告毛主席。”“写政治动员令，要注意从敌情、我情等实际出发，实事求是地讲清有利条件和不利条件，把我军必胜的条件讲得充分些，不要光写口号式的话。”杜平说：“彭总，您是司令员兼政治委员，还是署您的名好，我觉得署我的名字不妥。”彭德怀还是坚持他的意见，说：“政治动员令嘛，政治部主任署名就行，今后凡政治工作都由你负责。”最后，抗美援朝首次战役的政治动员令就以志愿军政治部主任杜平的名义发出。在政治动员令中，杜平提出了“打好出国第一仗”的口号，使部队战斗热情极其高涨。

1950 年 10 月 25 日至 11 月 5 日，中国人民志愿军在朝鲜人民军的配合下，在中朝边境及其附近地区，对美国为首的“联合国军”及其指挥的南朝鲜军发起了第一次战役，取得重大胜利，粉碎了美军“不可战胜”的神话。战后，杜平立即组织志愿军政治部采取多种形式传播胜利的消息，指导各部队总结交流战时政治工作经验。11 月 13 日，杜平主持召开了有各军政治部主任参加的政治工作会议。会议交流了第一次战役的政治工作经验，为抗美援朝战争政治工作的开展奠定了良好的基础。

★ 在第一次战役云山战斗中，南朝鲜军第一师美军顾问被志愿军战士俘虏

释放战俘　树立形象

1950 年 11 月 17 日，杜平向彭德怀汇报了第一次战役政治工作经验交流和对第二次战役政治工作部署的情况后，讲了他对战俘和开展敌军工作的看法。彭德怀听完杜平的汇报，说："能不能挑些战俘放回去？能多放就多放一些。"彭德怀略加沉思后，又说："这件事关系重大，你负责把它办好，是否写个电报向军委报告一下？"杜平当即起草电报，经彭德怀审批后，以彭德怀、邓华、杜平 3 人的名义报军委，拟在第二次战役释放一些战俘，以扩大我军优俘政策的影响，打破敌军怕杀头的心理，并准备 19 日夜由前方阵地送出。第二天，毛主席复电："你们释放一批俘虏很对，应赶快放走，尔后应随时分批放走，不要请示。"

为了顺利完成首次释放战俘的工作，杜平非常慎重细致，挑选对战俘工作熟练又懂英语的干部来负责具体的选俘工作，派出政治部最优秀的驾驶员来负责战俘运送。11 月 18 日，选好的 103 名俘虏做好了被释放的准备，其中美军 27 人、南朝鲜军 76 人。出发前，杜平组织人员给他们理发洗澡、换新衣服、发路费，晚饭时，杜平还特意给战俘们加了几个菜，并且开了一场欢送会。出发时，杜平再三叮嘱驾驶员务必小心驾驶，把战俘安全送到目的地。当晚，驾驶员驾车躲过美军飞机的轰炸，将战俘安全送到云山以南的阵地释放。释放时，驾驶员按规定告诉战俘，如果过不了美军的警戒线，还可以回到志愿军中来。被释放的战俘感动得热泪盈眶，表示以后再也不与志愿军为敌，还主动和志愿军战士拥抱告别。释放战俘一事很快在国际舆论引起强烈反响，这些被释放的战俘如实向媒体讲述了志愿军优待他们的情况：他们和志愿军吃一样的口粮，志愿军帮他们治病，不搜他们身上的东西。这些舆论在美军和南朝鲜军中产生了很大影响，收到了很好的效果。释放战俘的行动使全世界爱好和平的人们全都了解了中国人民志愿军是仁义之师，是严格履行国际公

志願軍

慶祝朝鮮停戰的光榮勝利！堅決執行金日成元帥、彭德懷將軍的停戰命令！

朝鮮人民軍最高司令官金日成元帥
中國人民志願軍司令員彭德懷將軍
發布停戰命令

停戰協定完全達成協議

停戰協定正式簽字

朝鮮停戰協定內容的簡要介紹

★《志愿军》报

约、热爱和平的部队。中国人民志愿军在国际上树立了良好的形象，作为志愿军政治部主任的杜平功不可没。

《志愿军》报 鼓舞士气

战场上的节节胜利，让志愿军战士们更加思念祖国、思念家乡，但远在异国他乡作战，看不到国内的报纸，收听不到家乡的消息，让战士们感到心绪不宁。杜平了解到这个情况后，认为有必要办一份报纸，丰富战士们的精神生活。1951 年 1 月，杜平向志愿军党委建议创办《志愿军》报，宣传贯彻党中央、中央军委、志愿军党委及志愿军司令部、政治部的方针政策，交流与总结各部队的战斗经验和工作经验，表扬英雄模范、鼓舞战斗热情，指正缺点、改进工作，反映广大战士的意见和要求，为部队提供思想政治教育和文娱活动材料。志愿军党委讨论后，表示完全同意，作出了编辑发行《志愿军》报的决定，要求各部队积极支持办好这张报纸，要求各级宣传部门和政工干部把组织读报作为经常性工作之一。彭德怀还为报纸题写了报头。

在战火纷飞的岁月里，由于传播手段受限，报纸是志愿军官兵了解战争进程、交流作战经验的重要载体，也是战士们主要的精神食粮。最初，部分军、师、团级单位也创办过一些机关报或油印小报，但由于战斗频繁、条件有限，加上信息渠道不畅，各级单位办的报纸在时效性、权威性、文学性和印刷质量等方面常常得不到保证。直到《志愿军》报问世，志愿军才有了统一的“新闻发言人”，办报质量和水平也越来越高。

作为志愿军政治部主任，杜平对《志愿军》报倾注了很多心血。1951 年 1 月 15 日，杜平在《志愿军》报创刊号上发表了《三战三捷》一文，宣传志愿军从第一次战役到第三次战役三战三捷的战役经过、战绩及重大意义。同时，杜平提醒广大指战员：不要因为胜利而骄傲轻敌，须知美帝国主义在反动阵营中是最凶恶的，而且拥有现代化的作战装备和充足的物资，经我方三次战役的沉重打击，敌人的有生力量虽有很大削弱，但还未受到致命创伤，我们绝不应过分轻视敌人。为了办好这份报纸，杜平花费了极大的精力，在报纸的内容和形式等方面不断改革创新，报纸内容与部队的思想政治工作结合得更加紧密，深受广大指战员的欢迎，部队的军邮收发报纸工作也不断得到加强和改进。

1951 年 10 月，在抗美援朝出国作战一周年时，杜平请彭德怀司令员和金日成首相给《志愿军》报题词，他们都欣然答应。彭德怀的题词："我军将越战越强，敌军将越战越弱。我军必胜，敌军必败。"金日成则用精湛的中文写道："巩固朝中人民的团结力量，争取抗美战争的最后胜利。"两位重量级人物为《志愿军》报题词，进一步提高了《志愿军》报的声名和威望，也进一步扩大了《志愿军》报的传播和影响。

在杜平的积极努力下，《志愿军》报发挥了极大的宣传作用，志愿军中许多可歌可泣的英雄事迹都是通过《志愿军》报在全军广泛传播的。好多内容被国内报刊转载，传遍祖国大地，如《英雄杨根思永垂不朽》《爱民模范罗盛教》《伟大的战士邱少云》《祖国的好儿子黄继光》等，这些报道让朝鲜战场上的英雄成为全军将士和全国人民学习的榜样。基层连队指战员称赞报纸是"我们的好战友"，不可缺少的"精神食粮"，为鼓舞我军士气、打败敌军发挥了巨大的作用。

1953 年 7 月 27 日，交战双方谈判代表在板门店签署停战协定。《志愿军》报当天以最快的速度，将这一消息传到志愿军前线阵地的每一个角落。这是一个喜庆的日子，因此这一天《志愿军》报的报头套印成了红色，并在头版头条刊登了《朝鲜人民军最高司令官金日成元帅　中国人民志愿军司令员彭德怀将军发布停战命令》的公告，全体志愿军将士读后欢呼雀跃，共庆胜利。

1991 年 12 月 4 日，杜平在《新闻出版报》上发表了题为《新闻史上光辉的一页》的文章，全面评述了在战火中诞生的《志愿军》报，对他辛勤经营出来的"孩子"进行了全面的介绍，并对其作用给予充分肯定。

停战谈判　两手准备

1951 年 7 月 10 日，首次朝鲜停战谈判在开城举行，杜平全程参加了谈判。在谈判期间，敌人屡次对我方参与谈判的同志进行伤害，造成多名人员伤亡。为使敌人有所畏惧，不敢随意破坏谈判，除了将真相向全世界公布之外，杜平还想到了另一个有力措施：对敌人发动强大的政治攻势，把破坏停战谈判的真相告诉敌方渴望和平的广大士兵。

停战谈判开始后，杜平从宣传部和敌军工作科提供的对美军战俘调查材料发现：大部分美军士兵的入伍动机主要是为了找工作赚钱，游历世界，过舒适、清闲的生活，没有想到要打仗。到达朝鲜战场后，美军士兵原已存在的厌战思想开始涌上心头，许多士兵醒悟过来，表示“美国安全没有受到威胁，战争毫无意义，毫无理由，他们也毫无兴趣。不管胜利是谁，最重要的是迅速结束战争，回国回家，保全生命”，“联合国决议以武力解决朝鲜问题是错误的，要求他们重新做出和平解决的决议来”。当朝鲜停战谈判的消息传开后，美军士兵普遍表示欢迎，并高兴地说：“我们要回家了！”有的拿出自己家人的照片，期待地说：“愿战争早日停下来吧！让我回家去和家人团聚。”当美军士兵得知美方以种种借口拖延和破坏谈判时，纷纷表示反对。他们说：“让我们首先使得停火实现，然后再来争辩吧。”“我们真不明白，为什么美国的将军一面和你们谈判，一面又派飞机轰炸你们。”杜平抓住敌军广大士兵渴望和平谈判成功早日回家的心理，开展了火线上的对敌政治攻势。他以讨论会或座谈会等形式对战俘进行“动之以情，晓之以理”的教育，使他们了解到停战撤兵的益处，父母妻儿都盼望他们早点回家，打死了不值得。美国士兵应该要求停止战争，要求回国，反抗军官的作战命令，并写信给自己的家属和朋友，在国内要求停止战争，要求美国政府有诚意地进行和平谈判，只有和平谈判成功，才能早日回国。对南朝鲜军中的下级军官和士兵，着重提出不打自己人的理念。杜平还要求部队根据实际，创新对敌宣传的内容和形式。有的部队为了把宣传品带入敌后，通过地方关系

★ 杜平

和游击队找到了可靠的老乡，把我们给敌军士兵的宣传信送到敌后。这些宣传品对瓦解敌军战斗力起到了较大作用，使敌军高层面对来自广大士兵渴望和平的压力越来越大，从而加快了谈判的进程。

敌人在谈判中没有占到任何便宜，便想以军事压力获得在谈判桌上得不到的东西，而在正面战场进攻受挫后，又企图从侧翼西海岸进攻，幻想再发生一次“仁川登陆”的奇迹。1952 年 12 月上旬，毛主席在接见志愿军代司令邓华时指出，敌人要从西海岸登陆，志愿军要根据这个结果来确定自己的行动方针。根据中央指示，志愿军与朝方商定，对西海岸部队联合指挥部作了大的调整与充实，邓华兼任西海岸指挥部司令员和政治委员，杜平任副政治委员兼政治部主任。

杜平到任后，认真分析了各部队指战员对抗击登陆准备工作的汇报，发现还有十分之一的指战员对抗击登陆准备认识不足。有的战士说：“敌人连个上甘岭都啃不动，还敢登陆？”有的战士则发牢骚：“不在前面打仗，跑到后面来啃地皮，白费劲！”针对这种情况，为了提高认识，进一步把广大指战员的劲头鼓舞起来，杜平在 1953 年 2 月召开的西海岸部队师以上干部军事工作会议上强调，各部队要在初步动员的基础上，着重加强当前形势与任务的教育。会后，各部队结合实际进行了深入的政治动员，表扬抗击登陆备战中的好人好事，检查侥幸和怕苦畏难思想，广大指战员决心筑好城、练好兵。经过动员，广大指战员对反登陆防御作战高度重视，进行了周密充分的准备工作。美军得知我军对反登陆防御作战准备得十分充分，只好放弃了在西海岸登陆进攻的企图，又回到谈判桌前同我方进行停战谈判。在谈判过程中，杜平作为谈判代表团的领导成员之一，坚决贯彻党中央对停战谈判的指示要求，同敌方代表展开了针锋相对的斗争，有力打击了敌人的嚣张气焰，最终赢得了谈判的胜利。1953 年 7 月 27 日，《朝鲜停战协定》在板门店签字。

7 月 31 日，为了表彰中国人民志愿军的伟大历史功绩，朝鲜民主主义人民共和国最高人民会议常任委员会在平壤举行隆重的授勋典礼，授予杜平朝鲜民主主义人民共和国最高勋章——“一级国旗勋章”，以表彰杜平在抗美援朝战争中做出的杰出贡献。授勋后，杜平继续留在朝鲜从事维护停战协定和交换战俘的工作，1954 年回国，任东北军区政治部主任、沈阳军区副政治委员兼政治部主任，1955 年被授予中将军衔。

在抗美援朝纪念馆筹建之际，主办方征集到了杜平在朝鲜停战谈判时穿过的军服。如今，这套军服作为国家一级文物，在纪念馆中静静地陈列着，向前来参观的人们讲述这位志愿军政治部主任在抗美援朝战争中做出的巨大贡献……

★ 杜平（前排左）与朱德等人合影

政工干部的骄傲

——朝鲜最高人民会议常任委员会颁赠给李志民的“一级国旗勋章”

在抗美援朝纪念馆中，陈列着许多英雄模范获得的各类勋章。其中，数量较多的是朝鲜民主主义人民共和国最高人民会议颁发的“国旗勋章”。根据受勋人员的功绩不同，授予“国旗勋章”的级别也不同，较常见的是“三级国旗勋章”和“二级国旗勋章”，这两种级别的国旗勋章为银质银色，通径分别为 50 毫米和 58 毫米。相对而言，获得“一级国旗勋章”的人数较少，都是功勋卓著的战斗英雄和指挥员。在为数不多的“一级国旗勋章”中，有一枚是 1953 年朝鲜最高人民会议常任委员会颁赠给志愿军第十九兵团政治委员李志民的。这枚勋章通径为 72 毫米，材质为银质镀金，呈金色，形状为一颗五角星和五边形相叠，向外闪射光芒，中间蓝边红环的十角圆形中为一颗金星。获得“一级国旗勋章”，是对李志民将军在抗美援朝战争中做出贡献的褒奖，也是对其在政治思想工作方面做出历史功绩的高度认可。

“孔明”发传单

李志民，1906 年 7 月 9 日生于湖南省浏阳县高坪区西坑村。在革命

★ 李志民

★ 志愿军第十九兵团政治委员李志民使用过的望远镜

生涯中，历任红军中队党代表、大队政委、团政委、军团卫生部政委、师政治部主任、军政治部主任、抗大分校政治部主任、军区政治部组织部部长、分区政委、军区纵队政委、兵团政治部主任、兵团政委等职。先后参加了中央苏区历次反“围剿”作战、红一方面军长征、直罗镇战役、平绥路战役、正太战役、青沧战役、石家庄战役、察绥战役、平津战役、太原战役、兰州战役、宁夏战役等。中华人民共和国成立后，历任陕西军区政委、中国人民志愿军第十九兵团政委、志愿军政治部主任、志愿军副政委、志愿军政委、解放军高等军事学院政委、福州军区政委、军委顾问、中共中央顾问委员会委员等职。在人民军队的指挥员中，有的擅打阻击战、歼灭战，有的擅打游击战、运动战，可李志民最擅长的是“政治战”“心理战”，往往能“不战而屈人之兵”。

1936 年 5 月，李志民担任红军第八十一师政治部主任，率部参加西征战役。8 月，第八十一师接到西进宁夏、攻打李旺堡的命令。通过侦察，大家了解到，李旺堡位于清水河西岸，驻守在城内的是国民党马鸿宾部第三十五师的一个骑兵团。这里城墙较高，易守难攻，强攻可能伤亡较大，最好是智取。可是如何智取呢？在作战会议上，大家各抒己见，但并未想出好的办法。后来，政治部主任李志民说:“敌人城池坚固，兵力充足，地形有利，我军长途奔袭，敌人却以逸待劳，因此不可硬攻。必须找到敌人的‘症结’，采取‘政治攻势’，将敌人拿下。马鸿宾虽然听命于蒋介石，但大多数回族官兵倾向抗日，只要我们积极宣传抗日救国的道理，可以争取和平解放李旺堡。”这种分析得到了广泛认同。可是，敌人防守严密、墙高城深，这“政治攻势”怎样打进敌人“内部”呢？李志民观察了一下天气、地势、风力风向等，提出让“诸葛孔明”帮助发传单的策略。他让几个团的政委回去广泛发动战士和群众制作“孔明灯”。战士们不明所以，只能依令而行。李志民找来一些心灵手巧的群众，与大家协商改进了“孔明灯”底部的结构：把传单捆在“孔明灯”下方，然后点上香火，当“孔明灯”顺风飞到城堡上空时，香火按预定时间烧断了捆传单的细绳子，五颜六色的传单便“天女散花”似的飘落到城内。国民党官兵看到后觉得非常新奇，纷纷去捡飘落下来的传单。李志民趁势动员成立了多个宣传组，白天深入周围村庄宣传抗日，夜晚则抵近李旺堡城外的清水河滩，对城内守军喊话:“枪口对外，联合抗日！”李志民还执笔写了一封致敌骑兵团马团长和全团官兵的公开信，派人将信送出去，再带上几头肥羊作为礼物。不多时，守军就过河牵走了那几只羊，带回了公开信。

第二天，马团长便派了代表前来谈判，同意撤离李旺堡。国民党军骑兵团撤走的那天早晨，李志民将全师司号员集中起来，临时组成一支鼓号队，一时间鼓乐齐鸣，口号震天:“再见，到抗日前线再见！”骑兵团的官兵见状很受感动，走出很远还回头向红军频频挥手告别。李志民“孔明灯”发传单、“肥羊克城堡”，不费一枪一弹攻占了李旺堡，成为军中佳话。

“攻心”阻击战

1936 年 12 月初，蒋介石亲临西安，指挥东北军与陕北红军作战，并令王以哲部第一二九师进攻红军西征军。我军则派李志民率红军第八十一师担负阻击任务。根据党中央“争取东北军到抗日战线上来”的

★ 李志民荣获的朝鲜颁发的“一级国旗勋章”

指示，李志民对这场仗的打法提出了自己的想法，得到了大家的同意。很快，一场强大的政治攻势便向东北军王以哲部袭来……

在东北军阻击红军西征军的行军道路上，广大官兵看到许多“打回老家去！”“团结抗日！”之类的标语，心中百感交集。九一八事变后，东北军一枪不放，将东北三省拱手相让，早已被世人唾骂，看到这样的标语，这些东北军官兵心中悲愤不已。接着，他们又听到了红军唱的《松花江上》《打回老家去》等抗日歌曲，悲壮、哀怨的歌声在东北军营地上空回荡，曲调是那么昂扬，那么催人泪下，那么振奋人心，每个东北军官兵听后恨不得立刻朝着日军的防区进发，夺回东北三省。没过多久，一些东北军士兵拾到了传单，传单上写满了关于抗日救国的内容，识字的士兵念给不识字的听，整个部队的抗日情绪不断高涨，根本不想再跟红军打仗了。很快，东北军的厌战情绪达到了顶点，越来越多的人开始向指挥官表达自己的不满了，指挥官也面露难色，无言以对。

12 月 6 日，东北军第一二九师先头部队开始接近我军阵地。东北军先是打了一阵枪，然后慢慢向我军阵地靠拢。李志民则要求我军一般不打枪，待东北军靠近阵地时，才对空鸣几枪，并大声喊话：“东北军弟兄们，不要替蒋介石打内战！”“打回老家去，收复东北失地！”第二天，东北军打的枪少了。我军战士又喊话：“东北军弟兄们！你们的父母兄弟、妻子儿女现在在哪里？打回老家去，拯救你们的父母兄弟和妻儿老小吧！”东北军听后不打枪了，都匍匐在阵地前听喊话。

见时机成熟，李志民开始邀请东北军官兵到红军的防区里面座谈、访问。东北军看到了和谈的希望，高兴不已，连指挥官脸上的难色都少了很多。于是，简单地商议后，不少东北军的将领走进了红军的阵地。李志民和东北军官兵义结金兰，共抒联合抗日的情怀。就这样，东北军开始与红军进行密切的往来，两支军队约定好了，白天打仗，枪口都必须要朝着天上，做出气势迷惑国民党部队高层。白天，两支军队“激烈开火”，使劲朝着天空上开枪，手榴弹也朝着没人的地方抛。到了晚上，李志民便邀请东北军的将士来到红军的营地里面开联欢晚会。席间，说起沦陷中的父老乡亲，东北军官兵泪流满面……一天清晨，我军前沿阵地战士发现东北军第一二九师已经全部撤离，并在阵地上留下“红军兄弟，抗日前线再见”的字条。一场漂亮的“政治仗”就这样结束了。回忆起这段经历，李志民说：“我们师同东北军第一二九师白天‘打仗’，夜晚联欢，‘激战’五六天，双方无一伤亡，真是一场奇特的阻击战。”

邀请“和事佬”

1949 年，李志民调任中国人民解放军第十九兵团政治委员，与兵团司令杨得志分工合作，配合默契，出色地完成了上级交给的每一项任务。8 月，第十九兵团接到了解放宁夏的任务。根据党中央要求，兵团应最大限度地开展统战工作，尽力使美丽的“塞上江南”免遭炮火。为此，李志民四处打听与宁夏军阀有联系的进步人士，请他们做劝和工作。

经多方了解，兰州著名的中医大夫郭南浦与宁夏军阀马鸿逵、马鸿宾等颇有交情，他之前曾为声援西安事变和营救红军西征军将士出过力，对党和红军很有感情。李志民立即和杨得志司令员登门拜访，感谢他此前为人民所做的有益工作。在得到郭大夫的信任后，李志民向他介绍了西北战场的形势，并请他出面做个“和事佬”，游说宁夏守军和平起义。郭南浦虽然已年逾古稀，但在民族大义面前绝不含糊，考虑到劝和这种事必须当面劝说，便主动提出前往宁夏做军阀马鸿逵、马鸿宾的工作。他说：“我与他们虽不同姓，却系同族同教。我愿将大军对回族之情谊和为国为民的宗旨转告他们。”

9 月 6 日，以郭南浦为团长的赴宁夏和平代表团从兰州启程，经过长途跋涉，于 9 月 14 日夜到达银川。郭南浦先找到马鸿逵父子，不料遭到断然拒绝，于是转而劝说马鸿宾。马鸿宾虽然是马鸿逵的堂兄，并挂有国民党西北军政长官公署副长官之职，但他的兵马少，不得不受制于马鸿逵，双方平日矛盾也很多。在郭大夫的劝说下，马鸿宾默许接受解放军的和平起义条件。9 月 19 日，退守宁夏中卫地区的国民党第八十一军军长、马鸿宾之子马淳靖在与解放军沟通后,率部举行起义。9月20日,解放军第十九兵团第六十四军迅速占领中卫、青铜峡、金积等要地,并歼灭了马鸿逵主力——国民党第一二八军,直逼银川。马鸿逵父子见大势已去,先后乘飞机逃跑,下属军队顿时陷入混乱之中。9月23日,马鸿宾召集包括马鸿逵残部在内的国民党宁夏各军军政要员,指出目前除了起义别无他路,得到了与会人员的积极响应。因此,宁夏的国民党军在我军的政治攻势下起义反正,宁夏实现了和平解放。

朝鲜"地道战"

1951年2月,中国人民志愿军第十九兵团奉命开赴朝鲜战场,入朝后不久,就担负起守卫军事要塞开城的重任。当时,敌人非常迷信炸弹的作用,根据第十九兵团作战科统计,仅进入阵地防御战以来,敌军在第十九兵团阵地上倾泻的炸弹就达700多万发。1951年9月,李志民和

★ 李志民(前排左一)会见为和平解放宁夏而奔走的郭南浦先生(前排右一)

杨得志前往开城实地观察当地地形地貌，发现部队要消灭敌人、坚守住阵地，需要付出很大代价。如何改变这种局面？李志民经反复思考后，提议借鉴抗战期间冀中地区军民创造的地道战的做法，将阵地上的防炮洞改造为坑道。这一方案得到广泛认同。前线部队马上对现有的防炮洞进行改造，使它成为不仅能防炮，还能屯兵、观察敌情和射击的工事。此后，志愿军又将相邻的坑道挖通，可以容纳一个排甚至一个连，有效加大了防御力量。在李志民等人的倡导和指导下，第十九兵团第六十四军在担任开城麻田线防御任务的 5 个月中，共挖坑道 16800 多米，交通壕 13 万米，各种掩体 8500 个，各种掩蔽部及仓库 1400 多个，在隐蔽自己的同时粉碎了敌人的进攻，有时还主动出击，消灭敌人。

彭德怀对这种以“地道战”对付美军的做法赞不绝口，称这是一个创举，他说：“我就不信，他美国人能将地球给砸穿！”在彭总的倡导和鼓励下，志愿军各部队都采取了“地道战”“坑道战”等战术。在著名的上甘岭战役中，虽然敌军在 3.7 平方公里的阵地上倾泻炮弹 190 余万发、

★ 李志民（左三）与彭德怀（左一）、解方（左二）、秦基伟（左四）等指挥员在商议军情

★ 李志民（左）和杨得志（右）合影

★ 第五次战役中，杨得志（右）和李志民（左）等指挥员指挥部队渡过临津江

炸弹5000余枚，但志愿军依托坑道加地道的工事，坚守阵地43天，敌军始终未能攻下上甘岭。

在抗美援朝战争中，志愿军的“秘密武器”除了“地道战”外，还有一样是美军无法想象的，那就是我党开展的部队政治思想工作。好的政治思想工作，一方面能激励将士的斗志，形成一支听党指挥、敢打硬仗、团结一致、纪律严明的钢铁部队；另一方面，能通过各种方式瓦解敌军的斗志，消磨敌人的锐气。第十九兵团政治委员李志民就是做部队政治思想工作的能手，在抗美援朝战争中，他的政治思想工作又发挥了巨大作用。

1951年圣诞节前夕，李志民要求兵团各军都通过广播祝贺敌军圣诞快乐，并向敌军赠送圣诞树、圣诞礼物袋和糕点等礼品。据不完全统计，仅第六十三军就送出了圣诞树5棵、圣诞礼品袋153个、圣诞节宣传品50余万份。这种做法效果很好，有的美军把我们送的“和平鸽”纪念章别在帽子上，说“中国人很友好”；有的美军把圣诞礼物袋里的礼品拿走后，放些纸烟、罐头等表示答谢；还有的咒骂杜鲁门害得他们不能回家同家人团聚，反战情绪很高。

1952年，在志愿军“冷枪冷炮”策略的威胁下，敌军成天躲在地堡里不敢露头，惶惶不可终日。12月，李志民调任志愿军政治部主任。为了开展节日对敌政治攻势，李志民和其他志愿军领导研究后决定，圣诞节期间，在某些前沿阵地上，我军同敌人达成临时停火协议，给敌人“放假”。敌军官兵十分高兴，纷纷钻出地堡，在阵地上活动，呼吸新鲜空气，有的还跳起舞来，由此对战争产生了更为强烈的厌恶情绪。一些士兵从内心感谢志愿军的人道主义和对和平的诚意，表示“今后不再同中国人作战了”，强大的政治攻势收到了意想不到的效果。

“将军大合唱”

1953年朝鲜停战后，李志民继续留在朝鲜领导志愿军工作，并于

1955 年 3 月担任志愿军政治委员，参与领导志愿军部队支援朝鲜人民重建家园。1955 年，李志民被授予中国人民解放军上将军衔，获“一级八一勋章”、“一级独立自由勋章”和“一级解放勋章”。直到 1957 年 10 月，李志民才奉调回国，担任解放军高等军事学院副政治委员兼政治部主任，致力于军队院校教育事业。

1958 年，李志民率高等军事学院学员南下参观学习，他利用之前从事政治工作的经验，带领学员一路高唱革命歌曲，把学员们的情绪都调动起来了。当时，有人提议组建一个合唱队，参加国庆十周年庆祝活动。这个提议得到了大家的一致赞同。于是，李志民回到学校后，立即开始联系老战友、老同学，并通过他们再联系更多的人。1958 年 12 月 5 日，由 100 多名陆、海、空军将军们（包括当时唯一的女将军李贞在内）组成的“将军合唱团”正式成立，李志民任指挥。大家确定每周利用两个

★ 1959 年 10 月 3 日，李志民身穿上将礼服在人民大会堂指挥 230 位将军合唱

晚上的休息时间集中练习，风雨无阻。

“将军合唱团”成立后，李志民便专注于合唱团的各项工作，并把观摩歌舞晚会和音乐会当成了学习机会，细致地揣摩每个指挥的动作。平日里，每当听到音乐响起，他也会随着旋律挥手练习。虽然不是专业出身，但他对每项工作的执着却令人肃然起敬。他练习指挥动作已达到“走火入魔”的程度，有时晚上睡觉后还在手舞足蹈地练习，被妻子骂是神经病，但李志民却不以为意，仍乐此不疲，他觉得只有达到这种程度才能做到指挥的极致。

经过几个月的苦练，他的指挥动作精确无误、利落潇洒，甚至达到了专业水准，赢得了大家的一致好评。在1959年全军第二届文艺会演开幕式上，“将军合唱团”的大合唱引起轰动，得到了周总理的高度赞赏。在周总理的关心下，合唱团把驻京各单位的将军们也吸收进来，发展到200多人。

1959年10月3日，庆祝中华人民共和国成立十周年纪念活动在北京人民大会堂盛大举行。当晚，在李志民的指挥下，230名上将、中将、少将身着礼服，胸佩勋章，整齐地站在大红旗背景前，显得格外威武雄壮。党和国家领导人毛泽东、刘少奇、周恩来、朱德等，以及应邀前来参加国庆活动的许多外宾一起观看了演出。“将军合唱团”演唱了《红军纪律歌》《在太行山上》《我是一个兵》等歌曲，每唱完一首，台下都爆发出经久不息的热烈掌声。后来，八一电影制片厂将这一场面拍摄成彩色纪录片，在国内外公开放映，产生了很大的影响。

抗美援朝纪念馆筹建时，李志民将自己曾经使用过的望远镜、获得的朝鲜最高人民会议常任委员会授予的“一级国旗勋章”和“一级自由独立勋章”等纪念品捐赠给了抗美援朝纪念馆。如今，当人们看到这些文物时，便会想起李志民将军在政治思想工作和抗美援朝战争中做出的卓越贡献。

不该被遗忘的奖状

——志愿军后勤政治部颁发给关文德的大功奖状

提起抗美援朝战争，人们首先想到的一定是那些在枪林弹雨中浴血奋战、以鲜血染红战旗的志愿军战士。的确，“最可爱的人”一定不能忘却，但那些为了党和人民的利益把自己暴露在危险之中、以双腿与敌人的飞机赛跑、用双手建起一条“打不断、炸不烂的钢铁运输线”的战勤民工和支前模范同样也不会被人们遗忘。在抗美援朝纪念馆中，有一件特殊的展品——1951 年中国人民志愿军后勤政治部颁发给 5 分部 19 大站关文德的大功奖状。这是一件特殊的展品，因为它的主人不是战斗前线的志愿军战士，而是做后勤保障工作的一位辽宁地区的战勤民工，他的名字叫关文德。在残酷的抗美援朝战争中，他机智勇敢、默默无闻，用不计代价、不怕牺牲的实际行动，完成了党和人民交给的艰巨繁重的战勤任务，为抗美援朝的最后胜利做出了一个普通民工的贡献。

“他们都是好样的，咱也不是孬种！”

1950 年 6 月 25 日，朝鲜战争爆发。10 月，党中央作出“抗美援朝，保家卫国”的决策，组建中国人民志愿军赴朝作战。所谓“三军未动，粮草先行”，为了保证部队的物资供应，在新中国“一穷二白”、百废待兴的条件下，一方面全国人民一起勒紧裤腰带，勤俭节约支援抗美援朝；另一方面，东北地区竭尽全力，动员人民为抗美援朝提供全面的战勤保障。

1950 年 11 月 3 日，东北人民政府印发了《关于动员战勤民工担架各种问题的暂行规定》，27 日，又印发了《为供应新的需要决定再抽调汽车司机》的通知。由于地理位置特殊，与朝鲜仅一江之隔的辽宁地区成为全国支援抗美援朝战争的最前线，同时也责无旁贷地承担起了抗美援朝战场大后方的角色。刚刚开始和平建设的辽宁人民，在党中央和东北局的领导下，发扬爱国主义和国际主义精神，一面进行经济的恢复工作，一面开展“抗美援朝，保家卫国”的伟大运动，在人力、物力等方面进行了充分的动员，为支援抗美援朝战争做出了积极贡献。

距抗美援朝“交通大动脉”安东（今丹东）最近的本溪市，担负起了更多的战勤任务。1950 年底，本溪市委、市政府制定颁布了《本溪市战勤动员暂行办法》，规定：“凡在市居住有户籍之国民，年在 17 至 50 岁之男子，18 至 45 岁之妇女，及有运输能力之车、马，均有服战勤之义务。”有关战勤民工之各种组织及其调拨使用权，由市政府民政科统一掌握。在市委、市政府的宣传和号召下，全市包括各县区的适龄民工、车夫、汽车司机、汽车修理工、机械修理钳工、车工、电焊工、木匠、石匠、厨师、中西医生、护士及其他科技人员纷纷响应祖国号召，不计个人得失，个个奋勇争先，投入到轰轰烈烈的抗美援朝支前运动中去，本溪县赵家村的关文德就是其中的一个。

关文德，1922 年生于本溪市本溪县赵家村一户普通农民家庭。青少年时期，他目睹祖国的大好河山被日本侵略者践踏，亲戚族人被地主恶霸欺负，民不聊生，虽心里着急生气，但却没有能力改变现实。中华人民共和国成立后，关文德一家分到了土地，翻身成为国家的主人，因此，他十分感念中国共产党的先进和新社会的优越，决心随时响应党和政府的召唤，为党为人民做出自己的贡献。抗美援朝战争爆发后，他积极响

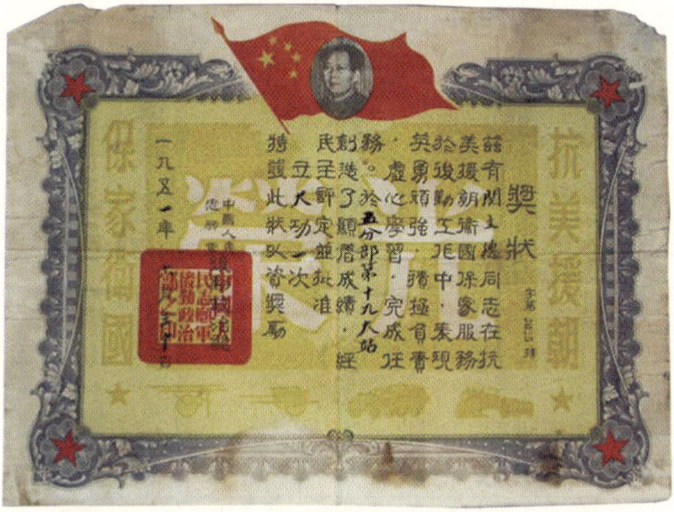

★ 1951 年中国人民志愿军后勤政治部颁发给 5 分部 19 大站关文德的大功奖状

应本溪县委、县政府的号召，怀着满腔热血、一身铁胆辞别了家乡父老，成为一名光荣的支前民工。他激动地说：“不能直接参军打仗，也要给冲在第一线拼杀的人出一份力！他们都是好样的，咱也不是孬种！”这份豪气感染了邻里乡亲，村里很多青壮年也与关文德一道加入了支前队伍。由于工作努力、威信较高，关文德被任命为赵家村民工队的小队长，带着家乡人民的重托赶赴抗美援朝支前工作的前线。

起初，关文德带着民工小队来到宽甸，加入了担架队，运送从战火中抢救下来的伤员。关文德十分尊敬这些一线的战士们，带着担架小队拼命奔跑在输送线上，与死神赛跑，为生命狂奔，竭尽全力为伤员抢得几分生机。在他的带动下，同队的乡亲们也是干劲十足，在一众支前队伍中拔得头筹。仅一年时间里，本溪市民工支队就转运伤员 1450 人。

不久，关文德率领的民工队被派到朝鲜战场，在各大阵地上抢卸国内运送的各类物资。在当时的情况下，抢卸物资工作的危险丝毫不亚于作战一线。为了阻断我军的后勤补给，无耻的“联合国军”无视平民伤亡，

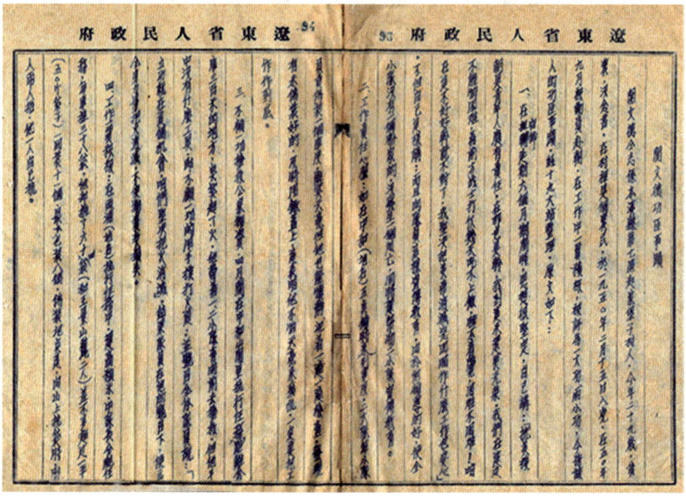
遼東省人民政府 94

93 遼東省人民政府

★ 1952 年 12 月 14 日，本溪县志愿民工关文德功臣事迹材料

★ 抢卸物资

★ 本溪县兰台村民兵自动组织担架队，时刻准备支援前线

对我军的补给线启动了“绞杀”战术，试图以高密度的炮火覆盖、摧毁我军的补给线，让饥寒与绝望抹杀英勇顽强的志愿军战士的斗志，从而在战场上占据优势。而像关文德一样的战勤民工，就是要在这样的狂轰滥炸中，用肉身双脚跑赢敌人的飞机大炮，竭尽所能将更多的物资装备输送到抗美援朝前线的志愿军手中，让他们更好地消灭敌人、赢得胜利。

为了按时保质保量完成任务，关文德想尽一切办法提高搬运效率。到朝鲜定州第一次抢卸火车物资时，队员们都没经验，50 斤一个的咸菜箱子，扛两个没法扛，只能扛一个。如果不及时卸完，敌机一来，不仅物资全都会被炸毁，队员们也有生命危险。关文德受朝鲜人民劳动时用背架背重物的启发，从老乡家借来了背架，先是背两个咸菜箱子，后来就背三个。队员们群起效仿，抢卸工作提前一个多小时就完成了。在卸

★ 经过后勤保障部队官兵和战勤民工的共同努力，志愿军前线部队粮满仓、弹满库

完物资几分钟以后，敌机就飞来轰炸，工友们一方面连叫“好险”，一方面夸赞用关文德的办法不仅完成了任务，还救了大家的命。

为了在队员中掀起“比学赶帮超”的抢卸热潮，关文德一方面教育和鼓动大家要互相比着干，相互交流经验和办法；另一方面率先垂范、身先士卒，每次他都扛得最多、跑得最快。在一次抢卸大米时，别人扛四袋，他扛五袋，别人扛五袋，他就扛六袋，到最后他竟然每次扛八袋。还有一次，在执行战勤任务中，200 斤的大米袋子别人扛一个，他一次扛两个。在抢运炮弹的工作中，他也比别人扛得多、跑得快，多次带领小队出色地完成了任务。他所在的民工队也因此荣获了“快速大队”的称号。

不仅在抢卸物资中拼命苦干，在平时工作中，关文德也事事带头。长途跋涉中，队员们的东西他都主动抢过来扛，有时自己累得头晕眼花，但整个小队没有一个人掉队，团队凝聚力、战斗力非常强。

随着战争形势的发展，出国的支前民工随着志愿军的不断胜利也不断地向前推进。关文德率领的民工队一次又一次出色地完成了党和人民交给的光荣任务，在一年多的时间里，关文德立大功一次、小功四次。1951 年，中国人民志愿军后勤政治部颁发给在 5 分部第 19 大站的关德文一面大功奖状，奖励他为抗美援朝战勤工作做出的贡献。

“我来到了北京天安门，见到了毛主席！”

在像关文德这样的支前模范的示范作用引领下，战勤民工个个奋勇争先、不甘落后，拼尽全力地为抗美援朝做出自己的贡献。从 1950 年 10 月抗美援朝出国作战到 1950 年底，仅本溪县就抽调民工 2581 人，组成了 5 个大队、15 个中队、120 个小队。由县、区选调 29 名干部到支队和大队任职，中队长由村干部担任，小队长则由党、团员和村中积极分子担任。这些支前民工带着家乡人民的重托，担负起抗美援朝前线艰苦的战勤任务。在关系着万千战士生命的补给线上，平均年龄不到 25 岁的本溪民工队队员，创造了许多新纪录：8 人仅用 10 分钟就卸完 1 节车厢 30 吨粮食，13 人仅用 8 分钟就卸完装有 60 大桶汽油的车厢，8 个人在 4 分钟内装满 1 辆能载 18 大桶汽油的汽车。这些战勤民工赴朝参战仅一年多，就有 355 人立功受奖。

1951 年，党中央决定在 10 月 1 日举行“中华人民共和国第二届国庆节庆祝典礼”，邀请志愿军组成战斗英雄代表团回国参加国庆观礼。代表团除了有战斗英雄外，还有支前模范，关文德作为朝鲜战场上 30 万民工的总代表被光荣地选进了代表团，受邀到北京参加国庆观礼。

1951 年 10 月 1 日，北京天安门广场人头攒动、热闹非凡。高高的天安门城楼上，悬挂着中华人民共和国国徽和毛泽东主席的巨幅画像，城楼两旁成排的红旗迎风飘扬。天安门城楼对面的广场上，集中着首都市民 7 万人，他们举着红旗，使广场形成一片红色的海洋。天安门前宽阔的大道新铺上了整齐的石块和水泥砖，以便受阅的重装备部队行驶通过。东长安街大道及两旁的街道上，除排列着等待受阅的部队之外，还聚集着数十万群众等待游行活动的开始。在天安门城楼西侧的观礼台上，抗美援朝支前民工关文德站在志愿军英模代表团中，神采飞扬，激动无比。一个普通农民能来到北京见毛主席、参加国庆庆典，简直连想都不敢想。关文德穿了一套政府发给他的崭新制服，新衣服让本就拘谨的他更加放不开。但当他看到自己周围都是工人代表、农民代表、解放军代表和老区人民的代表，都是和自己一样“土”的人时，才略微放松下来。

9 点 50 分，广场上和身边的人们像开锅一样沸腾起来，关文德随着大家张望的方向看去，原来是毛泽东主席登上了天安门城楼。因为距离不算太远，关文德能清楚地看到毛主席身材魁伟，脸上丰满红润，表情“始终微笑着”，身上穿的是普通的黄呢子制服，“和自己的也差不太多”，胸前别着和自己一样的代表绸签。关文德实在难以抑制心中的激动和喜悦，一遍又一遍地默念着：“我来到了北京天安门，见到了毛主席！”

上午 10 时，中央人民政府秘书长林伯渠宣布庆祝典礼开始。全场肃立，军乐队演奏中华人民共和国代国歌《义勇军进行曲》，礼炮齐鸣 28

响。阅兵式随之开始。中央人民政府人民革命军事委员会代理总参谋长聂荣臻任阅兵总指挥，他陪同中国人民解放军总司令朱德，乘检阅车检阅了全体受阅部队。检阅后，朱德总司令登临天安门城楼检阅台，宣读《中国人民解放军总部命令》，他号召："中国人民解放军陆军、空军、海军、公安部队全体指挥员、战斗员、政治工作人员、后勤工作人员同志们，民兵同志们……我命令你们，警惕地站好你们的战斗岗位，进一步加强国防建设……为建设一支强大的现代化国防军而奋斗！"朱德总司令宣读完命令后，接着进行了武装部队的分列式检阅，有各军兵种部队共13个徒步方队参加了阅兵式。除了徒步方队外，关文德还看到了各种火炮128门，坦克、自行火炮80辆，汽车192辆，军马1104匹，还有148架飞机从天安门上空飞过。这是中华人民共和国成立后的第三次阅兵，关文德兴奋得说不出话来。阅兵结束后，还举行了盛大的人民群众游行活动，参加庆典的首都群众有40余万人。

国庆节过后，关文德应邀参加了招待宴会。据他回忆，其中印象深刻的有三次："一次是以毛泽东个人名义请的，一次是内务部请的，一次是朝鲜驻中国大使馆请的。"其中让他印象最深刻的是"又一次见到毛泽东的那次"。10月7日，他和其他代表们被邀请到怀仁堂观看文艺演出。毛泽东、周恩来、朱德和很多国家领导人都到场了。关文德被安排坐在十二排，离第一排很远。但毛泽东主席坐在了第七排，这让关文德清楚地看到毛主席宽阔的肩膀。那晚演的是《梁山伯与祝英台》，但关文德根本没看戏，自始至终把注意力都放在了毛主席的后背上，毛主席的每一个动作、发出的每一个声音他都记得一清二楚……

"你们就是战士！是最勇敢最厉害的战士！"

国庆活动结束后，关文德随志愿军英模代表团离开了北京，回到了战场上。带着"兴奋剂"再次回到工作岗位，关文德惊喜地发现他所在的大队已经随着志愿军将士的接连胜利向前推进了许多，他们随部队驻扎在朝鲜西浦附近的玄岩里。

在玄岩里，关文德带领民工队员们每天都冒着生命危险，在敌机的眼皮底下继续着抢卸物资的工作。关文德干活特别“巧”，不使蛮力，总是能想到既省力又提高效率的办法，且临危不乱、处变不惊，遇到突发事件，总是能冷静地思考问题，找到解决方法。一次，堆放物资的地方突然起火了，数十节火车物资面临着被大火吞噬的危险。关文德发现后，立即带着 30 多人冲了上去，可火势太大，无法扑灭，关键时刻，关文德灵机一动，让 30 多人后撤几十米，然后拉开距离，把每人身边的荒草点燃，然后再扑灭，这样便形成了一条十几米宽的隔火道，很快控制了火势的蔓延，保护了数十节车皮的物资。

支前工作环境十分恶劣。朝鲜境内的天气较东北更为苦寒，紧急征召的支前民工们并没有带太多御寒的衣物，在凛冽寒风中凭着一腔热血相拥取暖，相互依偎。这些支前勇士们，顶着横飞的炮火，踩着遍地弹片残骸，忍耐着异国他乡的艰苦环境，舍生忘死，用汗水与生命保护着志愿军的后勤给养和运输线，飞机打不烂，大炮炸不断。战火烧到哪里，这些支前勇士们便冲向哪里，为前线拼杀的战士们保住一份份衣食，一支支枪弹补给，一条条归路安宁。一次，敌机抛下一枚炸弹，恰好落在了装满战勤民工们刚刚抢救出来的物资库房边上，炸弹没有立刻爆炸，却时刻威胁着旁边的粮食和被服。“这批重要的物资绝对不能出问题，必须抢救出来。”一声令下，刚刚休息的民工们立即上阵，冒着炸弹会突然爆炸的危险，紧急转移物资。他们扛着麻袋从炸弹边上一遍一遍地走过，不知道是否能挨上那一声巨响。不去想，脑子里就一个字——扛！没有人害怕，大家都在拼命地抓紧搬运，气氛很紧张，却有条不紊，谁都明白，这就是任务，必须完成，不容你有别的想法。值得庆幸的是，一直到他们把物资转移完，炸弹也没有响。

像关文德这样的战勤民工没有读过多少书，没有太多的文化，他们的想法很简单，那就是不能后退，不能给自己丢脸，工作起来就兢兢业业、一丝不苟。

在朝鲜工作了一段时间，关文德和在战争中成长起来的民工队员与当地朝鲜百姓结下了深厚的友谊。他们每个人都能说上几句朝鲜话，能与当地百姓做简单的沟通。当地百姓生活困苦，关文德等民工们完成保障后勤任务后，就想尽办法帮助当地百姓。他们放弃休息去照顾因战争而失去家人的老人和孩子们，为他们挑水劈柴、修补房屋，为这些饱尝战争伤痛的民众送去温暖与关怀。在玄岩里那段日子，民工的生活相对好一些，粮食能及时供应上来，他们将自己本就不多的口粮尽可能节省下来接济老弱，曾把节约的 1000 多斤大米派人用大车送到里委会，老乡们感动得流了泪，一遍又一遍激动地说："感谢中国的志愿军战士！""我们不是战士，我们只是为战士们服务的民工。"关文德和队员们笑着解释。"你们就是战士！是最勇敢最厉害的战士！"老人拉着关文德和队员们的手久久不肯放开。

1951 年冬，国内组成运输团赴朝接替了民工的工作，各地的民工支队胜利地完成了祖国交给的重任，满载着荣誉回到了阔别一年多的故乡。1953 年，因在朝鲜战场的突出贡献，毛主席任命支前民工关文德为本溪

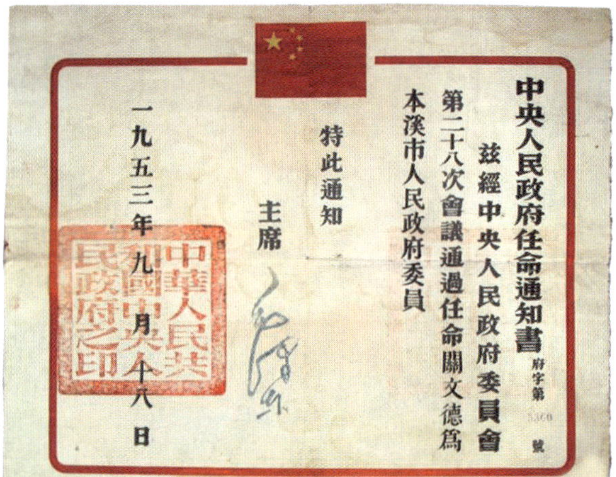
中央人民政府任命通知書 府字第 5360 號
茲經中央人民政府委員會
第二十八次會議通過任命關文德爲
本溪市人民政府委員
特此通知
主席 毛泽东
一九五三年九月十八日
中華人民共和國中央人民政府之印

★ 中央人民政府任命关文德为本溪市人民政府委员的通知书

市人民政府委员。当接过毛主席亲手签署的任命书时，关文德眼中闪烁着晶莹的泪花，他满面通红，声音哽咽，半晌无言，将这张任命书紧紧地贴在胸前，将沉甸甸的责任永远牢记在心间。同年，辽东省人民政府奖给本溪县第七区民工关文德一面锦旗，上面写着“为继续加强抗美援朝胜利而奋斗！”。如今，这面锦旗与任命书连同大功奖状均珍藏在丹东抗美援朝纪念馆中，向人们讲述着当年全国人民支援抗美援朝的感人故事……

★ 辽东省人民政府赠给本溪县第七区民工关文德的锦旗

“孤胆英雄”的最高荣誉

——志愿军司令部、政治部发给唐凤喜的一等功立功喜报

“为什么战旗美如画，英雄的鲜血染红了她，为什么大地春常在，英雄的生命开鲜花。”提到抗美援朝，人们首先想到的便是这首脍炙人口的《英雄赞歌》，还有电影主人公——战斗英雄王成以一敌百的感人事迹。电影毕竟有艺术加工，但在抗美援朝战场上却真有这样一个王成般的人物，并且还有一首与他的事迹一起在朝鲜男女老幼中传唱不衰的经典歌曲：“初春的鲜花开遍了大地，晴空里飘扬着一面红旗，同志们热情地歌唱，歌唱我们的英雄唐凤喜。”歌中唱到的“唐凤喜”是辽宁庄河人，在抗美援朝战场上曾两次荣立一等功。现在，这两次荣立一等功的立功喜报就在抗美援朝纪念馆中珍藏。两张喜报均为纸质，长 38.3 厘米，宽 26.5 厘米，上面部分文字为印刷，另有手书的姓名、功绩等级等，竖排，盖长方形“中国人民志愿军关防”印。虽然年代久远，但喜报保存完好，向前来参观的人们讲述着“孤胆英雄”唐凤喜在抗美援朝战场上的传奇故事……

“老妈妈，我一定为你们报仇！”

唐凤喜，1928 年生于辽宁省庄河县土城子村。青少年时，他就特别要强。1947 年 6 月，不满 20 周岁的唐凤喜参加了中国人民解放军。在党的领导下，他随部队一起解放了东北，解放了全国。1951 年 6 月，唐凤喜随中国人民志愿军抗美援朝出国作战，任中国人民志愿军第六十七军第二〇一师第六〇二团班长，后又担任排长、连长、营长、副团长等职。

初到朝鲜时，因水土不服，唐凤喜患上了严重的赤痢病，发烧 39 摄氏度多，在指导员的“严令”下，他只好住进了医院。经过几天的治疗，他的高烧逐渐减退，但痢疾还没有痊愈。住院时间虽然不长，可唐凤喜觉得像躺了好几个月，他渴望早日重返前线和战友们一起战斗。在医生的精心治疗下，唐凤喜的病由重转轻。为了早日恢复健康，他每天都坚持爬山锻炼身体。

★ 唐凤喜

★ 唐凤喜获得“二级战士荣誉勋章”证书

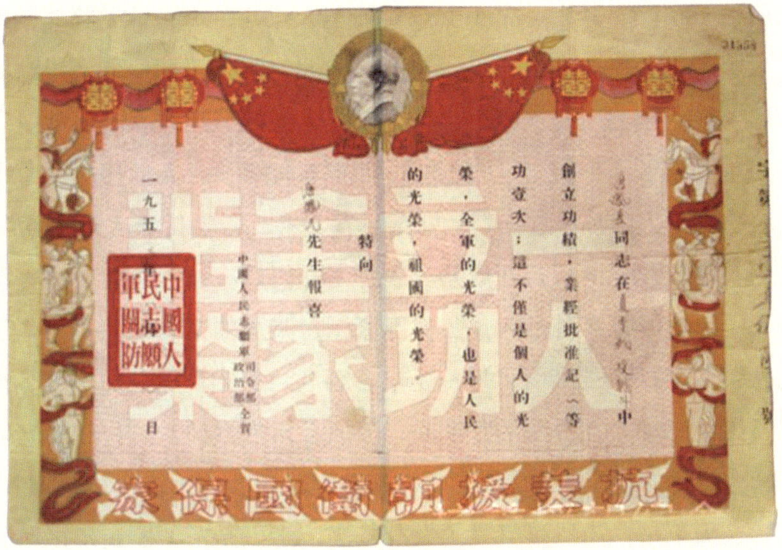

★ 孤胆英雄唐凤喜的立功喜报

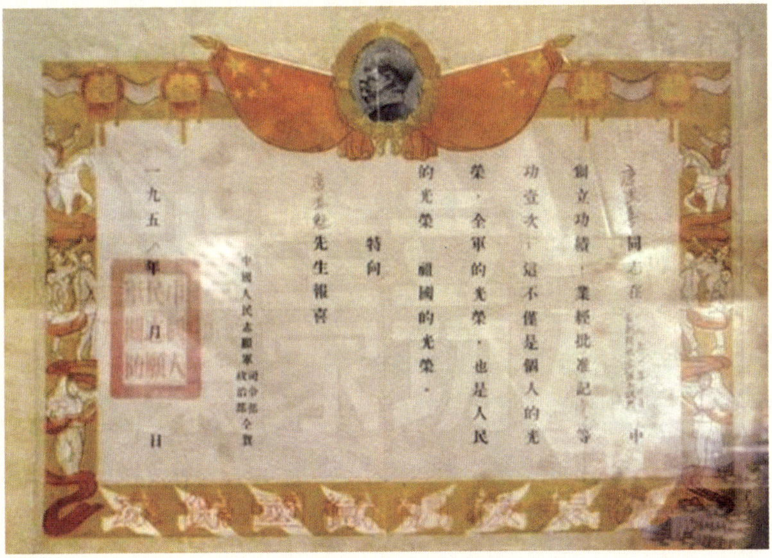

★ 唐凤喜的立功奖状

一天，唐凤喜顺着公路朝山下走去，突然听到有人喊他，唐凤喜回头一看，公路边不远处，有一间朝鲜老乡的茅屋，两个孩子跑过来热情地向他打招呼。其中一个小女孩年龄稍大点儿，一张瓜子脸儿，水灵灵的大眼睛，另一个小男孩一张小苹果脸儿，很是聪明伶俐。正当唐凤喜和两个孩子说话时，从屋里出来了一位老大娘，唐凤喜亲切地对老人喊了声“阿妈妮”，并用不太流利的朝鲜语询问了老人的情况。原来，两个小孩是老人的孙子、孙女，女孩不满 9 岁，名叫英淑，男孩刚满 7 岁，名叫英浩。孩子的爸爸在战场上牺牲了，妈妈在稻田里插秧被美军飞机炸死了。为了抵御外敌入侵、保卫家园，坚强的老妈妈除了靠辛勤地劳动领着两个孩子艰难度日外，还拖着衰老的身体积极参加支前工作，唐凤喜深受感动。在医院治疗期间，唐凤喜常常惦记着这位朝鲜老妈妈和那两个可怜的孩子，经常到老妈妈家里帮她打水、扫地、砍柴，做些家务。

一天下午，唐凤喜打完了针准备去帮老人干活，刚走出山口，便听到敌机轰鸣着由远及近飞来，他预感危险来临，拔腿就向老妈妈家的方向跑去。还没到老妈妈家，敌机已经在小村庄上空接连投下炸弹，小村庄瞬间变成了一片火海。唐凤喜加快脚步飞奔而去，及至近前，发现老妈妈的房子已经坍塌，老人被砖瓦土块掩没，两个孩子血肉模糊，躺在弹坑旁边……唐凤喜扒出老妈妈的遗体，跟两个孩子放在一起，强忍悲痛，无以言语。慈祥可亲的老妈妈，天真活泼的两个孩子，熟悉温暖的小茅屋，一切都没有了。唐凤喜拳头紧握，眼泪终于奔涌而出：“老妈妈，我一定给你们报仇！”他将老人和孩子掩埋，悲伤地回到医院。第二天一早，唐凤喜便坚决要求出院，带着满腔的怒火回到了前线。

1951 年 10 月初，以美军为首的“联合国军”不甘于西线惨败，又在中线——金城地区发起了更大规模的“秋季攻势”，美军集结了第七师、第二十四师，南朝鲜军第六师、第二师共 7 万人向金城一线发起猛攻。为了粉碎“秋季攻势”，中朝人民军队紧急开往金城前线。在通往前线的公路上，满载军用品的大卡车和背送粮食的运输员来往穿梭，朝鲜老乡们有的顶着木盆帮助运物资，有的挥舞铁镐帮助修公路……此时，一支志愿军队伍穿过人流疾速地向前开进，队伍中有一个矮墩墩的战士，肩上扛着一挺机枪，周身散发着热气，大步流星往前走，是那样兴奋和激动，他就是唐风喜。

“累了吧，唐风喜？”刚走到唐风喜身边的连长说着夺过了他身上的机枪。“不累！”唐风喜说着，从怀里拿出一块巴掌大的枫树皮，双手递给连长。连长接过一看，树皮上用鲜血歪歪扭扭地写着“学习杨根思，杀敌立功”几个字。连长凝视着这块用鲜血染红的枫树皮，仿佛看到了唐风喜那颗火热的心。

“报告连长，我连已经到达指定地点！”通信员急促的声音传来，部队紧急拉大距离，准备进入阵地。“轰！轰！轰！”敌人的飞机大炮猛袭着我军的前沿阵地，炸弹炮弹如雨点般倾泻下来，有几个战士中弹倒下。眼前这一幕并没有让唐风喜害怕，他痛恨侵略者，怒火中烧，用钢枪瞄准敌人，射出愤怒的子弹……

“阵地上没有人哪能行！我不能走！”

1951 年 10 月下旬，唐风喜所在排接到了守卫金城附近某高地 68 号阵地的任务。美军用 2 个营的兵力，集中火力向 68 号阵地发起冲锋。排长精心部署，分兵把守各个制高点，率领全排战士与来犯之敌进行了激烈的阻击战。战斗连续进行了三天三夜，敌人在飞机大炮的配合下向 68 号阵地发起了 20 多次攻击，但始终也没能攻下我军阵地。

第三天傍晚，战斗打得正酣，由于敌机的狂轰滥炸，导致唐风喜所在的阻击班与排长失去了联系，班长安排机枪组长唐风喜去另一个阵地跟排长联络。唐风喜穿越层层封锁，冒着枪林弹雨，终于来到排长所在阵地，报告了自己所在班的情况后，又带着排长的指示回到了自己的阵地。当他到达自己的阵地时，发现阵地上竟然一个同志都没有了。原来，唐风喜走后，班里接到了连里换防的命令，当其他同志都从阵地上撤下来后，才发现缺了唐风喜。连长想到这位在战前为了参加阻击班而写了 13 次决心书的同志现在与部队失去了联系，心里十分着急，其他同志也为唐凤喜担心。

就在这时，68号阵地上突然响起一阵激烈的枪声和手雷声。同志们听了，都感到诧异："怎么搞的，副连长他们不是已经离开68号阵地了吗？刚才通信员说，兄弟部队去迂回敌人去了，那么，68号阵地上是谁跟敌人打上了呢？"不出所料，此时与敌人交战的，正是向排长报告完情况返回68号阵地，却与部队失去联系的唐凤喜。

当时，天色已经黑了下来。唐凤喜端着自动步枪，从敌人密集封锁的火网下爬回了68号阵地。但是，阵地上静悄悄的，好像一个人都没有。

★ 中国人民志愿军战士在秋季攻势中顽强地阻击敌人

“副排长！副排长！”唐凤喜喊了几声没有人回答。他有点急了，警惕地向黑乎乎的弹坑摸了过去。他先是碰到了几块石头，摸到了几颗手榴弹，再往前摸去，又碰到了僵死的美国兵尸体，但就是没有找到自己人。摸了一圈，唐凤喜发现整个阵地上除了他，一个同志都没有。他坐在弹坑里沉思着。突然，远方传来了沙沙的脚步声，唐凤喜静听下去，却发现声音越来越小。他想起身追上去——不！他马上又镇静下来。“阵地上没有人哪能行！我不能走！”他刚拿定主意，敌人的一排子弹便飞了过来，嗖嗖地打在附近的山石上，冒出一股火花。原来，4个美国兵已经摸了上来。

唐凤喜无暇多想，立即做好战斗准备。他把手榴弹盖揭开，顺手插在腰间，然后跃出弹坑，紧紧地盯着爬上来的敌人。敌人见打了几梭子子弹，山头上没有一点儿回音，更得意忘形地向前爬着。唐凤喜突然记起昨天排长告诉他的话：“阵地重要！剩下一个人也要守住。”想到这里，他勇气倍增。敌人爬得更近了，唐凤喜猛然扔出一颗手榴弹，手榴弹在敌人群中爆炸开来。接着，唐凤喜迅速跳到土崖后面，扣动扳机，向爬上来的敌人猛烈射击。敌人也不示弱，他们弓着腰，边开枪边向山头猛烈冲锋。唐凤喜毫不畏惧，再现了《英雄儿女》中战斗英雄王成的壮举，他从一个射击位转到另一个射击位，沉着地同敌人周旋，一个一个的敌人倒在了他的面前。突然，卡宾枪不响了，弹药用完了！但是，前方的山坡上，还有十几个敌人正在往上爬。唐凤喜环视了一下阵地，发现一根被埋在土里的爆破筒。“誓与阵地共存亡！”唐凤喜心里打定了主意，双手紧握爆破筒，沉着地等待着。敌人近了，近了，只有几米了……他猛地拉燃导火索，飞身跃向敌群。色厉内荏的敌人看到唐凤喜拉燃的爆破筒“哧哧”地冒着白烟，吓得没等唐凤喜跑到跟前，就抱着头向山下滚去。唐凤喜趁势把爆破筒往山下一扔，只听“轰”的一声巨响，好几个敌人被炸得飞上了天。唐凤喜敏捷地爬起来，随手拾起一支敌人落下的枪，对着逃窜的敌人一阵扫射。紧接着，他又从敌人尸体上捡来枪支、弹药，迅速放在阵地的各个掩体上，准备着下一次战斗。就这样，唐凤喜单枪匹马坚守阵地，敌人一连 5 次冲锋都被唐凤喜一个人给打了下去。

第六次，敌人比前几次来得更凶。一颗炮弹在唐凤喜身边爆炸了，他从被炸塌的弹坑里露出手和脸，发觉脸上手上都沾满了鲜血。他强忍疼痛，挣扎出来，顾不得看究竟是哪儿受伤了，又爬近机枪，继续扣动扳机。突然，机枪哑了，他知道子弹已经打光了，可是敌人的炮弹仍在他周围爆炸着，敌人又向前扑来。唐凤喜急中生智，用敌人的子弹去消灭敌人。他从敌人的尸体上找到了子弹，一边射击，一边又扔出手榴弹。很快，敌人的第六次进攻又被唐凤喜打退了。

过了一会儿，一阵猛烈的炮轰之后，穷凶极恶的敌人又开始了第七次进攻。唐凤喜一个人固守阵地，顽强地战斗着！他的左腿被手雷炸伤了，双手被滚烫的枪管烫得血肉模糊，可他依然顽强地、使劲地扣着卡宾枪的扳机，把一颗颗仇恨的子弹射进敌人的胸膛。前面的敌人还没有消灭，突然，后山坡又传来了脚步声，唐凤喜已经精疲力竭，子弹也打光了，他掏出最后一颗手榴弹，拉住引线，准备与敌人同归于尽。庆幸的是，后山来的都是自己人，副连长、二班长……那么多熟悉的面孔。唐凤喜大喊着：“我是唐凤喜，我是唐凤喜呀！”他看着战友们，战友们却“不说话”，最后唐凤喜才发现，原来是自己耳朵被震聋了。他扑在副连长身上，微弱地交代了两边敌人的情况后，晕了过去。

从 68 号阵地上下来，唐凤喜已经孤军作战两天两夜了，幸运的是，唐凤喜活了下来，成为享誉中朝的“孤胆英雄”。在后方医院治疗期间，国内不少群众给他写信，有的学生给他寄来了红领巾，还有成百上千的人向唐凤喜要照片。

“别让我离开同志们，别让我离开部队啊！”

从副班长升为班长的唐凤喜，在随后的战斗岁月中，与他的战友们继续书写着辉煌的历史。1953 年 5 月，在科湖里东南高地反击战中，他率领一个班，冒着铺天盖地的炮火，连续突破敌人 17 道铁丝网，摧毁了

★ 中国人民志愿军和朝鲜人民军战士欢呼庆祝胜利

20 多个地堡，把红旗插上了“孤山岭”主峰，将尖刀插入敌人的心脏，为志愿军反击战开辟了胜利的道路。

经过艰苦卓绝的战斗，中朝军队打败了武装到牙齿的对手，打破了美军不可战胜的神话，迫使不可一世的侵略者于 1953 年 7 月 27 日在停战协定上签字。至此，历时 2 年 9 个月的抗美援朝战争宣告胜利结束。朝鲜停战后，中国人民志愿军又帮助朝鲜人民为战后的恢复和建设做了大量的工作。

在抗美援朝战争中，唐风喜先后两次被记一等功，曾被授予“二级英雄”荣誉称号，朝鲜民主主义人民共和国先后授予他“孤胆英雄”“二级战士荣誉勋章”和“一级国旗勋章”。

1954 年 9 月，唐凤喜随志愿军第六十七军返回祖国。从朝鲜归国后，唐凤喜又不知疲倦地投入到了部队的现代化建设中。可是，出身贫苦的唐凤喜在旧社会没上过学，在工作中，他明显地感到了知识的匮乏。为了更好地为部队建设服务，他把战场上的那股勇猛杀敌的劲头用在了学习文化知识上。他先是参加了第二〇一师教导营文化补习班，接着进入中学补习文化课，后来又先后参加了汉口高级步校和洛阳高级步校的指挥训练，从一名勇敢的革命战士成长为一名出色的团级指挥员。

1974 年，唐凤喜被查出患上了左肩胛骨癌，不得不截去左臂，但他依旧积极乐观地面对生活，希望在有限的生命中为国家建设多做贡献，更加积极地为部队多做工作。截肢的伤口还没痊愈，他又要求回到部队。回到部队后，唐凤喜连家门都没进，就去找领导要求参加工作。团里领导告诉他，组织上已给他办好了去青岛疗养的手续，但唐凤喜坚决不肯。他激动地说："党的心意我收下，可请党也收下我的心意，别让我离开同志们，别让我离开部队啊！"部队领导含泪答应了他的请求。

即使在家休养，唐凤喜也不闲着，常常天刚亮，就来到连队的菜地、马厩、猪圈，战士干啥他干啥。夏季插秧的农忙季节中，他裤腿一卷，用一只胳膊帮着运秧，大家把他从水里拉上来，他又跑到打麦场干起来。部队帮助驻地公社开沟挖河，唐凤喜因只有一只胳膊不能用铁锹，就抢着去抬土。大伙为了照顾他，都故意不和他搭伙，他就找来一只抬筐，装上土，用一只手拖。大家说，不让唐副团长参加劳动，可真是个天大的难事。1976 年初，唐凤喜的病情转移恶化，常常觉得胸部发闷、心慌气短。就是在这样的情况下，他还是坚持每天围着部队里里外外走一圈，找问题，提建议。

就这样，唐凤喜用顽强的意志，战斗到他生命的最后一刻。1976 年 4 月 7 日，唐凤喜永远地离开了他钟爱一生的部队。他用 48 年的短暂生命，诠释了一个战斗英雄光辉的生命历程；他用钢铁一般的意志和赤诚，实践了自己对党、对人民的铮铮誓言。唐凤喜逝世后，中央军委追认他为革命烈士。

如今，唐风喜在抗美援朝战争中两次荣立一等功的立功喜报就在抗美援朝纪念馆中展陈着，向前来参观的人们讲述着“孤胆英雄”唐风喜在抗美援朝战场上精彩而感人的故事……

★ 抗美援朝纪念馆

汉江南岸阻击战实录

——魏巍手稿《汉江南岸的日日夜夜》

许多人都读过著名作家魏巍的《谁是最可爱的人》和《汉江南岸的日日夜夜》两篇作品。在抗美援朝纪念馆中，珍藏着魏巍的手稿：“这儿的每一寸土地，都在反复地争夺。这儿的战士，嘴唇焦干，耳朵震聋了，眼睛熬红了，他们用焦干的嘴唇吞一口干炒面，一口雪……这儿的每一个人都经历着‘日日夜夜式的考验’。”这些手稿共 9 页，每页长 35 厘米，宽 26 厘米，竖行书写的毛笔字，跃然于泛黄的红格稿纸，反复修改涂抹的痕迹，带着战火硝烟的气息扑面而来，瞬间让人置身于艰苦卓绝的抗美援朝战场。1951 年，作家魏巍来到朝鲜前线，通过自己的所见所闻和对汉江南岸坚守防御作战部队指战员的采访，以饱蘸深情的笔墨写下了这篇战地通讯《汉江南岸的日日夜夜》。文章最早发表于 1951 年 3 月 24 日的《人民日报》，生动描述了志愿军部队在天寒地冻、粮弹供应十分困难情况下奋勇作战的情景。

彭德怀的“三怕”

在祖国已经是春天了，可在这儿一切还留着冬季的容貌。

宽阔的弯曲的汉江，还铺着银色的冰雪，江两岸，还是银色的山岭，低沉的流荡的云气，也是白蒙蒙的，只有松林在山腰里、峡谷里抹着一片片乌黑。——这就是汉江前线的自然风色。

从 1950 年 10 月至 1951 年 1 月，英勇的中国人民志愿军同朝鲜人民军一道，经过三次战役，将以美军为首的“联合国军”赶到北纬 37 度线附近，汉城（今首尔）也被我军占领。嗣后，志愿军主力后撤休整，准备春季攻势，只留少数部队在第一线担负警戒任务。为了挽回败局，“联合国军”趁志愿军连续作战、极度疲劳、运输线延长、补给困难之机，集结了 23 万兵力，以大量飞机、坦克、火炮作为支援，在 200 公里宽的战线上发起全线反扑。从 1 月 25 日起，美军第一军、第九军向汉城方向

★ 中国人民志愿军和朝鲜人民军进入汉城独立门

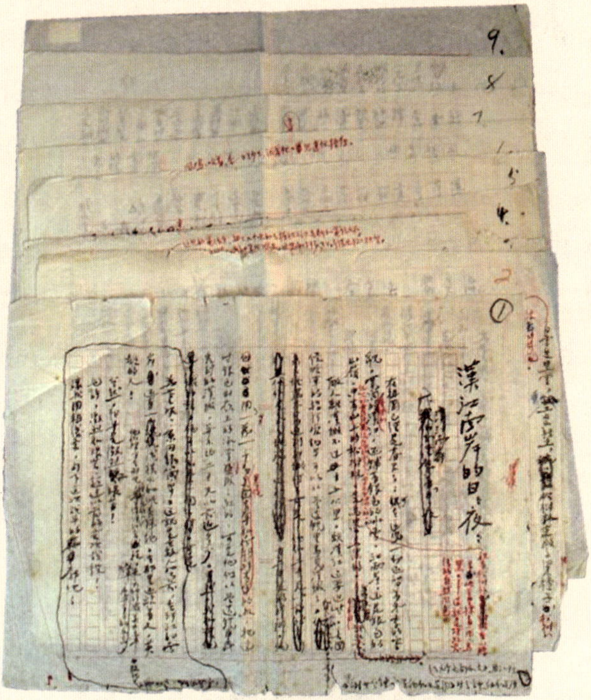

★《汉江南岸的日日夜夜》手稿

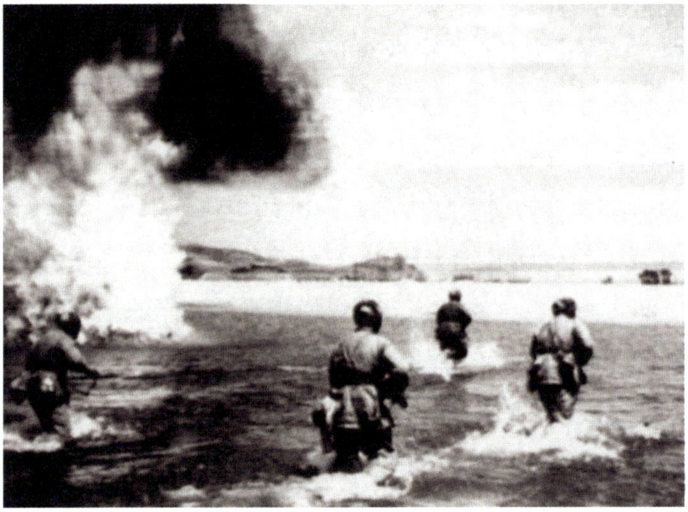

★ 汉城解放后，中国人民志愿军冒着炮火渡过汉江

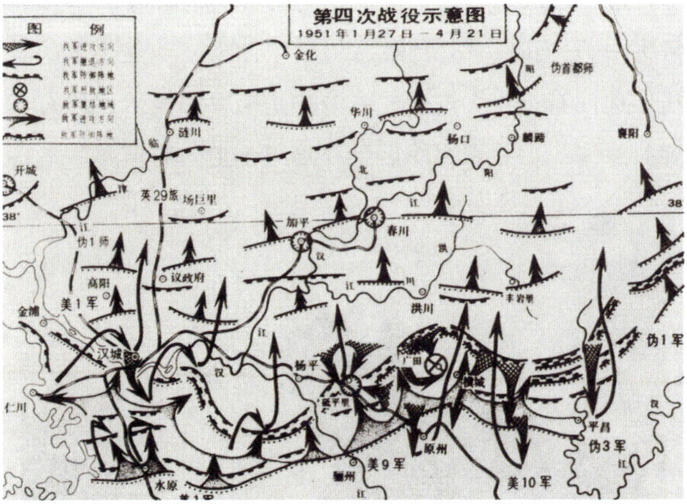

★ 第四次战役示意图

见证
辽宁一级革命文物中的党史

实施多路进攻。志愿军副司令员韩先楚指挥志愿军第三十八军、第五十军，在汉江以南地区实施坚守防御，迟滞、阻击“联合国军”的进攻，保障志愿军和人民军主力在东线横城地区实施战役反击。

汉江是朝鲜半岛一条主要河流，由起源于大德山（又名太白山）的南汉江和起源于金刚山的北汉江（金刚江）组成，南汉江和北汉江在京畿道汇合，汇合后的河流称为汉江。汉江是朝鲜半岛上第四长的河流，仅次于鸭绿江、图们江与洛东江。汉江流经汉城，最后注入黄海（韩国称西海）江华湾。汉江支流繁多，纵横灌溉着两岸的土地。1951 年 1 月下旬，汉江沿岸本该是冬季雪落江河、千里冰封的优美画面，但战争让这里的一切变成了人间炼狱。

志愿军在汉江南岸进行的阻击战可以说是朝鲜战争开战以来最为惨烈的战斗之一，与此前朝鲜战场上其他战斗不同，汉江南岸阻击战的最大特征是整场战斗几乎是掏出了部队骨干老底儿来跟敌人血拼。多年以后，彭德怀心有余悸地回忆说：“我打了一辈子仗，从来没有害怕过，可当志愿军打过‘三八线’，一直打到‘三七线’的时候，我环顾前后左右，确实非常害怕。”当时，彭德怀主要有“三怕”：一是美军武器精良，空中有飞机，地面有坦克大炮，左右沿海是美军的舰队，敌人不下船就可以把炮弹打过来；二是志愿军后勤补给跟不上，时值寒冬腊月，到处冰

★ 中国人民志愿军某部在汉江以南的帽落山与敌激战

天雪地，战士们吃不饱穿不暖，非战斗减员日益增多，在这种严酷的条件下，志愿军随时都有遭厄运的可能；三是援兵迟迟没有抵达朝鲜战场，不光是军需给养的短缺和非战斗性减员的增多，更要命的是原准备第二批入朝作战部队第三兵团和第十九兵团还没有赶到，连为前线补充的4万名老兵和8万名新兵也没有到达。缺人、缺物、缺给养随时都会让志愿军陷入万劫不复的灾难中。彭德怀本想休整一番，静待国内援兵赶来增援，没想到援兵未到，敌军却到了。我军在极端困难的情况下，不得不停止休整，被迫提前展开第四次战役。

面对敌军展开的攻势，志愿军很快识破了敌人的企图，决定采取“西顶东放”的作战策略，在西线以坚守防御达到牵制敌人主要进攻集团的目的，在东线有计划地让敌前进，待敌突出、翼侧暴露时集中主力实施反击，粉碎敌人进攻。彭德怀向中央军委发电报，说明此次战役带有很大的勉强性，部队尚未得到休息补充，如主力出击受阻，战局可能暂时转为被动，建议将国内的战略预备队第十九兵团速调安东（今丹东），以便随时参战。

1月的汉江异常寒冷，到处白雪皑皑，冰封大地。年轻的志愿军战士掏出覆盖了厚厚一层冰的土豆，夹在腋窝下，焐热了变软了才能啃上一口，每一次呼吸都化为白烟消失在凛冽的空气中……大战一触即发，但粮弹不济，困难重重。我军一方面要迟滞敌人的进攻，保障东线实施反击；另一方面也要为第十九兵团入朝参战争取时间。在敌重兵压顶的严峻形势下，汉江之战注定是一场震天撼地、艰苦卓绝的血战。

“白云山团”的11昼夜

在汉江南岸的日日夜夜里，我们英雄的部队，他们并不止是用坚强的防守，使敌人在我们的阵地前尸堆成山，血流成河，重要的，他们还不断用猛烈的反击，夺回阵地，造成敌人更严重的伤亡。我不断听指挥员告诉他们的队部："不能在敌人面前表现老实，你们不应该挨打，应该反击，坚决地反击！"

参加西线防御作战的主角是中国人民志愿军第五十军和第三十八军。第五十军的前身是国民党军滇系第六十军，参加过著名的台儿庄大战，具有光荣的抗日传统，1948 年 10 月在长春起义，经过大力整训，改编为人民军队。这支部队进步明显，战斗力提升很快，在野战条件下，具有丰富的防御作战经验。根据第五十军的部署，第一四九师在白云山、光教山、国主峰地域组织防御。白云山位于汉江以南，海拔 540 米，与两侧的帽落山和光教山组成三角形防御攻势，相互呼应。山下有一条铁路和两条公路经过。美军如果想快速推进到汉城，就必须拿下白云山。第一四九师的任务就是在此阻击美军，尽可能地拖慢美军的前进速度，为东线志愿军歼灭敌人争取时间。

1951 年 1 月 27 日，美军在数十架飞机、数十辆坦克和数十门大炮的掩护下，以十倍于我军的兵力，向第一四九师第四四七团防守的白云山等阵地发起进攻。第四四七团浴血奋战，在兄弟峰阵地前与敌人反复激战 5 昼夜，击退了敌人 20 余次冲锋，毙敌 300 余名。2 月 1 日拂晓，敌军向光教山阵地进攻，投下大量燃烧弹，将阵地烧焦，第四四七团指战员们英勇顽强坚地守阵地，打退了敌人的进攻。在白云寺（白云山山脚的一座庙宇）反击战中，第四四七团第三营营长率第七连赶到阵地支援第八连发起反击，一鼓作气将敌人击退，收复了白云山阵地。

2 月 3 日，是敌人向白云山攻击最猛烈的一天。这一天，敌人将进攻时间提前到凌晨 5 点，动用飞机、大炮猛烈地向白云山、光教山发起轰击，数不清的炸弹将白云山炸得地动山摇，山石被炸飞，树木被削平，到处浓烟滚滚。轰炸持续了近 5 个小时，接着，敌人以 30 余辆坦克掩护 500 余名步兵分三路向白云山进攻：一路向光教山进攻，一路由光教山向白云山进攻，一路从白云寺向白云山进攻。防守光教山的第四四七团战士与敌人血战死守，几次拉锯战后，终因伤亡过重、弹药耗尽，痛失阵地。另两路敌军也多次发起猛烈冲击，第四四七团将士奋起反击，以近距离射杀方式扼守白云山主阵地。

2月4日上午，敌军以光教山为依托，在飞机、炮火掩护下，向白云山阵地连续发起7次冲锋，每次都是2个营的兵力冲上去，并且地上有大炮，天上有飞机，还有光教山作为制高点，倾尽全力掩护冲锋。但每次冲锋上去，志愿军战士总能在意想不到的地方冒出来，以机枪和手榴弹大量杀伤敌人，保证主阵地仍在我军手中。从敌人首次发起进攻算起，第四四七团已将美军挡在白云山阵地脚下近10天。恼羞成怒的美军在两军拼刺刀的时候，直接以几十门大口径榴弹炮对白云山主阵地实施无差别炮击覆盖，第四四七团第一营第一连在白刃格斗中全部牺牲。当残存的美军以为终于消灭了志愿军时，志愿军的预备队又冲了上来，对美军迎头痛击，保住了阵地。

2月5日，在经历了11个昼夜的血战之后，第四四七团接到了上级命令，撤离白云山阵地，胜利完成了阻击任务。第四四七团全体指战员誓死坚守白云山，共毙、伤敌1400余人，在我军战史上写下了光辉的篇章。

★ 入朝采访时的魏巍

1951 年 5 月 28 日，经第五十军报中国人民志愿军政治部、司令部批准，第四四七团被授予“白云山团”荣誉称号，并获颁奖旗一面，这是抗美援朝战争期间唯一被志愿军总部授予荣誉称号的步兵团。“英雄昂立在山巅，英雄们鲜血光辉灿烂，中朝弟兄齐歌唱，世界人民记心间……”这首由著名作家刘白羽作词、著名音乐家郑律成作曲的歌曲《歌唱白云山》至今仍被后人传唱。

“万岁军”的22昼夜

在战斗最紧张的一天，在师指挥所，我听到师政治委员——他长久没有刮胡子，眼睛熬得红红的……他的声音又严

★ 中国人民志愿军司令部、政治部赠给第四四七团的“白云山团”奖旗

肃又沉重："应该清楚地告诉同志们坚守的意义，我们的坚守，是为了牵制敌人，使东面的部队歼灭敌人；没有意义的坚守和消耗，我们是不会进行的。你们知道的，我们一定要守到那一天。"

第三十八军是第四野战军的王牌部队，攻守兼备，战斗力较强，在第二次战役中，曾获得"万岁军"的美誉。此次战斗，该军奉命在汉江南岸的利川以北地区进行防御。1951年1月26日和27日两日，美军向我军阵地进行了试探性攻击和侦察活动，而后全线展开猛烈攻击，企图以压倒优势迅速突破我军防御。在泰华山主阵地的屏障"311.6高地"防守的志愿军第三十八军第一一二师第三三六团第五连，接连3天打退了敌人13次进攻，歼敌500余人，而第五连最后仅剩10余人。战后，第五连被志愿军总部记集体一等功，并被授予"屡战屡胜"奖旗。

在第三三四团第二营第九连的阵地上，美军以1个团的兵力进行猛烈的炮火轰炸和反复的进攻，第九连官兵一直坚守阵地。打到后来，第九连只剩下一个18岁的小战士——潘天炎。潘天炎人小心眼儿多，他把6颗手榴弹捆在一起放在工事前边，用一根电线连接上所有的拉环，然后自己躲在一边，等敌人上来后，他一拉电线，敌人被炸倒一大片。等美军又摸上来的时候，他突然大喊了一声："同志们！敌人上来了！"美军士兵听见这突然的喊声，全都趴在地上不动了，潘天炎则跳出战壕，冲着敌人扔手榴弹，炸得敌人哭爹喊娘。潘天炎打一枪换一个地方，一会儿用机枪打，一会儿扔手榴弹，美军弄不明白这个阵地到底还有多少中国士兵，于是开始炮轰，炮轰完后加大兵力再进攻。最后，潘天炎在阵地上奔跑根本就不隐蔽自己了，手榴弹和卡宾枪一齐使用，就在他准备与美军同归于尽时，忽然听到背后机枪、炮声响成一片，美军乱成一团，增援阵地的兄弟部队终于上来了，战友们接替潘天炎继续作战。战后，军文工团根据潘天炎的事迹，写成了单弦作品《青年英雄潘天炎》，在部队各单位传唱。

就这样，美军连续10天对我军实施兵力、火力攻击，在我军坚决抵抗下进展甚微。为改变态势，美军加大了正面攻击压力，继续向我军主阵地冲击。从2月4日起，第三三七团第三连在坚守西宫厅战斗中，充分运用了入朝以来所取得的战斗经验，在连长郭忠田的率领下，连续3天击退美军的进攻，击毙260人。战士姜世福双腿负伤后，仍然坚持战斗，最后拉响手榴弹，与冲上来的美军同归于尽。第三十八军第一一二师在汉江南岸激战10多天，伤亡很大，师教导队和勤杂人员也投入了战斗，许多阵地只有几个人扼守，在此危急时刻，广大指战员们沉着地坚守阵地，顽强地坚持战斗，令敌人损失惨重。

但是，由于敌众我寡、装备较差、后勤补给跟不上，从2月8日起，美军不断向汉江逼近，10日，占领仁川，并在大量火炮、坦克、飞机的配合下猛攻我军阵地，战斗空前激烈。12日拂晓，美军向我军第一一四师第三四二团第一营扼守的“350.3高地”连续进攻，营长曹玉海已经7个昼夜没有休息了，在美军第5次冲击时，他跑到前沿阵地和战士们一起顽强拼搏、坚守阵地。在他的影响下，部队越战越勇，有的战士几次负伤，鲜血模糊了双眼，用袖子抹去后仍然坚持战斗。战士申德恩左眼负了伤，连长让他撤下去，他说：“右眼还是好的，可以瞄准，只要有一口气，就要坚持到底！”右臂和左腿又被打断后，他仍然坚持不下火线。班长涂金的头部负伤，血流满面，仍然端着冲锋枪射击，一直战斗到牺牲。营长曹玉海壮烈牺牲后，弹药也耗尽了，该营第三连阵地上只剩下4个人。在对抗美军的第7次冲锋时，连长赵连山提着没有子弹的驳壳枪带头反击，将阵地上的敌人吓得滚下了山。战斗到最后，阵地上只剩下赵连长和1名副班长。第三四二团第一营用鲜血和生命打退了敌人十几次冲击，扼守住了“350.3高地”，歼敌680余人，胜利完成了任务。他们的英雄事迹感天动地，激励着每一位志愿军指战员。战后，志愿军总部给该营记集体一等功，为营长曹玉海追记特等功，授予其“一级英雄”称号。

在西线志愿军顽强防御的同时，东线反击部队完成了集结。2月16日，汉江两岸飘着纷纷扬扬的雪花，中午，志愿军司令部通报：东线出击已

★ 魏巍

经胜利结束，我军可以撤到江北了，第四次战役第一阶段胜利结束。

在极端困难的条件下，志愿军第三十八军在汉江南岸防御战中浴血奋战了 22 天，阻击了敌人在大量飞机、坦克和猛烈炮火支援下的重点进攻，保障了东线部队的顺利出击，得到中朝司令部的通报表扬。

汉江南岸坚守防御作战，是志愿军连续进行了三次战役后，在人员、粮食、弹药没有得到休整补充，第一线兵力又不占优势的情况下，依托一般野战工事，抗击现代化技术装备之敌的进攻。志愿军第三十八军、第五十军顽强的防御作战，歼灭敌人万余人，牵制了“联合国军”主要进攻集团，使敌人未能进占汉城，并有力地配合了东线志愿军主力反突击的胜利，完成了艰巨的坚守防御作战任务。

后来，作家魏巍通过自己的所见所闻和对汉江南岸坚守防御作战部队指战员的采访，写成了《汉江南岸的日日夜夜》和《谁是最可爱的人》等战地通讯，陆续在国内发表，令国人乃至世界人民了解了伟大的中国人民志愿军“抗美援朝、保家卫国”的光辉事迹和宝贵精神，也令中国人民志愿军收获了一个最贴切、最动人的称呼——“最可爱的人”。

3.7 平方公里惨烈鏖战的“证物”

——上甘岭阵地上被炸碎的石头粉末及炮弹残片

70 年前的上甘岭战役，是朝鲜战争转入相持阶段后规模最大的一次阵地防御战。英勇的志愿军战士，在只有 3.7 平方公里的狭小地区里，与武装到牙齿的敌人鏖战 43 昼夜。战役的激烈程度前所未见，特别是炮兵火力密度，已超过第二次世界大战最高水平。据不完全统计，在上甘岭战役中，“联合国军”倾泻炮弹 190 余万发，最多一天打出 30 余万发，甚至打出了惊人的“范弗里特弹药量”。在通常情况下，美军进攻前，通常会炮击 40 轮，但当时的美军第八集团军司令范弗里特下令足足炮击了 260 轮；共出动飞机 3000 多架次，投弹 5000 余枚，最多一天出动 250 架次，投弹 500 余枚。中国人民志愿军发射炮弹也达 40 余万发。敌我双方反复争夺阵地达 59 次，志愿军共击退“联合国军”冲锋 900 余次。数以万计的炸弹使上甘岭我军阵地的山头被削低了 2 米，高地的土石被炸松了 1 到 2 米，许多岩石坑道也被炸短了 3 到 4 米。山上的石头多半被炸成了粉末，随手抓起一把土，就有骨头、弹壳和弹片……记忆凝固了时光，在抗美援朝纪念馆中，珍藏着上甘岭阵地上被炸碎的石头粉末及炮弹残片，这件浸透着无数志愿军战士鲜血与汗水的文物展品时刻提醒我们：上甘岭是许许多多的志愿军指战员用血与肉坚守的精神高地，上甘岭战役是抗美援朝战争中极为惨烈的一次战役。

表面阵地的激烈争夺

1952 年 10 月初，在朝鲜战场上，中国人民志愿军已经越来越明显地掌握了地面作战的主动权，而以美军为首的“联合国军”伤亡惨重，进退两难。此时，正值联合国大会召开和美国大选，美国统治集团内部矛盾重重，人民反战情绪高涨。美国当局为了扭转不利形势，摆脱困境，同时也为在停战谈判中向中朝军队施加压力，便在上甘岭及其附近地区展开了一场大规模作战。

上甘岭是朝鲜半岛五圣山南麓一个小村庄的名字，在上甘岭的两侧，有两个小山头，右边是“597.9 高地”，左边是“537.7 高地”北山，这两个山头覆盖区域的面积加起来共 3.7 平方公里，它们互为犄角，是五圣山前沿的重要支撑点。

★ 上甘岭战役后“联合国军”遗留下来的炮弹壳

★ 上甘岭阵地上被炸碎的石头粉末及炮弹残片

1952 年 10 月 14 日，以美军为首的“联合国军”向五圣山地区发起进攻。这是一年来“联合国军”向我志愿军主要防线发动的最猛烈的一次进攻。数百门大炮把 30 余万发炮弹倾泻在我军阵地上，硝烟、碎石、尘土瞬间交织成黑色幕障，令志愿军战士喘不过气来。在坦克、飞机、大炮的掩护下，美军第七师，南朝鲜军第二师、第九师以及配属南朝鲜军第二师第三十七团的 2 个营，美军空降兵第一八七团一部，埃塞俄比亚营、哥伦比亚营等部队，分 6 路向上甘岭高地发起了大规模的进攻。由于敌人在兵力和装备等各方面均占据明显优势，我军虽拼死抵抗，但仍处劣势，好几块阵地都是志愿军在拼尽最后的武器、拼到全阵地战士全部阵亡才丢掉的。到黄昏时，我军有一半阵地被敌军占领。

★ 上甘岭阵地上带弹片的树皮

★ 上甘岭阵地残存的石棉

夜幕降临，四周的硝烟还没有散去，第四十五师师长崔建功命令第一三五团团长张信元连夜组织反击，并让第一三四团团长刘占华即刻赶到师部，熟悉情况，准备参战。在志愿军将士的共同努力下，拂晓前，很多阵地又被我军重新夺回。这种白天敌人攻占、晚上我军反击的斗争形式成了上甘岭战役第一阶段战斗的一个突出特点。

10 月 16 日，“联合国军”继续猛攻不止，第四十五师先后已有 15 个连投入战斗，“联合国军”亦不断增强火力和兵力。美军原本以为不用付出太大牺牲就能拿下一些阵地，便可以“交差”了，没想到，其进攻遇到我志愿军将士的顽强抵抗，双方在表面阵地展开激烈争夺，便不断增加兵力和武器装备。“联合国军”不惜血本地将大量炮弹用在上甘岭上，最高时火力密度高达每秒落弹 6 发。 如此猛烈的炮火，使得在坑道中的志愿军将士感觉像是乘坐着小船在波浪滔天的大海上颠簸，强烈的冲击波激荡着坑道，不少人牙齿都磕掉了，嘴唇和舌头也磕破了，甚至还有的战士被震伤震死。但战士们意志坚定，始终坚守，决不后退半步。

10 月 17 日，战斗进入第四天。双方打得越来越惨烈，阵地得而复失，失而复得，一天之中几度易手，每次易手就伴随着天翻地覆的炮击和天昏地暗的拼杀，阵地上尸横遍野，鲜血染红了高地。由于战场狭窄，最多只能展开 2 个营的部队，双方只能采取逐次增兵的战术，一个营一个连，甚至一个排一个班地投入作战。这天，敌军最大的收获是知道了志愿军在阵地挖有坑道，解决了敌人几天来一直困惑不解的难题：在如此猛烈的炮火下，怎么还会有人生存下来？他们派了精干侦察人员前来侦察，这才搞清楚，志愿军是利用坑道来对付炮火轰击的。

10 月 19 日，志愿军第十五军集中了 44 门重炮和 1 个喀秋莎火箭炮团的火力，掩护第一三四团第六连、第四十五师侦察连和工兵连 1 个排反攻“537.7 高地”。炮火射击刚一延伸，步兵随即开始反击，3 个连的战士勇往直前、攻势如潮，仅 20 分钟就夺回了全部阵地，打垮了敌军 4 个连的防御。然后按照事先部署，由进攻转入防御。

10 月 20 日晨，美军出动 30 架次 B–26 轰炸机对上甘岭进行地毯式轰炸，300余门重炮同时轰击，40多辆坦克由于受地形限制无法实施集团突击，干脆抵近高地作为固定火力点向我军进攻，步兵则投入3个营的兵力，采取多路多波次的集团冲锋。面对敌人强大的攻势，我军沉着应战，打得十分艰苦。经过一天一夜的连续激战，我军伤亡巨大，最终放弃了表面阵地，退入坑道。

艰苦卓绝的坑道坚守

志愿军退入坑道后，依托坑道优势，与敌人展开了拉锯战。敌人虽然占领了表面阵地，但坑道仍在志愿军手中，坑道里的部队随时可以与反击的部队里应外合，对于敌人而言是极大的威胁。坑道一日不除，美军一日不得安生，因此，20日以后的战斗双方便把坑道作为争夺的焦点。

坑道工事是志愿军在敌人狂轰滥炸下保存有生力量的有效方法，可以说是朝鲜战场上的“地道战”。刚开始，志愿军战士为了躲避敌人的炮火，在阵地背面挖单人防炮洞，由于形状如猫的耳朵，被称为猫耳洞。后来，防炮洞挖得越来越多，各个洞连接起来，形成了一个个马蹄形的坑道。马蹄形坑道逐渐形成防御体系，在朝鲜半岛地下，形成了错综复杂的“地下长城”。对于武器装备落后的志愿军来说，坑道作战既便于隐蔽又方便进攻，削弱了敌人飞机、大炮、坦克的优势，又可以发挥我军步兵固有的特长，既能保存自己又能消灭敌人，为我军最终展开决定性反击争取了时间。

敌人见我军进入坑道，一时也想不出什么好的办法，且经过多日血战，双方都已筋疲力尽，因此，双方不约而同地都稍做休整，战场上出现了少有的短暂寂静。

10月22日，战斗再度打响，双方争夺的焦点是1号坑道。美军对坑道口用无后坐力炮抵近射击，用炸药包爆破，向坑道里投掷手榴弹，甚至使用P-51飞机低空俯冲扫射……美军火力较猛，坑道口又窄，眼看就要被敌人攻陷。关键时刻，志愿军炮兵对坑道部队进行了纵深炮火支援，用大炮制止了敌人对坑道口的破坏。

虽然形势于我军不利，但我军充分利用坑道作为掩护，以各种手段迷惑打击敌人。有时往外丢石头、罐头盒、废铁桶，给敌人造成错觉，盲目射击；有时以班、组兵力组织小规模袭击，打得敌人措手不及；有时开展小部队出击，配合坑道外部队实施小型反击。尤其是天色一黑，坑道部队就组织小分队四下出击，炸地堡、摸哨兵，搞得敌人草木皆兵、夜不得宁。特别是 2 号坑道的部队在坚持坑道斗争的 14 天里，组织了 11 次夜袭，给敌军以极大袭扰和威胁。

敌军被坑道部队搅得不得安宁，便对坑道部队与后方交通线实行严密的炮火封锁，用炸药包炸、用喷火器烧、用铁丝网围、用土石块堵、用毒气熏，妄图切断我军坑道部队与后方的联络和供应。敌人的残酷破坏和围攻，使坚守坑道部队每时每刻都经受着严峻的考验，忍受着难以想象的折磨。当时，坑道外气温已降至 0 摄氏度以下，而坑道内穿单衣还冒热汗，炮击的震动使坑道内点不着灯，几乎处于黑暗中。坑道内物资短缺，伤员缺医少药，硝烟、血腥、屎尿和汗臭味在坑道中弥漫，空气污浊得令人窒息。最让人难以忍受的是没有水，战士们渴极了就喝尿，或者趴在坑道壁上舔石头上的潮气。因为运输饮用水实在困难，所以就运送既能解渴又能充饥的萝卜，但吃萝卜容易上火，坑道部队建议改送苹果。后来，第十五军军长秦基伟下令紧急采购苹果，派人送往坑道。当时竟有“向坑道运送一篓苹果，记二等功一次”这样的立功条件。这种提法充分说明了战役的残酷和运输的艰巨，在敌人严密的封锁下，我们的后勤补给工作比登天还难，最终竟然一篓苹果都没送进坑道。

火线运输员刘明生在向坑道运送弹药时捡到了一个苹果，他摸爬滚打将苹果带进了坑道，交给了第一三五团第七连连长。连长舍不得吃，他想到连里的步话机员一直打电话传达命令，于是把这个苹果给了步话机员。步话机员也舍不得吃，又传给了通信员。通信员也舍不得吃，传来传去又回到了连长手里。连长就在苹果上咬了一点点皮，然后传给战士们，让他们每人咬一口，这个苹果在连里仅剩的 8 个人手里，传了 3

遍才吃完。

在艰苦的条件下，志愿军坑道部队除坚守坑道、牵制敌人外，还经常主动出击。从21日至29日，坑道部队夜间主动出击达158次，其中，仅9次失利，其余均获成功，累计歼敌2000余人，大量消耗了敌军，并极大地破坏了敌军阵地的稳固。与此同时，外面部队为了支援坑道部队，先后以2到5个连不等的兵力对“537.7高地”组织过7次反击，曾3次夺回了全部阵地。在“597.9高地”，外面部队以2个班到9个排的兵力组织过5次反击，曾一度占领主峰。这些次反击，都使坑道部队得到了物资和人员的补充，增强了坑道的力量，为大反击创造了有利条件。

气势如虹的反击作战

10月30日中午12时，志愿军第十五军以133门大口径火炮和30门120毫米重迫击炮，向“597.9高地”实施猛烈的炮火攻击，炮击持续

★ 中国人民志愿军第十五军军长秦基伟（左二）在上甘岭战役的军指挥所研究作战方案

长达 4 个多小时，日落时分才沉寂下来。敌军唯恐志愿军乘机发动攻势，立即爬出隐蔽部抢修被毁的工事。不料，1.5 个小时后，第十五军又突然开火，对高地进行了 5 分钟的炮火急袭，接着开始炮火延伸，敌军以为志愿军攻击迫在眉睫，急忙进入阵地准备迎战，谁知志愿军的炮弹猛然又回落在高地上，敌人被打了个正着。就这样，几次真真假假的延伸炮击，敌军已经伤亡过半。晚 10 时，志愿军火箭炮团 24 门火箭炮进入阵地，对敌纵深炮兵阵地和第二梯队集结地区实施全面轰击，几乎完全压制了敌人的纵深炮火。这是志愿军历史上第一次大规模的炮战，取得了预期的效果。以此次炮战为标志，志愿军进入反击作战和恢复巩固阵地阶段。

在炮战接近尾声时，第四十五师新建的 8 个连和第二十九师第八十六团的 2 个连，加上团侦察连，共 11 个连向敌人阵地发动了 11 波攻击，双方反复争夺，最终“597.9 高地”除东北山梁上的 2 号、8 号、11 号阵地仍由敌军控制外，主峰及几个要点阵地均已掌握在我军手中，南朝鲜军第三十一团 4 个连，整建制覆没。

10 月 31 日，南朝鲜军第三十二团与埃塞俄比亚营重新调整兵力，发动攻击，我军主动迎战，战斗持续了 9.5 个小时，志愿军第十五军反击部队创下了上甘岭战役中日均最高弹药消耗量：投掷出近 3 万枚手榴弹和手雷、260 根爆破筒，发射子弹 30 多万发、炮弹 2.1 万多发。“联合国军”的炮火猛烈程度仅次于战役第一天。敌军攻了一整天，总共发动了 23 次营连规模的集团冲锋，伤亡 1500 余人，却毫无所获。志愿军第十五军似乎意犹未尽，当晚，第二十九师第八十六团的 2 个连发起反击，将敌人手中的“597.9 高地”其余阵地全部夺回。

从 1952 年 11 月 1 日起，志愿军第十二军开始参战。第十二军第九十一团团长李长生来到上甘岭后，发现高地上有着多达十几个连的建制部队，为了避免多建制所引起的指挥混乱，他将九十一团的 9 个连合理调配，采取“车轮战”对敌，一个连一个连地投入战斗，每个连不管伤亡如何，一律只打一天，就撤下来休整，连长则留下来，作为后一个连长的顾问，如此类推反复，形成接力赛，每天都是生力军，效果奇好。

这样，不仅避免了指挥上的混乱，也使各连都保存了一批骨干。

在我军对上甘岭阵地实施增援的同时，敌人亦增加兵力，加紧对表面阵地的争夺。11 月 1 日下午 4 时，敌军又攻占了 10 号阵地，但第九十一团第八连随即就有十多个战士跟着炮弹的弹着点冲了过来，一阵手榴弹投掷，又把阵地夺了回来。晚 5 时，1 号阵地上只剩下 2 个伤员了，第九十一团第八连派出了一个三人战斗小组前去增援，一番苦战，将敌人打退，但我军阵地上也只剩下朱有光和王万成 2 名战士。刚要整修一下工事，敌军又蜂拥而上，负伤的朱有光一跃而起，冲入敌群拉响爆破筒。爆炸的硝烟还未散去，王万成也抓起爆破筒，扑向另一群敌人……第二天，第九十一团第七连接替了第八连，继续战斗。这一天的战斗依然非常激烈，第七连的伤亡也很大，运输弹药的第八连炮排见形势危急，主动加入战斗。到了下午 3 时，第七连加上第八连炮排的指战员就所剩无几了，原定第三天参战的第九连立即以 2 个班为单位，一批一批向上增援。就这样，

★ 部分志愿军指战员撤离朝鲜前在英雄阵地上甘岭宣誓

前仆后继，以保证阵地不失。

11月4日，李长生根据几天来的战斗规律，发现敌军每天的攻击都是上午8时开始，他判断在这之前敌军肯定是在某处集结，便派出了精干的侦察分队连夜前去侦察。凌晨4时，侦察兵报告，美军的攻击部队正在“597.9高地”南侧的一片树林里集结。李长生决定先发制人，对其实施炮火急袭。4时30分，志愿军火箭炮团24门火箭炮按照侦察兵所报告的方位进行齐射，敌军攻击部队遭到了沉重打击，伤亡惨重，只得重新组织兵力再行进攻，但攻击强度明显减弱。

11月5日，敌军由于受到4日的“奇耻大辱”，开始疯狂报复，上甘岭最惨烈的战斗打响了。这一天，敌人投入的兵力奇多：南朝鲜军第二师、第九师，美军第七师、空降兵第一八七团，哥伦比亚营共出动6个营和2个连的地面部队。当天，炮火的猛烈程度是上甘岭战役之最，尽管当天的“联合国军”已近乎疯狂，但已是强弩之末，在我军顽强地

★ 中国人民志愿军战士在上甘岭阵地上欢呼胜利

抵抗住了这一天的惨烈进攻后，敌人再拿不出什么像样的“把戏”，只是“小打小闹”地袭扰了。到 1952 年 11 月 25 日，上甘岭战役胜利结束。

上甘岭战役的胜利，彻底粉碎了敌人的“金化攻势”，给敌人以沉重的打击。战役之后，美军再也没有向志愿军发动过营以上规模的进攻，朝鲜战局从此稳定在北纬 38 度线上。上甘岭战役不仅奠定了朝韩的南疆北界，还换来了东亚地区几十年的和平。秦基伟将军说：“上甘岭战役不仅从军事上打垮了敌人的攻势，也打出了我军的指挥艺术、战斗作风和团结精神，打出了国威军威。以后有人说过，美国人真正认识中国人，是从上甘岭开始的。”

望远镜中望英雄

——崔建功在上甘岭战役中使用过的望远镜

在抗美援朝纪念馆中，有一架保存完好的望远镜，其质地为有机质、玻璃等，高 12 厘米、宽 13 厘米，附有皮套。这架望远镜是志愿军第十五军第四十五师师长崔建功在上甘岭战役期间观察敌情、指挥作战使用的。从这架望远镜里，不仅看到了第四十五师与敌人浴血奋战、最终取得上甘岭战役伟大胜利的战斗过程，也看到了众多舍生忘死、保家卫国，为了取得胜利不惜抛头颅、洒热血的战斗英雄。他们中，有以身体堵住敌人机枪眼，为攻击部队打开道路的特等功臣、特级英雄黄继光；有双腿被打断仍坚持指挥战斗，在只剩最后一口气时拉响最后一颗手榴弹滚向敌群，与敌人同归于尽的特等功臣、一级英雄排长孙占元；有战斗中身受重伤，在生命的最后一息，用自己的身体连接被打断的线路，保证指挥联络畅通，立特等功、获二级战斗英雄称号的通信英雄牛保才；有这架望远镜的主人——高瞻远瞩、指挥若定、戎马一生、骁勇善战的第四十五师师长崔建功……这些人，以鲜血和生命铸就了一座威震敌胆、坚守阵地的英雄群像。正是这群英雄，赢得了抗美援朝战争的最后胜利；正是这群英雄，锤炼了享誉世界、震烁古今的抗美援朝精神。

英雄师长崔建功

崔建功，1915 年生于河北省魏县，1936 年加入中国共产党。他的一生充满传奇色彩，他的名字是改了三次才最终改为崔建功的。小时候，由于家庭贫困，他连一个正式名字都没有，大家都叫他小四，直到 16 岁结婚时才有了第一个正式的名字：崔日发。1934 年，他迫于生计外出谋生，先是加入了国民党军部队，1935 年，该部在直罗镇战役中被红军全歼，崔建功当了俘虏，经过思想改造，他又加入了中国工农红军。在党的正确领导下，他逐步成长起来，于 1936 年加入了中国共产党。1938 年，崔日发被任命为涉县独立团第二营教导员，他感觉自己的名字过于封建，于是改名为“崔建工”，寓意为立志建立工农政权。此后，他活跃于敌后抗日战场，与日本侵略者进行了英勇的斗争。解放战争时期，他曾任军分区司令员、副旅长、旅长、旅政委、师长等职，参加了平汉、汲县、安阳、豫北、豫西、淮海、渡江、广东、广西等战役战斗。在淮海战役中，他从国民党军手中缴获了一架望远镜，以后每次战斗都随身携带。这架望

★ 崔建功

★ 崔建功在上甘岭战役中使用过的望远镜

远镜在行军打仗、指挥作战中发挥了极大作用。中华人民共和国成立后，他任第十五军第四十五师师长，并于 1951 年 3 月下旬率部赴朝作战，在著名的上甘岭战役中立下赫赫战功。抗美援朝战争胜利后，1954 年，崔建功被选为全国第一届人大代表。大会秘书处将其名字改为“崔建功”，以表彰他指挥上甘岭战役，为祖国立了功。第十五军军长秦基伟为其题词“建功立业为人民”。

崔建功戎马一生，经历过战斗无数，但令其毕生难忘的还是上甘岭战役。1952 年 10 月 14 日凌晨，“联合国军”在 300 门大口径火炮、27 辆坦克和 40 架飞机支援下，对志愿军第四十五师 2 个连据守的上甘岭“597.9 高地”和“537.7 高地”北山发起强大攻势。面对敌人飞机、大炮的狂轰滥炸，地面火力、坦克的轮番攻击，崔建功率第四十五师全体指战员坚守阵地，巧妙利用地形地物，与敌顽强战斗，寸土必争。战斗的惨烈程度是常人无法想象的。白天，敌人以猛烈的炮火向志愿军阵地倾泻炮弹，并疯狂进攻，占领表面阵地；夜晚，崔建功则率部组织战术反击，打敌措手不及，恢复表面阵地。连续的阵地争夺战，使第四十五师在大量歼敌的同时，自身伤亡也很大。第十五军军长秦基伟对崔建功下了死

★ 抗美援朝战争中的崔建功

命令："丢了上甘岭，你就不要回来见我了。"崔建功当即表态："请军长放心，我们保证坚守到底！打剩下 1 个连，我去当连长。打剩下 1 个班，我去当班长。只要有我崔建功在，上甘岭就是朝中人民的。如果我牺牲了，就由副师长接替我继续战斗。"正是抱着这种视死如归的坚定信念和不获胜利誓不罢休的大无畏精神，崔建功面对数十倍于己的敌人，沉着冷静地指挥部队，抗击敌人凶猛的攻势。从 10 月 14 日至 11 月 4 日的 22 个日日夜夜，第四十五师与敌人进行的大规模的争夺战就达 29 次，毙伤俘敌 1.4 万人，其中歼敌 9 个连又 12 个排，取得了上甘岭战役的伟大胜利。那架在淮海战役中缴获的望远镜，一直陪在崔建功身边，是上甘岭战役胜利的重要见证。

抗美援朝战争胜利后，崔建功率部回到国内。1955 年，被授予少将军衔，曾荣获八一奖章、二级独立自由勋章、二级解放勋章和中国人民解放军一级红星功勋荣誉章，荣获朝鲜民主主义人民共和国"一级自由独立勋章"和"二级国旗勋章"。

后来，崔建功将他在上甘岭战役时使用过的这架望远镜捐赠给了抗美援朝纪念馆。

2004 年 9 月 10 日，崔建功因病医治无效，在武汉逝世，享年 89 岁。

英雄排长孙占元

孙占元，1925 年生于河南省林县，1946 年 2 月参加中国人民解放军，1948 年 2 月加入中国共产党。1951 年 3 月，随部队赴朝作战，历任班长、排长。

1952 年 10 月 14 日，上甘岭战役打响。经过一天的激战，美军在付出沉重代价后，占领了我军驻守的"597.9 高地"2 号、7 号、8 号和 11 号四个表面阵地。当天夜里，我军决定对敌人发动反击，夺回白天失去的阵地。根据部署，志愿军第四十五师把夺取"597.9 高地"2 号阵地的突击任务交给了敢打敢拼的第一三五团第七连第二排，排长就是曾 5 次

★ 孙占元

立功的孙占元。

晚 7 时，反攻开始，孙占元率部悄悄向 2 号阵地摸去。由于地形地貌已经改变，加上敌人的炮火和照明弹此起彼伏，阵地上的情况基本是“白天是黑夜，黑夜是白天”，搞不清方位，分不清敌我。突然，我先头部队被敌人发现，遭敌人炮火封锁，2 名战士以手雷、手榴弹将敌人的第一个火力巢炸毁，其他战友随之冲锋，迅速歼敌 2 个班。当我军突击组继续前进时，敌人的火力点全部展开。孙占元所在的第七连连长带领的预备队被敌人的炮火隔开，伤亡严重。在与敌激战中，连长英勇牺牲。孙占元见状，立即带领第二排冲了上去。

在阵地前，孙占元仔细观察，发现 2 号阵地上的敌人主要设置了四个火力点，这四个点相互交织，组成一片火力网，死死地将他们反击的道路封住了，这是我军夺回 2 号阵地的主要障碍。看清敌人的阵形后，孙占元立即制订作战方案，率部对四个火力点采取逐个击破的战斗策略。他先令同志们掩护第五班，向第一个发射点发起攻击。在孙占元的指挥下，第五班副班长李忠先抄起两根爆破筒，在火力掩护下，迅速靠近第一个火力点，随着一声轰响，敌人的第一个火力点被炸毁了，而李忠先也壮烈牺牲了。

敌人一看我军拿下了第一个火力点，马上投入了1个营的兵力，持续向第二排发动攻击。孙占元匍匐前进，他爬到左边的阵地，发现这里的山势陡峭，易守难攻，决定只在这里放上少量兵力。接着他又爬到阵地的右侧，发现这里是一溜斜坡，敌军的预备队正往上强攻，形势十分危急，立即组织防守。将每一个点都安排好后，孙占元准备去阵地的左侧布置任务。突然，一颗炸弹在孙占元身边爆炸，巨大的冲击波下，他被抛入了另一个弹坑，剧烈的疼痛让他失去知觉。当他缓过神来，才发现阵地上子弹呼啸，正准备继续往前爬行时，猛然发现自己双腿剧烈疼痛，无法使劲。往腿上一摸，再仔细一看，发现自己下半身已经被鲜血染透，骨头外露，只有一层皮连扯着，他顾不上疼痛，用两个肩膀支撑着，一寸一寸向前爬去，凭着惊人的毅力，勉强爬到战友易才学旁边。

一切发生得太突然，战友易才学还没反应过来，就听见孙占元冲他喊："我掩护你，你继续去把敌人的火力点炸了。"易才学眼含热泪，央求孙占元让自己把他抬回后方，却被孙占元拒绝了。无奈之下，易才学提着手雷和爆破筒，带着2名战士，向剩下的火力点匍匐前进。孙占元则占据了一个火力巢，摆了两挺轻机枪，身边让易才学摆上敌人留下的手榴弹和其他武器。敌人的火力点一开枪，孙占元马上朝着敌人的火力点开枪。在孙占元的掩护下，易才学和2名战士连续爆破了第二个和第三个火力点。

打下第三个火力点后，敌人2个排的兵力开始向我军反扑。孙占元继续向前爬行，伤口被焦土和石块淤塞着，每爬一步，地上就浸出一摊血印。他忍着疼痛，与易才学分别在敌人的火力巢里用敌人的机关枪形成交叉火力，打退了敌人2个排的进攻。乘敌人停顿的机会，孙占元决定掩护易才学攻打第四个火力点。

就在孙占元掩护易才学打第四个火力点的时候，约有20个敌人从侧面扑过来。此时的孙占元，强忍断腿的剧痛，把满是虚汗的脸贴在枪托上，朝敌军猛烈开火，实施掩护。当敌人再次发起攻击，在战友相继伤亡、弹药告罄的情况下，孙占元艰难爬行，从敌人尸体上解下手雷，当敌军拥上阵地时，他滚入敌群，拉响了最后一颗手雷，与敌人同归于尽。牺牲时，孙占元年仅 27 岁，他的遗体旁有 7 具敌人的尸体，附近躺着 80 多个被击毙的敌人。而在孙占元的掩护下，易才学打下了第四个火力点。失去火力点掩护的敌人根本无法抵御我军迅猛的冲击，我军迅速收复阵地，全歼残敌，完成了反击任务。

战后，中国人民志愿军领导机关为孙占元追记特等功，追授他“一级战斗英雄”称号。朝鲜民主主义人民共和国追授他“朝鲜民主主义人民共和国英雄”称号和金星奖章、“一级国旗勋章”。

通信英雄牛保才

牛保才，1927 年生于山西省壶关县。1944 年加入中国共产党。1951 年参加中国人民志愿军入朝作战，任志愿军第十五军第四十五师第一三五团第一营营部电话班副班长。

1952 年 10 月，牛保才带领电话班的 3 名战士负责维护上甘岭左翼前沿阵地“537.7 高地”北山至第一营指挥所的电话线路。前沿阵地距敌人阵地只有百余米，敌人不断对我前沿阵地实施轰炸，电话线路常遭破坏。电话线一被炸断，指挥所和前沿阵地的联系就中断了。因此，不论有多么危险，电话班都必须立即冲上去，接好线路。很多时候，因为怕耽误通信联络，牛保才等人便就地隐蔽在敌炮弹炸出的大坑中，以便做到随断随接，经常一天数十次地穿行在敌人的火力网中。

10 月 14 日，上甘岭战役打响。在敌军猛烈的炮火下，几分钟内，我军阵地上的野战工事、交通壕等几乎全被摧毁，坑道里守备部队的步话机天线也全被炸毁，电话线被炸得七零八落，前沿阵地根本无法与指挥所沟通联系。炮火袭击后，敌人便疯狂地向阵地冲来。这时，一个点一个点地接线已经来不及了，牛保才果断采用了拉新线的办法保证线路畅通。

★ 牛保才

在“537.7 高地”北山战斗最激烈的时刻，第一营指挥所通向前沿阵地的电话线又被炸断了。牛保才刚查线回来，见电话线又断了，立即抓起缠满电话线的线拐子，转身跃出洞口，冒着铺天盖地的炮火前去查线。一路上，他边躲避炮弹，边往前跑着放线，很快电话就接通了，及时保障了指挥所与前线的指挥畅通。但没多久，电话线再次被炸断，他迅速再去接线。突然，一颗炸弹落下来，牛保才的左腿不幸被炸断。他忍着剧痛，顺着线路继续向前爬行，找到了那个断头。当他用力把两个断头往一块儿接合时，发现还差 1 米多接不上，而随身携带的整整一大卷电话线已经用完。身体多处负伤的牛保才毫不犹豫地将断头一端的铜丝缠在被流弹击穿的右手上，用嘴咬住另一端，用自己的身体将电话线连接起来，让电流通过自己的身体接通线路，凭着顽强的意志用生命换取了 3 分钟的通话时间，直至壮烈牺牲。

战后，1953 年 4 月 20 日，中国人民志愿军领导机关给牛保才烈士追记特等功，追授“二级战斗英雄”荣誉称号。

特级英雄黄继光

黄继光，原名黄积广，1931 年生于四川省中江县。1951 年 3 月，加入中国人民志愿军，被分配到第十五军第一三五团第二营任通信员。

1952 年 10 月 19 日白天，敌人再次占领了上甘岭西侧的“597.9 高地”。当天晚上，志愿军第四十五师把夺取“597.9 高地”的任务交给了第一三五团第二营。第二营参谋长带着通信员黄继光来到第六连，率领第六连为全营部队开路。在参谋长的指挥下，第六连战士个个如下山猛虎般勇敢冲锋，连续反攻了敌人的三个高地，一路势如破竹。前方不远处便是敌人的“0 号阵地”。此时敌人的轻重机枪一起向志愿军反击部队射击，刹那间，子弹、树皮、土石狂风暴雨般朝志愿军反击部队倾泻。

“0 号阵地”有美军的集团火力点，要攻上“597.9 高地”山顶必须先打掉这个火力点。参谋长连续派出 3 个爆破组，但爆破手都在冲击途中就伤亡了。时近 20 日拂晓，如不能迅速消灭这个火力点，夺取“0 号

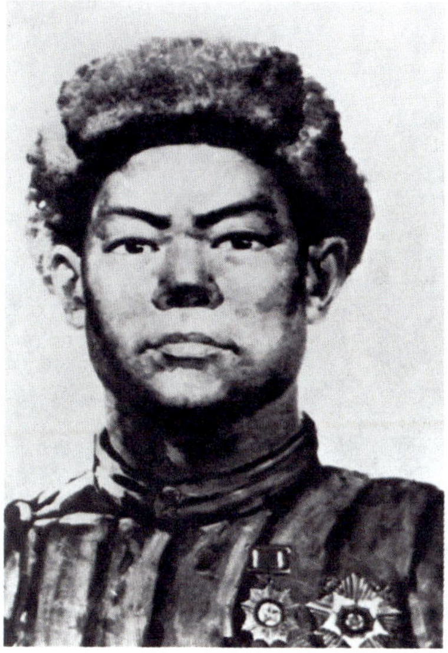

★ 黄继光

★ 朝鲜民主主义人民共和国授予黄继光的金星奖章

阵地”，将贻误整个战机。而此时第六连伤亡很大，能够参加攻击的只有几个人了。关键时刻，通信员黄继光挺身而出，请求担任爆破任务。他在决心书上写道：“坚决完成上级交给的一切任务，争取立功当英雄，争取入党。”参谋长批准了黄继光的请求，命令他与肖登良、吴三羊组成爆破组，黄继光任组长，执行爆破火力点任务。

时间紧，任务重，三人商量，准备在原来爆破的基础上再次爆破“0号阵地”的那个火力点。这次爆破准备比较充分，三个战士也有爆破经验，他们穿越了敌人设置的障碍，终于接近了敌人的火力点。黄继光示意吴三羊与自己从两侧迂回，让肖登良掩护。在弹雨中，黄继光和吴三羊利用弹坑、岩石作掩护，时而匍匐，时而跃起前进，弹片掀起的沙土、石块不停地打在他们的脸上、身上，他们无暇顾及，继续冲锋。到达火力点后，三人几乎同时甩出手雷，摧毁了三个火力点。此时，突然钻出了十多个敌人，企图夺回失去的火力点。当敌人距离他们只有 20 米左右时，

★ 黄继光的弟弟黄继恕（前）归国前在上甘岭“597.9 高地”——黄继光牺牲地——宣誓告别

他们把手中的手榴弹一起朝敌人扔去，随着三声巨响，八九个敌人被炸得血肉横飞。黄继光和战友们利用这个间隙，到刚被炸毁的敌人地堡里捡了些手雷和手榴弹。在返回途中，吴三羊不幸被敌人的子弹击中，英勇牺牲。黄继光和肖登良强忍悲痛，继续前进。突然，一道火舌从敌火力点飞来，肖登良被子弹打中了臀部和腿部，倒在血泊中。黄继光急忙给肖登良包扎伤口，然后向敌火力点冲去。当冲到距敌火力点三四十米时，黄继光被敌人发现了，几挺机枪一齐向他射击，他周围的地面顿时被子弹掀起了一簇簇土花，黄继光身上也多处中弹。黄继光忍着疼痛，努力爬到距敌火力点十多米处，用力甩出最后一颗手雷。手雷在离敌人不远的地方爆炸，敌人火力点被炸掉半边，机枪顿时停止了射击，黄继光也被这巨大的爆炸震昏了过去。就在部队发起冲锋时，敌军火力点内残存的机枪又响起来，向志愿军冲锋部队疯狂扫射，部队攻击再次受阻。枪声中，黄继光醒了过来，但他没有弹药了，只能忍着重伤剧痛，艰难地爬到地堡射击孔，毅然跃身而起，张开双臂，向火力点直扑上去，用胸膛堵住敌人正在扫射的枪口，以自己年轻的生命，为部队的冲锋扫清了障碍。在黄继光英勇精神的鼓舞下，部队迅速攻占了“597.9 高地”，把主峰阵地的敌人全部消灭。

1953 年 3 月 30 日，中国人民志愿军第十五军党委追认黄继光为中国共产党党员。同年 4 月 8 日，中国人民志愿军领导机关为黄继光追记特等功，追授中国人民志愿军“特级英雄”称号。6 月 25 日，朝鲜民主主义人民共和国最高人民委员会授予黄继光“朝鲜民主主义人民共和国英雄”称号，同时授予“金星奖章”和“一级国旗勋章”。

据统计，在上甘岭战役中，仅第十五军就涌现出获三等功以上的战斗英雄 12347 人，占该军总人数的 27.5%，涌现出英雄集体 200 余个。在 43 天的战役中，拉响手榴弹、手雷、爆破筒与敌同归于尽，舍身炸地堡、堵枪眼的烈士留下姓名的就有 38 位之多！这种视死如归的壮烈与战斗必胜的决心，使上甘岭成为 20 世纪五六十年代英勇顽强的代名词，在上甘岭战役中涌现出的英雄模范成为一代人学习的榜样。如今，每当人们看到抗美援朝纪念馆中陈列的崔建功师长在上甘岭战役中使用过的望远镜，就仿佛看到了一位位为了上甘岭战役最终胜利而付出汗水、鲜血和生命的战斗英雄和革命战士的光辉形象，从望远镜中看这些英雄，他们的形象是如此高大，如此英伟。他们的精神，不断激励无数中华儿女在新的历史征程上奋勇前进……

新中国“雄鹰”的“身份证”

——张积慧的中国人民志愿军空军飞行员证

这是一张特殊而又珍贵的“身份证”，说它特殊和珍贵，是因为它是志愿军著名的战斗英雄、空军原副司令员张积慧的中国人民志愿军空军飞行员证，是新中国“雄鹰”的“身份证”。在抗美援朝纪念馆中的这件国家一级文物长 20.2 厘米、宽 10.7 厘米，由于年代久远，纸质已经发黄。证件为三开折叠，上面的文字有的是印刷体，有的是手写填写的。证件页码顺序为从右至左：第一页有张积慧的照片和名字，证件编号是“空志字第 0195 号”；第二页是中文，规定了“此证只限飞行员迫降或跳伞后使用”“各军政民机关团体对持有此证被迫降落于该地区之飞行员均应负责营救和护送归队”；第三页是朝鲜文，为第二页中文的朝文对照。这件飞行员证件是 1951 年 12 月中朝人民空军联合司令部发给张积慧的，它见证了一名空军战士在朝鲜战场上的峥嵘岁月，也见证了中国空军的组建和发展以及在抗美援朝战争中立下的赫赫战功。

雏鹰展翼

张积慧，1927 年 2 月生于山东荣成，1945 年参加八路军并加入中国共产党。作为党培养的第一批飞行员，他被称为新中国的“雄鹰”，以自己的亲身经历见证了中国空军的组建和发展。

中国共产党很早就意识到空军的重要性。党领导的人民军队自诞生之日起，就在敌人飞机和炸弹的威胁下进行着艰苦卓绝的斗争，吃尽了没有自己空军的苦头。为了早日改变这种被动挨打的落后局面，在革命战争年代极端困难的条件下，党就有意识地培养和储备了一批航空技术人才。大革命时期，党组织选派共产党员到国民革命军航空学校去学习；土地革命战争时期，选调共产党员、共青团员到苏联学习航空技术；抗日战争时期，选调党员到国民党航空学校和新疆边防督办公署航空队学习，并在延安成立了机械工程学校和航空研究小组；解放战争时期，中央组织部从延安航空研究小组、抗大机械工程班、中央自然科学院、俄文学校等单位选调了 30 多名干部开赴东北创办航校。1946 年 3 月 1 日，

★ 张积慧

★ 张积慧荣获的朝鲜民主主义人民共和国“三级国旗勋章”和证书

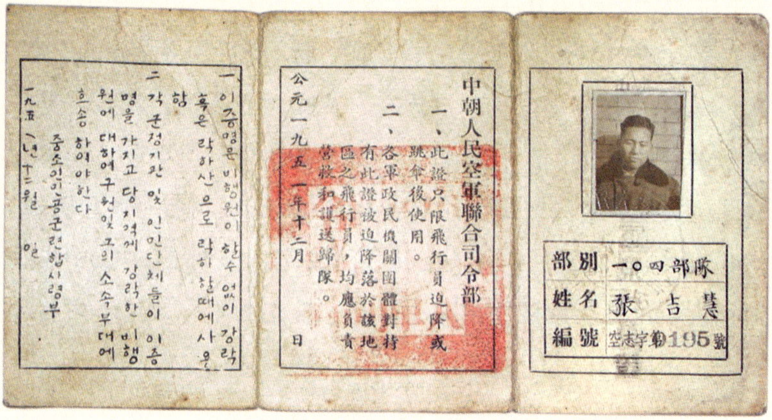

一、이 증명은 비행원이 할수 없이 강락 혹은 락하산으로 락하할때에 사용함

二、각 군정기관 및 인민단체들이 이 증명을 가지고 당지역에 강락한 비행원에 대하여 구원및 그의 소속부대에 호송하여야 한다

一九五一년十二월 일

중조인민공군련합사령부

中朝人民空軍聯合司令部

一、此證只限飛行員迫降或跳傘後使用。

二、各軍政民機關團體對持有此證被迫降落於該地區之飛行員，均應負責營救和護送歸隊。

公元一九五一年十二月 日

部別	一〇四部隊
姓名	張吉慧
編號	空志字第195號

★ 张积慧的中国人民志愿军空军飞行员证

人民军队的第一所航空学校——东北民主联军航空学校（人称“东北老航校”,后改为“东北人民解放军航空学校”）在吉林通化正式成立。4月，学校迁至牡丹江，11月，又迁至东安（今黑龙江密山）。张积慧就是“东北老航校”的第一批学员。当时,航校成立了飞行员训练班,飞行一期甲、乙班和飞行一期机械班,第一期飞行员训练班21人,飞行一期甲班12人、乙班31人，一期机械班40人。张积慧在飞行一期乙班学习，学习期满毕业后，又留校任飞行员、飞行教官。

1949年1月8日，中共中央政治局在《当前形势和党在一九四九年的任务》中提出，争取在1949年到1950年组成一支能够使用的空军。3月30日，在北平（今北京）成立军委航空局，统一领导全国的航空工作。7月10日，毛泽东主席写信给周恩来，提出建立人民空军，于是，周恩来开始筹建空军工作。7月26日，中央军委决定，以中国人民解放军第十四兵团机关和军委航空局合并组成中国人民解放军空军领导机构。

1949年10月1日，中华人民共和国成立。10月25日，中央军委任命刘亚楼为中国人民解放军空军司令员，萧华为空军政治委员兼政治部

★ 张积慧在驾驶舱内

主任。11月11日，中国人民解放军空军司令部在北京成立，并先后设立参谋部（司令部）、训练部、政治部、工程部、后勤部、干部部和空军直属政治部等部门。

建设强大的人民空军，首要任务就是培养大量优秀的飞行员和各种专业技术人员。此时的“东北老航校”不仅规模小，而且条件简陋，远不能适应迅速建设人民空军的需要。中央军委经过实地考察，先后批准在哈尔滨、长春、锦州、沈阳、济南、北京和牡丹江建立航空学校。1949年10月至1950年6月，张积慧被调到济南航校工作。伴随着新中国空军的发展，张积慧也逐渐成长为一名优秀的空军飞行员。

抗美援朝战争开始后，中国人民志愿军只有地面部队，武器装备同以美国为首的“联合国军”相比处于劣势。面对“联合国军”空军的狂轰滥炸，整个作战行动受到严重限制。1950年10月25日，中国人民志愿军空军组建，主要由中国人民解放军空军部分指挥机构、航空兵部队组成。此时，中国人民空军组建不到一年，其中作战部队组建只有4个月，仅有2个歼击师、2个轰炸师和1个强击师，各型作战飞机不足300架。飞行员大部分是从陆军青年干部中选拔的，很多都没有飞行和空中战斗经验，只能算是“雏鹰”。而“联合国军”投入朝鲜战场的作战飞机约1200架（后来达2400架），其飞行员在喷气式飞机上的飞行时间均在数百小时以上，许多具有第二次世界大战的空战经验。为了使志愿军空军“雏鹰”能够早日展翅高飞、出动作战，人民空军充分利用一切方法积极抓紧扩建和训练部队。

从1950年7月至1951年1月，张积慧先后任中国人民解放军空军第四旅第十一团中队长、空军第四旅第十团飞行员等。他一方面抓紧训练，提升技能；一方面又挤出时间培训和帮助那些飞行新兵苦练驾驶技术。作为一名共产党员，他迫切希望能早日到朝鲜战场上参加战斗，为保家卫国贡献力量。1951年1月，张积慧如愿加入中国人民志愿军，随部队入朝作战，任志愿军空军第四师第十二团第三大队飞行大队长。

1951年1月21日，年轻的中国人民空军迎来了与美国空军的首次空战。当天上午，美国空军出动 20 架 F-84 型战斗轰炸机，沿朝鲜平壤至新安州一线对铁路进行轰炸，企图阻断志愿军的后勤供应。中国空军与美国空军在空中进行了殊死搏斗，最终，中国空军击伤美军 1 架 F-84 飞机，首战告捷。通过此次战斗，中国空军向世人宣告，朝鲜的天空不再任由美国空军称霸。新中国空军的历史掀开了崭新的一页。

“鹰”“熊”对决

1951 年 3 月，中朝人民空军联合司令部成立，统一指挥空军作战，刘震任司令员。从抗美援朝战争开始至 1951 年 7 月，中国人民志愿军通过五次战役，把敌人赶回到“三八线”附近，美国被迫接受停战谈判。但以美军为首的“联合国军”凭借其空中优势，企图以军事压力获得谈判桌上的有利地位。同时,还开始实行了“空中封锁交通线”的“绞杀战”计划。1951 年 9 月，中国人民志愿军空军以师为单位进行轮番参战，展开反“绞杀战”，打破了敌人的空中封锁。

此前，中国空军在朝鲜战场上痛歼美军飞机的捷报极大鼓舞了志愿军空军全体指战员的信心和决心，张积慧也摩拳擦掌，铆足了劲儿，加紧飞行训练，准备在空中与美军大干一场。

机会终于来了。1952 年 2 月 4 日，志愿军空军第四师第十二团第三大队大队长张积慧驾驶米格 -15 战斗机，在空战后的返航途中，发现左前方有 4 架敌机飞来，便果断减慢飞行速度，猛然转弯，正好咬住那 4 架敌机的尾部。敌机看到张积慧来势凶猛,企图逃跑。但张积慧紧追不舍，一阵炮火，其中一架美 F-86 飞机被张积慧击落，其余 3 架落荒而逃……这次胜利，使张积慧的信心更足，歼敌的意志更加坚定了。

2 月 10 日清晨，太阳刚刚露出一抹光亮，本该安静祥和的朝鲜博川地区，多架美军飞机在志愿军阵地上空聒噪。中朝人民空军联合司令部立即开启侦察，发现在平壤、沙里院、价川等地上空均有敌机飞行，共 11 批 112 架，其中 F-86 飞机约 80 架。刘震司令员当即决定，改变以往

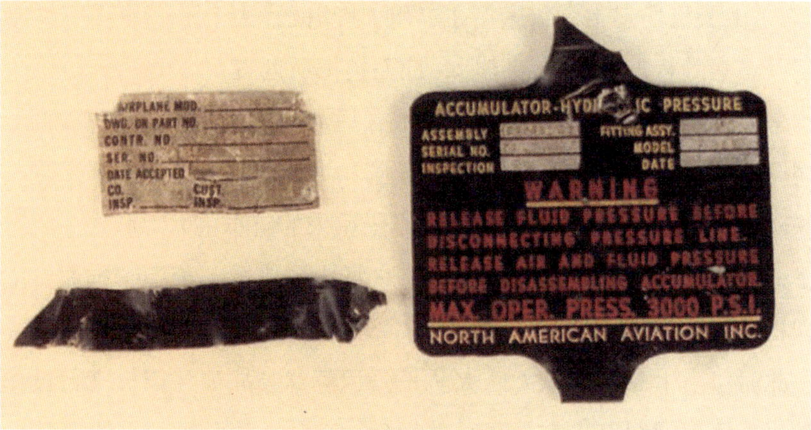

★ 戴维斯的军号牌

★ 戴维斯的手枪、头盔残片

在清晨不出动的惯例，早7时7分，令空军第四师第十团16架米格-15歼击机为攻击队，第十二团18架米格-15歼击机为掩护队，由中国安东（丹东）浪头机场起飞，急速飞往定州、价川之间执行作战任务，给敌人以出其不意的打击。机群起飞后，地面指挥所刘震司令员下令："敌人今天出来的是'狗熊'，你们要严加惩戒，勇敢沉着。"所有飞行员都明白，刘司令所说的"狗熊"不是说敌人不强，而是指敌机是美国远东空军第四联队，代号"狗熊"，这是从美国本土调来的空军主力部队之一，是一群不好对付的家伙。湛蓝的天空中，一场中国雄鹰与美国"狗熊"的对决即将上演。

此时，第十二团第三大队大队长张积慧驾驶战鹰与僚机飞行员单志玉随机群飞到鸭绿江上空，张积慧发现一架敌机正利用云层隐蔽地向志愿军机群接近，遂立即报告了带队长机，当接到"准备战斗"的命令后，立即率僚机爬升，冲上万米高空。当他们抢占高位准备迎战时，却发现目标消失了，他俩也因此脱离了编队。张积慧和单志玉一边搜索一边追赶编队，在他们飞到朝鲜泰川地区上空时，发现右前方一批敌机迎面而来。张积慧与单志玉立即扔掉副油箱，继续爬高，当敌我飞机相距约5公里时，美军2架F-86飞机右转，向张积慧、单志玉机尾后袭来。张积慧告诉单志玉要注意保持编队，然后他们猛然一个右转上升动作，使敌机扑了个空，张积慧和单志玉顺势咬住敌长机准备发起进攻。见此情景，其他敌机蜂拥而上，向张积慧围抄过来，企图给长机解围。僚机飞行员单志玉急中生智，立即拉起机头跃上高空，然后再加大油门俯冲下来，一下子就把围抄张积慧的敌机冲得七零八散。在单志玉的掩护下，张积慧摆脱了敌机尾追，加大油门向敌长机追去，并发出一炮，敌长机很"贼"，躲开了。张积慧继续紧追，在距敌机七八百米时再次发炮，将敌机击落。另一架敌机见长机被击落，慌不择路地做着不规则的飞行动作，企图逃遁。张积慧敏捷跟踪，紧紧咬住这架敌机不放，在单志玉的掩护下，张积慧在距敌机400米时开炮，这架敌机凌空"开花"，在空中爆炸。敌机群一看2架飞机被击中，恼羞成怒地围了上来，张积慧和单志玉闪展腾挪、左冲右突，但终因寡不敌众，张积慧飞机尾部被敌机击中，飞机失去操纵，被迫在7000米高空跳伞。单志玉的僚机也被击中，但跳伞未成，光荣牺牲……

鹰击长空

1952年2月10日，在志愿军第五十军第一四九师阵地上，战士们密切关注着一场敌我飞机的空中大战，先是看见一架战机被击落坠地，不一会儿又见一架飞机空中爆炸，然后，又见一架飞机尾部中弹坠落，飞行员跳伞，在空中随风飘落……志愿军第五十军第一四九师第一营立即派出小分队向降落伞飘去的方向追去。降落伞随风落地，小分队战士远远看到一个孤独的背影坐在废墟上，仰望天空。走到近前一看，坐在废墟上的是位飞行员，由于迫降仓促，他还没来得及放下飞行帽上的防风镜，眼睛肿得像桃子一样，经查验空军飞行员证件，确定是志愿军空军飞行员张积慧。在志愿军第五十军第一四九师的帮助下，张积慧当即被送往驻朝鲜安州的空军第四师辅助指挥所，第二天回到原部队，在安东入院治疗。张积慧回到空军第四师后，向师长方子翼作了汇报。

1952年2月15日，就在张积慧击落2架敌机后的第5天，方子翼师长突然接到空军司令员刘亚楼从北京发来的加急电报，说据美国合众社报道，美国的“空中英雄”戴维斯于2月10日在朝鲜北部上空被击落。刘亚楼令方子翼迅速查明：戴维斯是志愿军空军第四师击落的，还是苏联友军击落的，或是被高射炮击落的？经核实，10日上午只有第四师第十二团在该地区上空作战。2月16日至18日，空军第四师连续派了两个调查小组入朝实地考察。结果，在博川郡青龙石三光里北面2公里处的山坡上，找到了戴维斯的飞机残骸，机型为F-86E，机号为307，戴维斯的尸身还在飞机的座舱里。在他的尸身上，找到了飞行帽、手枪、血型牌、飞行护照等。在他的飞行员不锈钢证章上刻着：第四联队第三三四中队中队长乔治·A.戴维斯少校。不

★ 美国空军第三三四中队中队长戴维斯

远处，便是被击伤坠落的张积慧驾驶的那架米格 –15 歼击机的残骸，而张积慧跳伞的降落点，距此也仅有 500 米。据现场见证人报告，张积慧与戴维斯两人落地时间也比较接近。而这些，都与张积慧返回后的汇报完全吻合。据此证明，张积慧击落的敌机飞行员正是戴维斯。

戴维斯，时任美国空军第三三四中队中队长，少校军衔，被称为朝鲜战场上“美军战绩最高的王牌飞行员”。在第二次世界大战时，戴维斯就已经声名显赫，他有着 3000 多小时的飞行经历，二战中曾参加战斗飞行 266 次,被美国当局誉为“百战不殆”“特别勇敢善战”的“空中英雄”。1951 年 8 月，他被美国空军从本土调至远东空军作战，共执行作战任务 60 余次，半年中，共击落 11 架米格战斗机和 3 架图 –2 轰炸机。美国空军参谋长范登堡曾两次从五角大楼向他致电祝贺。他是朝鲜战场上美军战绩最高的“双料王牌飞行员”（美空军规定，每次击落 5—9 架飞机为一料王牌，10—14 架为双料王牌，15 架以上为三料王牌）。没想到，年仅 25 岁、在战斗机上只飞行 100 多个小时的张积慧，竟然一举击落了飞行 3000 多小时的美军老牌飞行员，其政治和军事意义非同寻常，这次空战的政治影响迅速扩大。外国多家电台、报纸纷纷报道这一消息，并发表评论，称这是中国一次具有里程碑意义的胜利。

2 月 13 日，美国远东空军司令威兰发表了一项特别声明，哀悼戴维斯之死“是一个悲惨的损失，是对远东空军的一大打击”，“给在朝鲜的美国飞行员带来一片暗淡的气氛”。过了很久，威兰又回忆说：“那一段时间，对远东空军来说，是一个灾难重重的日子。我们就像是在黑暗之中，好像迷失了方向，好长一段时间之后，才慢慢振作起来。中国空军对我们来说，一直是一个谜。他们好像一个晚上便学会了一切，飞行员只要很少的时间，就能空战。他们在冥冥之中似有神助。对于我们来说，很多事情不可思议。”

1952 年 2 月 23 日，空军首长向毛泽东主席和中央军委作了报告，

★ 抗美援朝纪念馆展示的米格 -15 歼击机

并向空军部队发表通电，指出：张积慧同志这种英勇作战的精神，展现了共产党的空中英雄气概，比美帝国主义的“空中英雄”更高超一倍。通电表彰了张积慧的功绩和张积慧与僚机单志玉密切配合、协同作战的精神，号召全体指战员向他们学习。3 月 1 日，中国人民解放军总政治部将张积慧的英雄事迹通报全军，并给张积慧记特等功一次，1952 年 12 月，授予他“一级战斗英雄”称号。朝鲜政府授予张积慧“二级自由独立勋章”。在颁发军功章的典礼大会上，张积慧激动地说：“今天是我最高兴的日子，在我的胸前，在我心脏跳动的地方，挂上了代表着国际功勋的勋章，我感到非常幸福。我首先应该感谢党和人民给我的教育。如果没有党和人民，我是不会有今天的。……那时，我从没有想到能有今天，看看今天，我更爱我的祖国和我们亲爱的人民。我宣誓：我将更加努力地在空中对敌人进行战斗，来保卫我们亲爱的祖国，保卫朝鲜和世界的和平！”

抗美援朝战争胜利后，张积慧历任空军团长、师长、军长、空军副司令员；改革开放后，曾任烟台市副市长、烟台市人大常委会副主任等职。在抗美援朝纪念馆建立之初，张积慧将见证他戎马一生的中国人民志愿军空军飞行员证、朝鲜民主主义人民共和国“三级国旗勋章”和证书等文物捐献给抗美援朝纪念馆。时光飞逝，英雄早已迟暮，但这些文物所散发出的光芒却丝毫不曾减弱，它所代表的中国人民志愿军空军英雄的大无畏精神和昂扬斗志，如鹰击长空一般，展翅翱翔，宏图万里，不可战胜！

送给朝鲜战场“幕后英雄”的“厚礼”

——李相朝赠给柴成文的炮弹壳

在抗美援朝纪念馆馆藏文物中，有一枚刻有中、朝两国文字的炮弹壳，其质地为铜质，高 21.3 厘米、口径 11.7 厘米、底径 13 厘米，炮弹壳上刻有“中国人民志愿军入朝作战三周年纪念，赠给亲爱的战友柴成文同志。朝鲜人民军中将李相朝　1953.10.25 于开城”。在炮弹壳的另一面，刻有“美帝的炮弹落在哪里，美帝的侵略就破产在哪里，正如在朝鲜的土地上一样”。这枚炮弹壳是 1953 年朝鲜人民军中将、朝鲜停战谈判代表团人民军代表李相朝在朝鲜停战实现后，赠给朝鲜战争“幕后英雄”柴成文的一份“厚礼”。柴成文在朝鲜停战谈判期间，担任朝鲜停战谈判委员会志愿军联络官、朝鲜停战谈判朝中代表团联络官、中国人民志愿军代表团秘书长、朝鲜军事停战委员会中方委员，参加了开城和板门店的所有停战谈判。柴成文在谈判桌前谈吐自若，机智幽默，随机应变，为朝鲜停战谈判做出了特殊贡献。

临危受命赴朝鲜

柴成文，原名柴军武，1915 年 3 月生于河南遂平，1936 年投身革命，

1937年加入中国共产党。朝鲜战场上的谈判，成为他传奇人生的高光时刻。

中华人民共和国成立之初，国家计划安排一批高级将领出任外交使节，柴成文就是其中的一员。按照预定计划，他将负责驻东德外交使团的部分工作。柴成文受命后，于1950年5月下旬到外交部报到。赴德前夕，柴成文按照上级要求，做了比较充分的准备工作。6月30日深夜，柴成文在睡梦中被叫醒，外交部工作人员告诉他，周恩来总理找他谈话。柴成文赶到中南海西花厅时，外交部副部长章汉夫、军委情报部第一副部长刘志坚已在总理办公室的客厅等候了。不久，周恩来总理从客厅西侧的办公室里走了出来，和大家一一握手后，周总理对柴成文说："你见到刘伯承司令员了吗？他同你谈了没有？"柴成文说："我27日到京，等着外交部分配工作，还没有去看刘司令员。"总理接着说："不要你去柏林了，聂老总建议你去平壤，已同伯承讲过，他也觉得合适。"周总理示意大家坐下，继续对柴成文说："朝鲜打起来了，美国杜鲁门政府不仅宣布派兵入侵朝鲜，侵犯我台湾，而且对进一步侵略亚洲做了全面部署。他们把

★ 柴成文

★ 李相朝赠给柴成文的炮弹壳

朝鲜问题同台湾问题连在一起，同远东问题连在一起，所以我们需要派人同金日成同志保持联系。”短暂停顿后，周恩来意味深长地望着柴成文说：“你有什么意见没有？”柴成文明白，由于朝鲜内战爆发，战局可能复杂化，对这个友好邻邦，我们必须处理好与他们的关系，他立即起立正色答道：“总理，我坚决服从组织决定！”就这样，柴成文在毫无准备的情况下完成了身份转变，被委以中国驻朝鲜民主主义人民共和国大使馆政务参赞兼临时代办，负责使馆相关事宜。

虽然柴成文参加革命以后久经沙场，是一名南征北战的老兵，又多次参加国共谈判，处理各方面关系经验丰富，但唇枪舌剑的外交战线对他而言毕竟还是陌生的，脱下戎装换上西服也需要一段适应的时间。更为重要的是，尽管 1949 年 10 月 6 日中朝就建立了大使级外交关系，但驻朝使馆一直没有建好，柴成文首先要完成的就是筹建驻朝使馆的艰巨任务。好在周恩来事先协调了军委情报部，指示外交部亚洲司通力配合，还指定专人帮助筹办。柴成文全力以赴，仅一个星期的时间就完成了使馆的各项筹备任务。随后，他率领两名参赞、一名一等秘书、一名武官、两名副武官于 1950 年 7 月 8 日晚乘火车离开北京，9 日晚跨过鸭绿江入朝，于 10 日晨到达朝鲜首都平壤。当晚 5 时，柴成文受到金日成首相的接见。

柴成文入朝后，迅速进入工作状态。由于朝鲜战局突变，急需及时了解准确的情况，以便从容应对。柴成文发挥了他长期从事侦察、情报工作的特长，在很短的时间内便及时掌握了第一手战况，并迅速拟定了《目前朝鲜战争局势汇报提纲》，经中华人民共和国驻朝鲜大使倪志亮审定同意，准备报送给相关部门和主要领导。

1950 年 9 月 7 日，柴成文被外交部紧急召回，并在当天晚上受到周恩来的接见。柴成文拿出拟定好的提纲，逐一汇报朝鲜局势，并提出了两点看法：一是朝鲜人民军已同敌人形成对峙，很难再有突破；二是在三面临海的狭长半岛上如果既没有制海权，又没有制空权，作战将难以为继。一直沉默不语的周恩来听到这里，若有所思地问柴成文：“万一

★ 在开城举行的朝鲜停战谈判会场外景

情况有个突然变化，如果需要我们出兵入朝作战，你看会遇到什么困难？”“最大的困难就是运输和翻译！”柴成文沉稳地答道：“铁路没有保障，公路路况不好，路面太窄；当地粮食、弹药都没有，就地补给也不可能，全部靠取之于敌，就大兵团作战来说是不可能的。”周恩来略微点了点头，一边提笔在柴成文的汇报提纲上作了“印发政治局常委各同志”的批示，一边说道：“你把这份提纲留下，你何时回去，听候通知。”

就在柴成文在京待命期间，美军远东军司令麦克阿瑟指挥美军在仁川成功登陆，将朝鲜人民军逼入绝境，朝鲜战场发生了巨大变化。党中央和毛主席高瞻远瞩，10 月 8 日果断下令组建中国人民志愿军。不久，首批志愿军将士入朝作战。此时，已于 9 月下旬返回平壤的柴成文陪同倪志亮大使在第一时间把这一消息告知了金日成首相。

“改武从文”来凤庄

从 1950 年 10 月至 1951 年 6 月，中国人民志愿军与朝鲜人民军紧密配合，历时 7 个多月，连续进行 5 次大的战役，共歼敌 23 万余人，将以美军为首的“联合国军”从鸭绿江边打回到“三八线”，并将战线稳定在“三八线”附近地区。美国总统杜鲁门深知，想要靠武力来统一朝鲜已是天方夜谭，遂于 1951 年 5 月 17 日批准了美国国家安全委员会提出的关于结束朝鲜战争的政策建议，试图与中朝方面进行停战谈判。

中国政府接受了美国政府的提议，毛泽东、周恩来分别同金日成商谈，成立了“朝鲜人民军和中国人民志愿军代表团”，首席代表为朝鲜人民军总参谋长南日，成员包括志愿军副司令邓华、志愿军参谋长解方、朝鲜人民军司令部侦察局局长李相朝，整个谈判工作由中国外交部副部长、军委情报部部长李克农以幕后方式全权负责。鉴于“联合国军”总司令

★ 朝鲜人民军和中国人民志愿军代表团代表走出谈判会场

李奇微关于谈判各方联络官最高官阶不超过上校的提议，毛泽东建议由朝鲜人民军派一名上校任首席联络官、一名中校任联络官，并亲点柴成文以中校名义担任志愿军联络官。此时的柴成文，并不叫柴成文，而叫“柴军武”。在李克农的建议下，他“改武从文”，用柴成文的名字见证了朝鲜战场上的传奇经历。

7月8日9时，首席联络官会议按商定时间在来凤庄召开，柴成文参加了此次会议。一年前脱下的军装，由于工作需要再次穿上，可在异国他乡，柴成文没有军装，只好借穿了志愿军参谋长解方将军的军服，当他发现美韩方违反约定安排了两名上校联络官后，毫不犹豫地找了副上校军衔的肩章，以示“对等”。

7月10日上午，朝鲜停战谈判首次在开城来凤庄举行，战场上打红了眼的对手，如今面对面地谈判，气氛十分紧张。谈判伊始，双方就陷入僵局。第一次会议后的第二天，在回答记者们提问质询时，美军谈判代表便把怨气转移到朝中代表团在联络官会议上拒绝了他们所提的“沿着金川—开城—汶山公路立一道十英里的中立区、双方武装部队让出开城”的建议上，参加谈判的美国将军们在世界各地向来是肆无忌惮，到了来凤庄，在中朝方所控制的地区举行谈判，警卫也由中朝方负责，让他们心里很不自在。后来，中朝方采取主动，与对方达成了一个会场中立区的安全协议，排除了这项干扰。

在继续讨论议程的会议上，双方在撤退外国军队是否列入议程问题上又僵持不下。美国国务卿艾奇逊、国防部长马歇尔也分别在会外声明拒绝把撤军列入议程。朝中代表团代表们在谈判现场逐一驳斥了对方拒绝将撤军列入议程的无理论点，然后提出将“向双方有关各国政府建议事项”列作议程，把撤退外国军队提到停战后另一个会议上去解决。眼看在谈判桌上占不到便宜，对方竟然威胁朝中代表团：“让大炮和机关枪去辩论吧！”并在刚刚达成安全协议的会场区里，一而再、再而三地制造事件，一直发展到8月22日派飞机轰炸朝中代表团驻地，迫使谈判中断。

一锤定音板门店

旷日持久的谈判议程，使柴成文从唇枪舌剑中揣摩出美韩方的真实意图。他觉察到，谈判只是美国人的战术，他们谈时想着打，打时想着谈，谈判极有可能陷入僵局。果不其然，美韩方见朝中代表团不同意他们提出的军事分界线，便相继发动地面“夏季攻势”“秋季攻势”和空中“绞杀战”，试图利用战场上的强势压服对手。但战场上的连续溃败却逼得美韩方只好重回谈判席。1951 年 10 月 25 日，中断了 63 天的谈判在位于朝鲜半岛“三八线”中间的板门店复开。

在恢复谈判的第一次会议上，“联合国军”首席代表乔埃又拿出另外一种施加压力的“战术”。当朝中代表团首席代表南日大将提出对方没有理由拒绝以“三八线”为军事分界线的建议时，乔埃拒不发言，使会议陷入僵局。“静默”持续一小时后，坐在参谋席上的柴成文机敏地离开会场，将会场情况向李克农作了汇报，李克农听后说，就这样坐下去。柴成文回到会场后，写下“坐下去”三个字交给解方，解方看了看顺手传给我方代表，这场“静坐”一直僵持了 132 分钟，最后，乔埃不得不提出“我建议休会，明天上午继续开会”。他说的是“继续开会”，不是继续静坐，宣告了乔埃“战术”的失败。

在一轮接一轮地反复辩论后，双方于 11 月 22 日就军事分界线达成原则协议。接着，双方就具体问题展开了讨论，柴成文全程参加了讨论。这种具体问题的讨论并不比原则问题的争论来得简单，原则方案是以平方公里为单位来计算的，而现在则要在五万分之一的地图上用一条又一条的曲线去争无名山头和涓涓小溪。

经过三天半的讨论，在双方参谋人员的努力下，在地图上画出了一条双方共同认可的实际接触线。26 日下午，正当参谋人员把已经认可的点线丝毫不差地改画到准备草签的地图上时，美方人员、陆军上校穆莱突然耍了个花招儿，硬是把原本划归我方的 1090 高地改画到了美韩方一边，不仅态度蛮横，而且还摆出了不达目的誓不罢休的架势。柴成文立

★ 1952年7月参加朝鲜停战谈判的中朝谈判代表（右起）：联络官柴成文，中国人民志愿军代表解方，朝鲜人民军代表南日、李相朝、金元武、联络官张春山

即上前喝止："不行，这是已经达成的协议，不能改变！"为了镇住穆莱，柴成文又大声说道："已经协议好的，还要改变的话，那就恕不签字！"穆莱也不服软："实际情况就是如此，你能改变事实吗？"柴成文听完翻译转述后，冷笑一声："实际情况是咋样，你和我一样清楚，我们已经达成协议，你改动了，协议算不算数？"穆莱自知理亏，但还不死心地说："显然画时是出于误解。"柴成文正好抓住了对手的"软肋"，喝道："不！如果你不健忘，会记得这正是你自己画的，而为我方同意的！"穆莱无言以对，憋了好一阵子，满脸通红地嚷道："我已让了4个……不……让了3个山头了，我让步让够了！"柴成文继续严厉地指出："你这样不行，你应该把这种态度收回去！"坐在一旁的美空军上校肯尼看不下去了，站起来把穆莱改画的线恢复了过来，还小声向这位出丑的战友嘀咕了几句，穆莱方才安静了下来。片刻后，穆莱通过翻译向柴成文表示了歉意。

★ 双方画军事分界线

柴成文智斗穆莱虽然大长了我方声威，但也预示了朝鲜停战谈判的艰难。然而，在双方对等的军事谈判中仅靠耍无赖或小聪明终究是不管用的。在朝中代表团的不懈努力下，加上志愿军、人民军捷报频传的有力配合，1953 年 7 月，朝鲜领导人金日成、中国人民志愿军司令员彭德怀、“联合国军”总司令克拉克分别在朝鲜停战协议上签字，朝鲜停战谈判以朝中代表团的胜利落下了帷幕。板门店的一锤定音，为中朝人民带来了久违的和平。为了这一天的到来，柴成文在 700 多个日日夜夜里倾注了大量的心血，为伟大的抗美援朝战争的胜利做出了巨大的贡献。

1953 年 10 月 25 日，朝鲜停战真正实现后，在中国人民志愿军入朝作战 3 周年纪念日之际，朝中代表团朝鲜人民军代表李相朝中将将一枚刻有中、朝两国文字的炮弹壳赠给时任朝鲜停战谈判委员会志愿军联络官、中国人民志愿军代表团秘书长柴成文。李相朝从 1951 年 7 月朝鲜停战谈判一开始，就担任朝鲜人民军和中国人民志愿军联合谈判代表团成员。1953 年 7 月，朝中代表团首席代表南日大将调任外务相后，李相朝便出任朝鲜军事停战委员会朝中代表团首席代表。作为停战谈判朝中代表团秘书长的柴成文与朝鲜人民军代表李相朝一同参加了在开城和板门店举行的停战谈判的全过程，他们在历时两年之久的并肩战斗中结下了深厚的友谊。抗美援朝战争胜利结束后，李相朝把这枚极为珍贵的炮弹壳赠给他亲密的战友柴成文，以此作为他们战斗友谊的永久纪念。柴成文将这件珍贵的礼物视若珍宝，一直仔细地珍藏着。直到 1993 年，在朝鲜停战协定签字 40 周年之际，柴成文将这枚珍藏了 40 年的炮弹壳捐赠给抗美援朝纪念馆。如今，这件特殊的礼品是国家一级文物，在纪念馆中永久陈列，向前来参观的人们述说着在朝鲜停战谈判中的点滴细节和动人故事……

★ 荣誉等身的柴成文

辽宁省第一批一级可移动革命文物名录

序号	馆藏地	文物名称
1	沈阳“九·一八”历史博物馆	1938 年日军立九一八事变柳条湖爆破地点碑
2	沈阳“九·一八”历史博物馆	抗日战争时期东北竟存中学校校旗
3	沈阳“九·一八”历史博物馆	抗日战争时期凌源市河坎子乡山庙子村村民为抗联战士送饭时使用的黑陶罐
4	沈阳“九·一八”历史博物馆	1937 年左秀海狱中书简
5	沈阳“九·一八”历史博物馆	抗日战争时期东北抗联一军政治部主任宋铁岩用过的书箱
6	沈阳“九·一八”历史博物馆	清尧山将军抗倭纪功碑
7	沈阳“九·一八”历史博物馆	清抗倭依将军碑
8	沈阳“九·一八”历史博物馆	二战时期奉天俘虏收容所 552 号战俘用过的木牌
9	沈阳“九·一八”历史博物馆	二战时期奉天俘虏收容所 1051 号战俘用过的满洲工业机械株式会社木牌
10	沈阳“九·一八”历史博物馆	抗日战争时期巩天民夫人用过的雅马哈风琴
11	张氏帅府博物馆	抗战时期张学思使用过的望远镜
12	张氏帅府博物馆	1937 年东北抗日救亡总会成立签到会旗
13	鞍钢集团博物馆	20 世纪 50 年代老英雄孟泰用过的工具
14	抗美援朝纪念馆	1951 年志愿军挖坑道用的耙子
15	抗美援朝纪念馆	1951 年志愿军挖坑道用的钎子

序号	馆藏地	文物名称
16	抗美援朝纪念馆	1951年中国人民志愿军后勤政治部颁发给5分部19大站关文德的大功奖状
17	抗美援朝纪念馆	1951年志愿军司令部、政治部发给“孤胆英雄”唐凤喜的一等功立功喜报
18	抗美援朝纪念馆	1954年志愿军司令部、政治部发给“孤胆英雄”唐凤喜的一等功立功喜报
19	抗美援朝纪念馆	1953年安东市人民政府颁发给爱国老人宋传义的烈属模范奖状
20	抗美援朝纪念馆	1951年志愿军第五十军政治部、司令部奖给第四四七团的“白云山团”锦旗
21	抗美援朝纪念馆	1952年安东市第一区扑虫大队队旗
22	抗美援朝纪念馆	1951年东北军区后勤卫生部第一医管局政治部发给吕汉清的志愿献血证
23	抗美援朝纪念馆	1953年朝鲜人民军、中国人民志愿军司令部发《安全通行证》
24	抗美援朝纪念馆	1950年志愿军副司令员洪学智使用的第十三兵团司令部印发的《平壤以北道路初步调查》
25	抗美援朝纪念馆	1950年志愿军副司令员洪学智使用的第十三兵团司令部绘制的《朝鲜交通调查图》
26	抗美援朝纪念馆	1953年朝鲜最高人民会议常任委员会颁赠给志愿军副司令员洪学智的“一级自由独立勋章”及证书
27	抗美援朝纪念馆	1951年著名作家魏巍《汉江南岸的日日夜夜》手稿
28	抗美援朝纪念馆	1953年志愿军特等功臣、一级战斗英雄张积慧荣获的“三级国旗勋章”及证书
29	抗美援朝纪念馆	1951年志愿军特等功臣、一级战斗英雄张积慧的中国人民志愿军空军飞行员证
30	抗美援朝纪念馆	1951年金日成首相写给中朝联合前方铁道运输司令部司令员刘居英的亲笔信
31	抗美援朝纪念馆	1950年周巍峙为《中国人民志愿军战歌》谱曲的手稿
32	抗美援朝纪念馆	1952年上甘岭阵地上被炸碎的石头粉末及炮弹残片
33	抗美援朝纪念馆	1952年志愿军第十五军第四十五师师长崔建功在上甘岭战役中使用的望远镜
34	抗美援朝纪念馆	1950年志愿军副司令员邓华使用的美制派克金笔

序号	馆藏地	文物名称
35	抗美援朝纪念馆	抗美援朝时期志愿军第十九兵团政治委员李志民使用的望远镜
36	抗美援朝纪念馆	1950 年志愿军第九兵团司令员宋时轮使用的望远镜
37	抗美援朝纪念馆	1952 年志愿军参谋长解方使用的基辅照相机
38	抗美援朝纪念馆	抗美援朝时期志愿军副司令员洪学智使用的文件箱
39	抗美援朝纪念馆	1955 年志愿军空军单子玉烈士的革命牺牲军人家属光荣纪念证
40	抗美援朝纪念馆	抗美援朝时期志愿军副司令员韩先楚使用的行李袋
41	抗美援朝纪念馆	抗美援朝时期志愿军政治部主任杜平在朝鲜停战谈判期间穿过的军装
42	抗美援朝纪念馆	1950 年金日成首相赠送给志愿军副司令员邓华的呢子大衣
43	抗美援朝纪念馆	1951 年安东市各界人民控诉美帝轰炸暴行代表团团旗
44	抗美援朝纪念馆	1951 年北京燕冀中学高一班全体敬赠东北人民控诉美帝暴行代表团的签名书
45	抗美援朝纪念馆	1952 年全国卫生会议奖给爱国卫生运动模范辽东省宽甸县锦旗
46	抗美援朝纪念馆	1953 年辽东省人民政府奖给本溪县第七区民工关文德的锦旗
47	抗美援朝纪念馆	抗美援朝时期志愿军第九兵团司令员宋时轮使用的美 M1 式 7.62 厘米卡宾枪
48	抗美援朝纪念馆	抗美援朝时期朝鲜最高人民会议常任委员会颁赠给志愿军装甲兵主任赵杰的“一级自由独立勋章”
49	抗美援朝纪念馆	1951 年朝鲜最高人民会议常任委员会颁赠给志愿军第十九兵团政治委员李志民的“一级自由独立勋章”
50	抗美援朝纪念馆	1953 年朝鲜人民军中将李相朝赠给朝鲜停战谈判志愿军代表团秘书长柴成文的炮弹壳礼品
51	抗美援朝纪念馆	1953 年朝鲜最高人民会议常任委员会颁赠给志愿军副司令员邓华的“一级国旗勋章”
52	抗美援朝纪念馆	1953 年朝鲜最高人民会议常任委员会颁赠给志愿军第六十三军军长傅崇碧的“一级国旗勋章”
53	抗美援朝纪念馆	1953 年朝鲜最高人民会议常任委员会颁赠给志愿军第十九兵团司令员杨得志的“一级国旗勋章”

序号	馆藏地	文物名称
54	抗美援朝纪念馆	1953年朝鲜最高人民会议常任委员会颁赠给志愿军副司令员洪学智的“一级自由独立勋章”
55	抗美援朝纪念馆	1953年朝鲜最高人民会议常任委员会颁赠给志愿军第十九兵团政治委员李志民的“一级国旗勋章”
56	抗美援朝纪念馆	1953年志愿军特等功臣、一级战斗英雄张积慧荣获的“三级国旗勋章”
57	抗美援朝纪念馆	1951年志愿军第六十四军军长曾思玉使用的美M1式7.62厘米卡宾枪
58	抗美援朝纪念馆	抗美援朝时期朝鲜政府授予中朝联合前方铁道运输司令部司令员刘居英的“一级自由独立勋章”
59	抗美援朝纪念馆	1951年爱国老人宋传义支前用的挖菜刀
60	抗美援朝纪念馆	1951年志愿军挖坑道用的铁锤
61	抗美援朝纪念馆	1951年志愿军挖坑道用的铁镐
62	抗美援朝纪念馆	1951年志愿军挖坑道用的折叠铁锹
63	抗美援朝纪念馆	1951年志愿军挖坑道用的铁锹头
64	抗美援朝纪念馆	1951年爱国老人宋传义荣获的辽东省第二届英模代表会模范章
65	抗美援朝纪念馆	抗美援朝时期志愿军烈士蒋立早的骨质印、象牙印
66	辽沈战役纪念馆	第十九团一连登城红旗
67	辽沈战役纪念馆	第二十八团塔山英雄程远茂同志的“毛泽东奖章”
68	辽沈战役纪念馆	摄影师张绍柯烈士的照相机
69	辽沈战役纪念馆	第二十团一营长赵兴元同志的罗盘仪
70	辽沈战役纪念馆	解放军用过的军号
71	辽沈战役纪念馆	第十五团八连梁士英炸碉堡的爆破筒残片
72	辽沈战役纪念馆	第三纵队锦州攻坚战作战命令
73	辽沈战役纪念馆	第三纵队锦州作战部署图
74	辽沈战役纪念馆	兴城民兵英雄孙义同志用的子弹袋
75	辽沈战役纪念馆	昂昂溪机务段穆成斌使用的检点锤

序号	馆藏地	文物名称
76	辽沈战役纪念馆	刘亚楼参谋长使用的望远镜
77	辽沈战役纪念馆	罗荣桓政委使用的望远镜
78	辽沈战役纪念馆	第三纵队第二十一团三营“击中要核”奖旗
79	辽沈战役纪念馆	第十纵队授予第八十二团一连“战斗模范连”奖旗
80	辽沈战役纪念馆	第二兵团程子华司令员用的望远镜
81	辽沈战役纪念馆	原国民党第一八四师起义时用的红旗
82	辽沈战役纪念馆	长春敌工事图
83	辽沈战役纪念馆	长春敌军炮兵作战计划与永久碉堡位置图
84	辽沈战役纪念馆	陈云同志穿用的棉背心
85	辽沈战役纪念馆	曾泽生将军的手表
86	辽沈战役纪念馆	第九纵队田广文荣获的“毛泽东奖章”
87	辽沈战役纪念馆	彭真所写的党员证明书
88	辽沈战役纪念馆	吉林省军区司令员周保中的苏联红旗勋章
89	辽沈战役纪念馆	松江军区政委张秀山的布制地图
90	辽沈战役纪念馆	庄河县国民学校的风琴
91	建平县博物馆	1927 年陈镜湖在苏联工作回国时用过的皮箱
92	建平县博物馆	抗日战争时期李钟奇将军用过的公文箱

后记

2021 年 8 月间，万卷出版公司策划了一个介绍辽宁省各纪念场馆馆藏一级革命文物的选题，约我执笔。虽然我深知自己难以胜任，但还是当即应允了。原因有二：一是出版社的抬爱，在诸多研究党史的同人中选择了我，我没有理由拒绝；二是从事党史工作多年，虽已离开了工作岗位，但还愿在宣传党史方面尽一点儿涓埃之力。

革命文物是我国文物资源的重要组成部分，是激发爱国热情、振奋民族精神的深厚养分，是弘扬革命传统、传承中华文化的重要载体。革命文物包括不可移动革命文物和可移动革命文物两种。不可移动革命文物主要包括故居、旧居、纪念馆、纪念堂、战斗遗址、烈士墓、陵园、纪念碑等。可移动革命文物主要包括票据、手稿、书籍、刊物、武器、纪念章、历史照片、生活用品等。不可移动革命文物和可移动革命文物共同勾勒出近代以来中国共产党领导广大人民进行革命、建设和改革的伟大壮阔的历史画卷。

习近平总书记指出："革命文物承载党和人民英勇奋斗的光荣历史，记载中国革命的伟大历程和感人事迹，是党和国家的宝贵财富，是弘扬革命传统和革命文化、加强社会主义精神文明建设、激发爱国热情、振奋民族精神的生动教材。"

2021年3月，按照国家文物局相关要求，辽宁省文物局组织各市对辖区内不可移动革命文物和国有可移动革命文物进行核定，经征询省委宣传部、省委党史研究室等部门意见，发布了《关于公布辽宁省第一批革命文物名录的通知》。《通知》公布了辽宁省第一批革命文物名录，包括不可移动革命文物650处，可移动革命文物10818件（套）。其中，可移动革命文物中，一级可移动革命文物92件（套）。

为弘扬革命文化，传承红色基因，我从92件（套）一级可移动革命文物中精选了30件（套）深入挖掘，讲述它们背后的党史故事。另有10件（套）文物因与此前30件（套）部分文物涉及人物有重复，故此没有另写，而是渗透在其涉及人物的篇章中。

在撰写过程中，我力求以宏大的视野，借助党史“大事件”中的可移动文物见证感人的“小细节”，以小见大，以点带面，真实生动地讲述辽宁人民在党的领导下，为中华民族的独立和解放，为中华人民共和国的建立和发展所走过的艰苦历程做出的巨大贡献；力求突破党史类图书的一般呈现方式，将党史与文物相互激发，见物、见人、见事、见史，以鲜活而有温度的文物为切入点，以讲故事的方式娓娓道来，传导知识，传递力量。全书配发图片百余幅，以便使真实生动的照片与朴素的文字相得益彰，给人以教育和启迪。当这部书呈现在读者面前时，我的这种思路是否体现出来了，希望广大读者品评。

本书在编写过程中，得到了沈阳“九・一八”历史博物馆田晶研究员，张氏帅府博物馆的李声能馆长、赵菊梅副馆长，抗美援朝纪念馆宫绍山副馆长，辽沈战役纪念馆刘晓光馆长、于浩同志，建平县博物馆刘亚彬馆长、刘鹏翼同志等的大力支持和帮助，他们提供了大量资料和照片，使此书能够得以完成。沈阳文博中心王钧、丹东市委党史研究室王晓艺、铁岭市委党史研究室史金龙、朝阳市史志办公室王天雨、葫芦岛市委党史研究室王凤山等同志提供了宝贵意见和建议，在此一并表示感谢。万卷出版公司社长兼总编辑王维良，副社长兼副总编辑朱洪海，责任编辑张洋洋、王琪对本书的编写提供了诸多帮助，在此向他们深表谢意！

由于时间仓促，加之水平有限，书中难免有诸多不足之处，恳请广大读者批评指正。

高峰

2023 年 6 月